Sección de Obras de Economía

LAS ENCRUCIJADAS DE CLASE Y GÉNERO

Traducción de
JULIO COLÓN GÓMEZ

LOURDES BENERÍA y MARTHA ROLDÁN

LAS ENCRUCIJADAS DE CLASE Y GÉNERO

Trabajo a domicilio, subcontratación y dinámica de la unidad doméstica en la ciudad de México

EL COLEGIO DE MÉXICO
FONDO DE CULTURA ECONÓMICA
MÉXICO

Primera edición en inglés, 1987
Primera edición en español, 1992

Título original:
The Crossroads of Class & Gender. Industrial Homework, Subcontracting, and Household Dynamics in Mexico City

ISBN 0-226-04231-6
ISBN 0-226-04232-4 (pbk.)

ISBN 968-16-3697-X (versión original)
ISBN 978-968-163-697-5 (versión facsimilar)

Impreso en México

PRÓLOGO

Ciertas mutaciones intelectuales, decisivas para una nueva comprensión del mundo, empiezan articulándose calladamente. Así ocurrió, desde luego, con los cambios en nuestra manera de pensar sobre la mujer y el desarrollo. En 1970 la economista danesa Ester Boserup empezaba un nuevo libro con este sombrío párrafo:

"En la vasta y cada vez más abundante bibliografía sobre el desarrollo económico, las reflexiones sobre los problemas concretos de la mujer son escasas y dispersas. Este libro, espero, mostrará que ésa es una grave omisión."[1]

Casi dos decenios después, nuestras reflexiones sobre esos problemas concretos son extensas. También son graves y sombrías.

Las ideas de mayor significación comprenden las de una generación especial de estudiosos internacionales que siguió a Boserup. Por suerte, Lourdes Benería y Martha Roldán forman parte de esa generación. Al igual que Boserup, esa generación quiere mostrar lo que sucede a la mujer durante los procesos del desarrollo. Al igual que Boserup, cree que tales procesos han cambiado al hombre y a la mujer de distinta manera. Sin embargo, gracias a Boserup la nueva generación tiene un conjunto de teorías por refinar, profundizar y modificar. Muchos de sus miembros critican además abiertamente los modelos socioeconómicos y psicológicos de dominio y sometimiento. Propugnan tanto el fin de los sufrimientos de la mujer como el inicio de una auténtica igualdad de los géneros.

Benería y Roldán representan la situación de un grupo de mujeres de la ciudad de México en los albores de la década de 1980. Muchas de ellas o son analfabetas o han recibido escasísima instrucción. En su mayoría están casadas. Su visión del mundo enaltece el papel de esposa y madre. Su trabajo es durísimo. Como parte de la "economía informal" realizan trabajo industrial a domicilio. A esas mujeres les da empleo el subcontratista de un subcontratista de un subcontratista, cada uno de ellos en procura de mano de obra barata. Ellas cosen prendas de vestir; envasan semillas de girasol y fibras metálicas; ensamblan bolsas de plástico y los bolígrafos que su sociedad apenas les ha enseñado a usar. Su ingreso les proporciona cierta amplitud en la renegociación de su contrato matrimonial, pero sienten

[1] Ester Boserup, *Woman's Role in Economic Development*, Londres, George Allen and Unwin; Nueva York, St. Martin's Press, 1970, p. 5.

que "la insuficiencia y la falta de seguridad a la larga no resuelven satisfactoriamente su condición".

Si bien la formación académica de las autoras es severa y escrupulosa, Benería y Roldán rechazan los regodeos del papel de observador desinteresado. Sienten un franco respeto por el valor, la fortaleza y la cordura de las mujeres de la ciudad de México. Se duelen de las aflicciones de esas mujeres. Al sospechar que la única panacea contra esas aflicciones sería el crecimiento económico, piden una política de desarrollo que reconozca lo mucho que importa la mujer. Como les preocupa la equidad en las relaciones humanas tanto como la vida de un sexo, también piden la descentralización y democratización de sistemas en que cada uno y cada una pueda poner de manifiesto su capacidad de autodeterminación.

Otra señal del respeto que muestran Benería y Roldán es la complejidad de su método interdisciplinario. Examinan una situación concreta y determinada de la manera más integral posible. Al hacerlo, ven la acción recíproca del control de la producción y la sexualidad; de las fuerzas socioeconómicas y de las unidades domésticas particulares; del trabajo a destajo y de la maternidad; del mundo material y de la toma de conciencia de la mujer. En pocas palabras, se sitúan en las transitadas encrucijadas de clase y género.

Las encrucijadas de clase y género demuestra una vez más lo necesario que resulta semejante análisis doble si se quiere obtener un mapa preciso de la realidad. Benería y Roldán muestran el modo que tienen las inversiones de capital para integrar y volver a crear rasgos de género definidos artificialmente y dispuestos jerárquicamente. Como ese capital es internacional, como en su flujo cruza las fronteras nacionales como el torrente de jets, acerca el "Primer Mundo" cada vez más al "Tercer Mundo". El dinero, tanto como los medios de comunicación, edifica la aldea mundial que profetizó Marshall McLuhan.

Las encrucijadas de clase y género habla en forma racional, responsable, compasiva. Por estas cualidades, y por las vidas de que habla, merece ser leído.

CATHARINE R. STIMPSON

PREFACIO

A pesar de todo el trabajo que hacemos, persiste la idea de que nuestro trabajo no es importante porque no traemos dinero a casa o que con maquila ganamos poco dinero. Si trabajas a sueldo en una fábrica, te respetan más.

DOÑA R., trabajadora a domicilio

Todas llegamos a la conclusión de que no habíamos tenido niñez ni habíamos sido nunca jóvenes de verdad porque, conforme crecíamos, habíamos tenido la responsabilidad de alimentar hermanitos y hermanitas; era como si nosotras mismas tuviéramos un montón de hijos.

Yo, Rigoberta Menchú. Mujer india de Guatemala

No dejen que las atropellen, dice Nettie. Háganles
saber quién manda.
Ya agarraron la onda, dicen.
Pero ella insiste. Tienen que pelear. Tienen que pelear.
Pero yo no sé pelear. Todo lo que sé hacer es
mantenerme viva.

ALICE WALKER, *The Color Purple*

En el transcurso de nuestro trabajo de campo en la ciudad de México durante 1981 y 1982 hubo días en que volvíamos a casa abrumadas de problemas. Nuestras visitas a hogares de mujeres dedicadas al trabajo industrial a domicilio nos llevaron a una diversidad de barrios muy pobres, con frecuencia en los arrabales de la ciudad, cuyas colonias o comunidades densamente pobladas llevan veinticinco años extendiéndose. En muchos casos las familias viven en vecindades o edificios de viviendas en las que cierto número de unidades domésticas, que van desde cinco hasta treinta, toman en alquiler una unidad, cada una en condiciones de un hacinamiento extraordinario. En algunos casos cada unidad familiar apenas está separada de la inmediata por delgadas paredes. En tales condiciones parece imposible la intimidad del individuo, y esa carencia pareció ser, al menos desde nuestra perspectiva de clase media relativamente privilegiada, un problema fundamental en el que están enraizados muchos otros. Nuestras entrevistas formales solían entretejerse con el diálogo sobre problemas cotidianos: enfermedades, carencia de servicios públicos (transporte, correo, escuelas y salubridad), desempleo, inestabilidad del trabajo para algunos familiares e insuficiencia de ingresos para casi todos, calles sin pavimentar e instalaciones eléctricas peligrosas, ruido, goteras en el techo y servicios sanitarios insuficientes y compartidos.

Las mujeres tenían sus propias quejas concretas: penuria en el abasto cotidiano para estirar el gasto; golpizas propinadas por el marido, por el amante y, al menos en un caso, por un hijo drogadicto; emborrachamiento de los varones; miedo a la violación (sobre todo en el caso de las hijas adolescentes); prostitución y falta de alternativas de empleo apropiado. "Estoy *muy* cansada, señorita", dijo una vez doña A., como si resumiera en una sola frase el dolor de todos los días. Aunque era una mujer de nuestra edad, habíamos supuesto que nos llevaba por lo menos quince años. Tenía debilidad en la espalda y le dolían los pies. Su marido tenía trabajo de planta, pero ella no sabía cuánto ganaba. Su hijo adolescente era obrero eventual en la construcción y a veces andaba en líos por las drogas. Su esperanza de alcanzar entradas más estables se hallaba en que su hija mayor consiguiera trabajo en una fábrica. En lo personal, ella obtenía un exiguo salario ensamblando fibras metálicas para lavar trastos y de vez en cuando con lavado ajeno. El día de una de nuestras visitas había tenido una fuerte discusión con el marido por haber llevado a casa, por una breve temporada, a otros dos niños (ambos retrasados mentales), cuya madre (hermana de ella) se dedicaba a la prostitución y no podía cuidarlos mientras trabajaba.

En los días en que nuestra investigación se desplazaba al trabajo social (buscar servicios de ayuda jurídica, escuelas especiales para niños minusválidos y cuidados psiquiátricos), nos llevábamos a casa escenas de la vida cotidiana de esas mujeres. Algunas eran conmovedoras y hasta nos perseguían en sueños. Recopilamos un caudal de datos para nuestro estudio, pero aprendimos todavía más. Conocimos el dolor de esas vidas y el valor que se necesita para enfrentar cada día en condiciones increíblemente difíciles. A pesar de la pobreza que nos rodeaba, nos veíamos continuamente enternecidas por el sentido humano y la dignidad que descubríamos, simbolizados por el cuidado que las familias se dispensaban entre sí y por el continuo esfuerzo exigido para mantener limpio el hogar en condiciones adversas o para cultivar las bellas flores que rodeaban a muchos jacales. Nos dábamos cuenta del orgullo reflejado en la cara de la gente a pesar de la adversidad y del dolor, nos dábamos cuenta del amor y el cuidado de los padres hacia sus hijos, de su inteligencia al idear estrategias para sobrevivir, de su cordura. También con dolor nos dábamos cuenta de las ocultas heridas de clase y género, de los efectos intangibles de la pobreza, que es imposible medir en cifras: la tristeza en la sonrisa de un niño, la suma estrechez de los horizontes que la vida ofrece, las lágrimas en los ojos de una joven que comprende las barreras de su vida, la represión psicológica y física que se necesita para enfrentar la falta de espacio, el miedo a un marido violento, pintado en la cara de una mujer, la tensión creada por la imposibilidad de escapar a los ruidos envolventes, el malestar de vivir sin servicios básicos.

No nos cansaremos de señalar el respeto y la admiración que sentimos por muchas de las personas que conocimos. Doña M., cabeza de una familia de siete (y a menudo de ocho, cuando se les agregaba su madre), vivía bajo constante amenaza de desahucio de su vivienda de dos piezas en una planta baja. Cuando fuimos a visitarla, oímos desde lejos el alboroto que hacía, sentada ante su puerta, clasificando piezas de metal para una fábrica de acumuladores. A menudo le ayudaban sus hijos y su madre. Estaba especialmente orgullosa de su hija mayor porque había logrado terminar la secundaria y hacerse secretaria. Doña M. lo consideraba un logro propio. Su energía y capacidad para cumplir con las responsabilidades hacia su familia estaban impulsadas por la inteligencia y la decisión. Su fortaleza y su optimismo nos sirvieron de continua fuente de inspiración. Sabía a la perfección cuáles eran sus objetivos, pero estaba dolorosamente consciente de los obstáculos que tenía ante sí. No le hacían falta planificadores, formuladores de planes de acción ni investigadores que le dijeran lo que había de hacer, como tantas otras mujeres y hombres con quienes nos topamos. Doña M. estaba dispuesta a contarnos a todos cuáles eran los obstáculos que le impedían vivir la vida que ella deseaba.

Damos las gracias a toda la gente que con tanta generosidad convino en compartir su vida con nosotras, y estamos en gran deuda con ellos por lo que aprendimos. A menudo nos sentimos incómodas por la intromisión en su vida que nuestra investigación significó. Queremos expresar nuestra auténtica y profunda estima por el único medio que tenemos: el de reflejar la realidad que vimos e incluir en nuestro relato y en nuestro análisis, con la mayor exactitud posible, las voces que oímos. En todo este libro hemos conservado el anonimato de los interlocutores —obreros aislados así como empresas—: los nombres se han cambiado o sencillamente no se mencionan.

Al cabo de cerca de tres años, lo vivido sigue formando una sustancial parte de nosotras. Con dolor nos damos cuenta de la dificultad de expresarlo en su plenitud y de nuestra deuda para con aquellos cuya posibilidad de ser escuchados es frustrada continuamente por las estructuras económicas, sociales y políticas existentes. También nos damos cuenta de las limitaciones de nuestras herramientas académicas, estrechamente definidas, para tratar con la plétora y la complejidad de la realidad por describir.

También se debe reconocimiento a todos los que hicieron posible este estudio. La Fundación Ford de México financió la investigación sobre el trabajo domiciliario y pagó los viáticos de Martha Roldán para la culminación de este libro. Lourdes Benería recibió la ayuda de una subvención del Social Science Research Council y del American Council of Learned Societies para el trabajo de campo sobre la subcontratación y de una subvención de la Wenner-Gren Foundation durante el periodo de la escritura. También agradecemos el apoyo recibido de Nanneke Redclift, actualmente en la Universidad de Kent, y que estuvo en la Fundación Ford de México, y de Bertha Hernández, del Programa sobre la Investigación de la Mujer en la Fundación Ford de México. También merecen nuestro agradecimiento Regina Cohen y Gladys Gatica por su inestimable ayuda en la investigación, y Constance Blake por su ayuda con técnicas de cómputo. Además han aportado su apoyo, comentarios y sugerencias otros muchos amigos y colegas: Timothy Diamond, John Duggan, María Patricia Fernández Kelly, David Gordon, Sherry Gorelick, Robert Guttmann, Heidi Hartmann, Martha Howell, Alison Jaggar, Rhoda Linton, Mario Margulis, Leonard Mertens, Ruth Milkman, Michele Naples, Hugo Radice, Helen Safa, Catharine Stimpson, Nelly Stronquist, Fiona Wilson, Kate Young, Marilyn Young y los miembros del grupo de estudio Women and Development, de Nueva York. Por último, damos las gracias a Jordi y Marc Benería Surkin por el tiempo que les robó nuestro trabajo y por su comprensión y franqueza.

I. INTRODUCCIÓN Y MARCO TEÓRICO

ESTE libro surgió de nuestra preocupación inicial por entender las razones que hay detrás del aparente crecimiento de la concentración de mujeres en lo que se ha dado en llamar el "sector informal" de la economía de América Latina. Nos interesaba, además, descubrir las derivaciones económicas y políticas de este fenómeno, tanto para las mujeres afectadas como para valorar las políticas de empleo urbano con base en la promoción optimista de ese sector. La investigación previa del asunto sirvió para restringir los alcances de nuestro estudio al tema más concreto del trabajo industrial a domicilio.

Conocíamos la existencia de esta clase de trabajo en diversas zonas de México. Aunque no abundaba la información, las estimaciones del número de costureras en la industria del vestido de la ciudad de México oscilaban entre 20 000 y 25 000 (Lomnitz, 1978; Alonso, 1979) y, según informes periodísticos, esas cifras pueden ser conservadoras. Además, los datos dispersos que reunimos en el periodo de planeación apuntaban a la existencia de trabajo a domicilio también en industrias ajenas a la del vestido: la hechura de juguetes, los plásticos, la electrónica y otras. Éste era un sector relativamente inexplorado que parecía adquirir una importancia cada vez mayor a escala mundial. Es más, como la gran mayoría del personal así empleado resultaban ser mujeres, la elección del trabajo a domicilio como centro de nuestro estudio nos iba a permitir dedicarnos a uno de nuestros intereses primordiales, a saber: estudiar cómo se articulan la clase y el género con una situación concreta de trabajo y de vida. Vimos la posibilidad de explorar la dependencia entre los procesos económicos y la dinámica de las relaciones sociales en el seno de la unidad doméstica. El escenario en la ciudad de México, gran centro urbano de un país que se está industrializando, proporcionaba la ocasión de estudiar algunos aspectos de la dinámica de un mercado de trabajo industrial en el contexto concreto de los problemas de desarrollo que aquejan a un país del Tercer Mundo.

Mientras realizábamos el trabajo piloto de campo, nos dimos cuenta de que era necesario abrir nuestro estudio a una perspectiva más amplia para captar en forma más satisfactoria las complejidades de los temas. Se hizo cada vez más necesario, por ejemplo, analizar la posición ocupada por el trabajo industrial a domicilio en el seno de la economía general para entender su articulación con otros niveles productivos. ¿Cuáles eran las industrias afectadas? ¿Qué clase de tareas se repartían para producción casera? ¿Hasta qué punto estaba ligado el trabajo a domicilio con otros niveles de la subcontratación? ¿Cuál era la dinámica del mercado de trabajo que esos procesos generaron?

En otro nivel nos percatamos de la necesidad de explorar la construcción histórica de género y clase, la índole de los intercambios de la unidad doméstica y las formas de la toma de conciencia y de las luchas de la mujer. Además descubrimos que nos faltaban herramientas de análisis así como conceptuales para comprender esos fenómenos. En consecuencia sentimos la necesidad de avanzar en la elaboración de los conceptos de uso tan frecuente como clase y género.

La principal preocupación que une esos temas es nuestro afán de generar un análisis *integral* en el que se haga un enfoque simultáneo de clase y género en su formación, lucha y recomposición[1] como pasos necesarios para comprender la realidad social. Nos damos cuenta del importante papel que suelen desempeñar tanto la raza como los caracteres étnicos en la fijación de esa realidad. Con todo, dado el carácter homogéneo de la población, no nos pareció que esos aspectos fueran directamente pertinentes para la problemática de nuestra investigación. Ahora bien, nuestro estudio pretende explorar la situación concreta de la vida y los problemas que afectan a un sector de las mujeres trabajadoras de México. En la medida en que logremos éxito en esta empresa, llevaremos, en palabras de Bell Hooks, "los bordes al centro" al centrar nuestro análisis en las experiencias de la mujer en un país del Tercer Mundo.

Por tanto consideramos que nuestro estudio se enlaza con dos principales grupos de bibliografía. En primer lugar va a engrosar la creciente pléyade de estudios que versan sobre la medida en que la presencia o la ausencia del desarrollo ha afectado a la mujer. En otro contexto da respuesta a ciertas inquietudes provocadas por el saber feminista enfocadas a temas de clase y género y por la necesidad de que el feminismo se ocupe de las experiencias de la mujer del Tercer Mundo. Debe subrayarse que éste es un estudio interdisciplinario que combina perspectivas económicas, sociológicas y antropológicas. Su objeto es rebasar las fronteras artificiales entre disciplinas y, en la medida de lo posible, captar el conjunto de la realidad que deseamos describir. En las dos próximas secciones pasaremos revista a los grupos de materiales publicados de particular interés para nuestro estudio.

[1] Empleamos el término "recomposición" para indicar cómo la clase y el género pueden adoptar nuevas formas y cambios continuos en el mercado laboral y en las relaciones de género. Véase Elson y Pearson, 1981.

La mujer y el desarrollo

La bibliografía publicada en los últimos quince años sobre la mujer y el desarrollo ha hecho una importante aportación a un aspecto del desarrollo —su efecto sobre la mujer en tanto que trabajadora y miembro de una familia— que la mayoría de los estudiosos de las ciencias sociales habían pasado por alto anteriormente. La publicación en 1970 del libro de Ester Boserup, *Woman's Role in Economic Development*, constituyó el primer esfuerzo importante por romper esa tradición. Tal vez se deba a ese motivo, unido a su oportuna publicación en función del nuevo interés en los problemas de la mujer, que el libro de Boserup se convirtió en el más citado sobre el tema de la mujer y el desarrollo. Si bien sus aportaciones fueron diversas (Benería y Sen, 1981), dos de ellas fueron fundamentales. Una consistió en señalar que toda sociedad ha generado una bien definida división del trabajo por sexos, no obstante que lo considerado como tareas masculinas o femeninas sea bastante diferente de un país a otro, lo cual sugiere que esa división no tiene nada de natural. La otra aportación consistió en mostrar que el desarrollo económico en el Tercer Mundo ha tenido repercusiones distintas en hombres y mujeres y que a menudo el efecto en la mujer fue negativo.

Desde 1970 han aparecido numerosos estudios con distintos planteamientos teóricos que de manera directa o indirecta tienen que ver con el tema, vagamente definido, de la mujer y el desarrollo.[2] Si bien siguen sin resolverse muchos problemas relativos a la situación y sumisión de la mujer, hemos aprendido mucho sobre las realidades que acosan a la mujer y a su familia en el Tercer Mundo. Gobiernos, organismos internacionales y otras instituciones preocupadas por el desarrollo han mostrado interés y han asignado recursos para proyectos que tratan de la mujer. Las conferencias internacionales de las Naciones Unidas en la ciudad de México (1975), Copenhague (1980) y Nairobi (1985) han sido sendas expresiones de ese interés. También hemos sido testigos del crecimiento de las redes y organizaciones femeninas a escala municipal, nacional e internacional. En algunos casos ha existido una movilización concomitante de mujeres de distintas clases sociales con un potencial político significativo. En varios países de América Latina, por ejemplo, la mujer ha participado como candidata en elecciones nacionales y ha manifestado activamente sus inquietudes.

[2] Entre los libros publicados véanse, por ejemplo, Youssef, 1974; Safa y Nash, 1976; Wellesley Editorial Committee, 1977; Buvinic, Youssef y Von Elm, 1978; Beck y Keddie, 1978; Bukh, 1979; Rogers, 1979; Black y Cottrell, 1981; Young, Wolkowitz y McCullagh, 1981; Nelson, 1981; León, 1982; Benería, 1982; Nash y Fernández-Kelly, 1983; Buvinic *et al.*, 1984; Charlton, 1984; Bunster y Chaney, 1985; Heyzer, 1985.

Esos logros han corrido al parejo de un creciente interés en el seno de la comunidad académica; han proliferado los cursos y las investigaciones sobre la mujer y el desarrollo o sobre el género y la expansión capitalista, y se han empezado a explorar comparaciones entre la experiencia histórica de países más industrializados y la experiencia actual de los países que se están industrializando (Elson y Pearson, 1981; Stolcke, 1983; Felton, 1986). También al parejo de todas esas tentativas se han echado a andar en los últimos quince años numerosos estudios empíricos y proyectos orientados a la acción, y la mayoría de los países han sentido su impacto en una u otra forma. En el nivel práctico de diseño y desarrollo de proyectos se ha logrado un buen avance desde mediados de los años setenta (Buvinic, 1984; Chaney, 1985; Heyzer, 1985).

Todo este trabajo reunido ha producido un conjunto de conocimientos que constituye una importante aportación a la bibliografía sobre el desarrollo, aunque a menudo desdeñada por la corriente dominante. Para poner un ejemplo ilustrativo pertinente señalaremos que el realce dado por las investigadoras a la unidad doméstica y a las relaciones familiares ha dado impulso a muchos estudios en torno a la materia que tratan muy variados temas.[3] En primer lugar ha surgido el interés por el problema de la participación de la mujer en actividades económicas dentro y fuera del hogar. Eso ha dado origen a diversos estudios sobre índices de participación de la fuerza laboral y pautas de inclusión en la producción remunerada según el nivel del ingreso familiar, el ciclo vital de la familia, el tipo de unidad doméstica y otros factores (Peek, 1978; Standing, 1978; Deere y León de Leal, 1982; García, Muñoz y Oliveira, 1982). Al mismo tiempo ha surgido una bibliografía crítica sobre la tendencia de las estadísticas oficiales a subestimar las actividades económicas de la mujer y su participación en la fuerza laboral (Galbraith, 1973; OIT, 1978; Wainerman y Recchini, 1981; Benería, 1982).

En una segunda zona de interés estrechamente ligada a la primera se estudia la división del trabajo por sexos en la unidad doméstica en relación con la división del trabajo en labores de sustento y de producción remunerada. Tales estudios han facilitado una mayor percepción hacia un análisis que anteriormente sólo se centraba en el mercado laboral. La migración, por ejemplo, recibe la influencia de la división del trabajo en la unidad doméstica. Esto, a su vez, tiene importantes repercusiones en el futuro de la dinámica hogareña y del papel de la mujer (Bukh, 1979; Pessar, 1982). En general, el enfoque sobre la unidad doméstica ha producido estudios detallados sobre el trabajo femenino remunerado o no y su relación con la

[3] Es imposible incluir una lista completa de las aportaciones a la bibliografía; las referencias incluidas aquí deben tomarse sólo como ejemplos.

economía exterior (Alonso, 1979; Silva de Rojas, 1982; Spindel, 1982; Mies, 1982; Longhurst, 1982; Pessar, 1982; Netting, 1984; Phillips, 1985). El resultado ha sido una documentación más profunda de la participación de la mujer en las actividades económicas.

En tercer lugar, el realce dado a la economía de la unidad doméstica ha producido algunas aportaciones a la bibliografía que trata de la estrategia de supervivencia de familias de diverso nivel de ingresos (Bilac, 1978; Schmink, 1982; Tinker, 1985). Esta bibliografía abarca el análisis de familias de ingreso múltiple, aportación de ingresos a un fondo común, patrones de asignación de dinero entre los miembros de la familia y proletarización (Roldán, en prensa). En particular ha sido objeto de gran atención el tema de las unidades domésticas cuya cabeza de familia es la mujer y su frecuente incidencia en muchas regiones del mundo (Buvinic, Youssef y Von Elm, 1978). En cuarto término: el relieve puesto en la unidad doméstica ha sido utilizado en estudios de fecundidad, análisis de reproducción social, política demográfica y migración (Margulis, 1980; Young, 1982; Oppong, 1978; Anker, Buvinic y Youssef, 1983). En quinto lugar, los estudios sobre actividades generadoras de ingreso que se realizan en el hogar han añadido una importante dimensión a la discusión en curso sobre los sectores formal/informal o predominante subordinado de la economía. En particular esos estudios han suministrado pruebas de la concentración de la mujer en el trabajo industrial a domicilio y en las actividades informales (SPP/UCECA, 1976; Connolly, 1982; IDS Bulletin, 1981; Roldán, 1984). Por último, el enfoque sobre la unidad doméstica, las relaciones sociales en el seno de la familia y el trabajo femenino ha puesto en tela de juicio nuestra comprensión tradicional de los procesos de proletarización, movilidad de la mano de obra y el proceso de transición de las formas precapitalistas de producción a las capitalistas (Rubbo, 1975; Medrano, 1981; Stolcke, 1983; Roldán, 1982).

Estos estudios han hecho una importante aportación y han añadido nuevas percepciones a un cuerpo de investigadores que le había concedido poco peso a la dinámica del hogar y a su relación con procesos socioeconómicos más amplios, lo que muestra cuán arbitrario e insuficiente es el análisis de los dos aspectos si se hace por separado. Los estudios sobre el hogar o unidad doméstica proporcionan la base para tratar los temas de género y clase, aunque no todos los autores hayan incluido en su análisis una preocupación feminista. En realidad fue ésta una de las dimensiones faltantes en el libro de Boserup, es decir, tratar de considerar que el papel de la mujer en el proceso de desarrollo está condicionado por la dinámica establecida en el ámbito de la unidad doméstica. Los actuales trabajos sobre la unidad doméstica añaden una rica información sobre las diferencias y semejanzas observadas en diversas regiones del mundo.

Otra ilustración de las aportaciones hechas por la bibliografía sobre la mujer y el desarrollo la ofrece el análisis de las repercusiones que la nueva división internacional de la mano de obra han tenido en el trabajo de la mujer. Varios estudios han ilustrado el nuevo empleo de la mujer como fuente de mano de obra barata utilizada por el capital multinacional y nacional en muchas zonas del Tercer Mundo (Fröbel, Heinrichs y Kreye, 1980; Elson y Pearson, 1981; Safa, 1981; Nash y Fernández-Kelly, 1983). La intensificación de la inversión a escala mundial que ha ocurrido desde mediados de la década de 1960 y en todo el decenio de 1970 ha dado origen a nuevos procesos de proletarización de la mujer, sobre todo en las industrias que se han trasladado de países de altos salarios a otros de bajos salarios.

La mujer tiene una fuerte representación en las regiones industrializadas del sureste de Asia, en las industrias de la frontera de los Estados Unidos con México y en las numerosas zonas de libre comercio que han atraído capital multinacional a muchos países del Tercer Mundo. Ésta es una pauta que difiere del empleo generado por la inversión multinacional en decenios anteriores. El nuevo empleo de la mujer ha sido resultado de trasladar en masa una producción realizada con intensa mano de obra desde los países más industrializados hacia el Tercer Mundo, lo cual ha sido posible por las nuevas tecnologías así como por la capacidad de fragmentar los procesos productivos, la reducción de los costos de transporte y los avances en las comunicaciones modernas. Estos estudios han planteado numerosas preguntas que se requieren seguir investigando: por ejemplo, en qué medida ha aumentado el empleo femenino respecto al masculino. El análisis del capítulo III estudia las razones que hay tras este aumento del empleo femenino en lo que concierne a México. Está empezando a surgir una discusión sobre la persistencia de estas tendencias en el decenio de 1980, dada la generación de nuevas tecnologías, su efecto sobre la mano de obra empleada y el volumen de ésta (O'Connor, en prensa).

Los escritos publicados desde 1970 sobre la mujer y el desarrollo suponen en primer término una negación de la premisa de que el proceso de desarrollo afectó por igual al hombre y a la mujer. En segundo lugar, han aportado nuevas perspectivas y temas a las inquietudes sobre el desarrollo, en particular a las que tienen una dimensión de género. En tercer lugar han servido para proyectos y estrategias de cambio que recogen concretamente las inquietudes femeninas. Desde luego esas aportaciones han salido de distintos marcos teóricos y visiones políticas. Pretendemos señalar algunas de las limitaciones y deficiencias que nos han saltado a la vista al revisar esa bibliografía.

Varios problemas parecen particularmente importantes. En los materiales publicados sobre la teoría de la modernización hay un problema relacionado con un modelo implícito en el análisis que convierte el desarrollo en sinónimo de un proceso orientado al crecimiento en el cual se toman como norma las instituciones capitalistas. Parte de la bibliografía del pasado decenio sobre el desarrollo ha rechazado la premisa de que el crecimiento económico, intrínsecamente, se filtra por necesidad en esas condiciones hasta llegar a todos los sectores de la población.[4] Respecto a la mujer se ha afirmado que su subordinación en el proceso de desarrollo no puede atribuirse a su marginación de ese proceso, como lo sugiere Boserup (1970), sino a una variedad de factores que han generado esa marginación. Algunos de esos factores se relacionan con el género; otros derivan de un patrón de crecimiento que genera sistemáticamente agudas diferencias de clase y jerarquías sociales (Benería y Sen, 1982).

Un segundo problema viene de suponer que la penetración capitalista en los países del Tercer Mundo tiene su propia dinámica, independiente de su particular contexto socioeconómico e histórico. A nuestro ver, cada proceso de desarrollo debe ser entendido junto con las pautas de acumulación que existieran con anterioridad y las relaciones de subordinación/dominio que han condicionado ese proceso y a su vez están condicionadas por él. Por ejemplo, según ilustra Mies en el estudio de un caso de hacedoras de encaje de la India, la división en castas y las tradicionales prácticas de apartamiento de la mujer, así como la relación concreta de la región con el mercado internacional, han ayudado a fijar condiciones en las que se ha incluido a la mujer en la producción remunerada. Más aún, no hay un patrón único de desarrollo. El capitalismo no sigue necesariamente una ruta unidireccional hacia la eliminación de las formas no capitalistas de producción y hacia un aumento de la proletarización (Meade, 1978; Stolcke, 1983; Benería, 1983; Spindel, Jaquette y Cordini, 1984). En vez de ello puede seguir diversas formas en un ininterrumpido espectro que va de la nueva creación de formas no capitalistas a cambiantes grados de absorción de mano de obra en los llamados sectores informal y formal de la economía.

Un tercer problema es la tendencia a *describir* la ubicación de la mujer en el proceso de desarrollo sin procurar un enfoque explícito de las asimetrías de género y, en consecuencia, explicarlas. La sola descripción puede señalar diferencias entre el hombre y la mujer en el seno de la unidad doméstica o en la fuerza laboral, recitando la división sexual del trabajo y las jerarquías surgidas de la posesión de la tierra y otros recursos, así como del acceso a la educación, al salario, a la especialización y a las oportunidades de ascenso. Esa descripción, no obstante, es insuficiente para

[4] Véase lo publicado sobre necesidades básicas (OIT, 1976) y algunos de los documentos escritos para la Conferencia de Nairobi al término de la Década de las Naciones Unidas en pro de la Mujer (DAWN, 1985).

explicar las raíces de la diferenciación genérica y la generación de desigualdades que afectan a la mujer. En consecuencia no es posible formular con facilidad estrategias de cambio que eliminen esas desigualdades e impidan el surgimiento de otras nuevas.

Un cuarto problema surge de las premisas androcéntricas y etnocéntricas subyacentes a los modelos de desarrollo. Con frecuencia representan una proyección hacia el Tercer Mundo de condiciones reinantes en los países industrializados. Por ejemplo, los estudios sobre estrategias de supervivencia de la familia suelen dar por sentado un modelo de aportación de ingresos a un fondo común basado en un sistema de unidad doméstica de familia nuclear, desdeñando las jerarquías de género y generacionales. En el capítulo VI mostraremos que ese modelo es impropio para reflejar las complejidades de interacción en la unidad doméstica y los intercambios asimétricos entre los miembros de la familia. Este problema es muy aparte de la circunstancia de que el modelo también puede ser impropio para explicar la diversidad de interacción de la unidad doméstica en el propio mundo industrializado.

Un quinto problema está en la tendencia a considerar a la mujer un objeto pasivo del cambio y víctima de fuerzas que la propia mujer no genera ni controla. La mujer suele ser representada como parte del ejército de reserva de la mano de obra, que en el mercado del trabajo entra y sale simplemente en función de los intereses y estrategias del capital. Con ello no se toma en cuenta la resistencia de la mujer ni sus luchas que, si bien están sometidas a importantes limitaciones a causa de su subordinación en la sociedad, provienen de una estrategia propia de la mujer.

Por último, existe el problema creado por una tendencia general a separar los temas de la mujer y el desarrollo en el Tercer Mundo de los que afectan a la mujer en los países industrializados. Con esto se tiende a objetivar a la mujer del Tercer Mundo como categoría separada, sin destacar su relación con la mujer del mundo industrializado y las diferencias y semejanzas que existen entre las mujeres de uno u otro país. Los estudios acerca de los efectos que la actual reestructuración de la economía mundial tiene sobre la mujer tanto en los países industrializados como en los del Tercer Mundo están empezando a hacer luz sobre esas relaciones (Fröbel, Heinrichs y Keye, 1980; Fernández-Kelly, en prensa; Sassen-Koob, 1982).

Dualismos de clase, de género y de análisis

Las relaciones entre clase y género plantean la antigua cuestión de la relación entre los sistemas económicos —capitalismo en el caso de México— y la subordinación de la mujer. Desde luego, no todos los enfoques feministas plantean la cuestión de esa manera; en particular, tanto el feminismo radical como el liberal suelen restar importancia a las desigualdades de clase generadas por el sistema de producción. El problema opuesto es representado por aquellos que aplican conceptos marxistas tradicionales directamente a "la cuestión de la mujer" o les dan una nueva formulación a fin de analizar los problemas de la mujer.[5] En este último caso se le da principal atención a comprender la base material de la opresión de la mujer —tal como se entiende dentro de la tradición marxista—, desdeñando a menudo aspectos ideológicos de la construcción social del género. En consecuencia, el uso liso y llano de conceptos marxistas tiende a un reduccionismo económico que produce la inclusión de jerarquías de género por debajo de las desigualdades de clase. Por otro lado, este enfoque descuida un mensaje fundamental del feminismo radical, a saber: que la subordinación de la mujer se basa en el dominio masculino sobre la sexualidad de la mujer, su capacidad de procrear y su ideología. Aunque no sustentamos el enfoque radical, dado su relativo desdén por las estructuras económicas y diferencias de clase y su visión de la realidad social, a menudo reñida con la historia, creemos que ningún análisis puede ignorar las aportaciones básicas del feminismo radical.

El afán de explicar la subordinación de la mujer como resultado de la acción recíproca de clase y género ha surgido de lo que Jaggar ha llamado enfoques socialistas feministas.[6] A menudo se ha planteado la cuestión bien como interacción de un modo dado de producción con un sistema de sexo-género (Rubin, 1975) o bien como interacción de capitalismo con patriarcado (Hartmann, 1976; Sokoloff, 1980; Eisenstein, 1979). Este enfoque ha sido determinante para señalar las deficiencias del marxismo tradicional al tratar la subordinación de la mujer. Si bien el marxismo tradicional consideró "la cuestión de la mujer" como resultado de desigualdades de clase tal como

[5] Un ejemplo es el debate sobre el quehacer doméstico como intento de fijar el concepto del carácter del trabajo doméstico como producción de la unidad doméstica y como medio de reproducción de la fuerza de trabajo y del funcionamiento del sistema económico. Como resumen acerca de la bibliografía del tema, véase Himmelweit y Mohun (1977). Sobre crítica feminista véase Molyneux (1979).

Como ejemplo más reciente, Vogel (1983) representa un importante esfuerzo por analizar sistemáticamente las fallas del marxismo tradicional para comprender la subordinación de la mujer, así como incorporar en el análisis marxista la aportación de una nueva teoría feminista. De paso, Vogel amplía las categorías marxistas para que abarquen la reproducción y su significado para comprender la condición de la mujer. En su análisis, sin embargo, están ausentes los aspectos ideológicos de la construcción social del género, que la autora tiende a subordinar a "lo material", a pesar de que, en el caso de ella, lo material abarca las esferas de la reproducción y (como en el marxismo tradicional) de la producción.

[6] No hay un consenso analítico sobre la distinción entre el feminismo marxista y el socialista. Hay tendencia a emplear ambos términos indistintamente. Véase en Barrett (1978) y Jaggar (1983) un ejemplo de distintos usos.

se entendían por costumbre, el feminismo socialista (o feminismo marxista) le concede a la opresión de la mujer una dinámica propia que no ha sido captada por el marxismo tradicional (Hartmann, 1981). El resultado ha sido una concepción de dos sistemas semiautónomos —el sistema sexo-género o patriarcado y el sistema de modo de producción o capitalismo— que se supone están entrelazados y se refuerzan mutuamente.

Esta formulación tiene sus ventajas. En primer lugar hace resaltar la importancia de distinguir entre las relaciones de género y clase de tal manera que los dos juegos de relaciones se tornan fundamentales para la comprensión de la subordinación femenina. En segundo lugar pone de manifiesto la insuficiencia del análisis tradicional de "la cuestión femenina", que se centraba en las desigualdades de clase y lo material y descuidaba la asimetría entre los sexos en todas las demás esferas de la vida social. En tercer lugar, si los dos sistemas son semiautónomos, quiere decir que podría mantenerse el patriarcado mediante diversos modos de producción o que la desaparición de las instituciones capitalistas no acarrea por fuerza la eliminación del patriarcado. En cuarto lugar, se deduce estratégicamente que la política feminista no coincide forzosamente con las formas acostumbradas de lucha contra las desigualdades de clase, aunque existan concomitancias hasta el punto de que ambos sistemas suelen reforzarse mutuamente.

Sin embargo, como han señalado otros autores, esta formulación ofrece problemas. Uno consiste en que hay una propensión a emplear el concepto de patriarcado de manera ahistórica, como si se aplicara a todas las sociedades, sin especificar la realidad histórica en que está inmerso el concepto. Otro problema estrechamente ligado es la dificultad de estudiar la acción recíproca entre el capitalismo y el patriarcado como sistemas —o entre cualquier modo de producción y el patriarcado— sin caer en análisis duales (Young, 1981). Lo concreto de la vida real no se presenta de manera dual sino como un *conjunto* integrado, en el que las relaciones múltiples de dominio subordinación —basadas en raza, edad, caracteres étnicos, nacionalidad, preferencia sexual— interactúan de manera dialéctica con las relaciones de clase y género.

Nuestro objetivo como estudiosas de las ciencias sociales y como feministas es captar la dinámica de esta totalidad sin perder de vista sus diferentes elementos. Ferguson y Folbre (1981), al discutir los sistemas duales de Hartmann, han sostenido que "capitalismo y patriarcado", no obstante "ser sistemas separados y semiautónomos", también están "desposados en conflicto". Tenemos que ir un paso más allá: la realidad se presenta no tanto como matrimonio en conflicto sino como producto con rasgos heredados de los dos sistemas y también de los múltiples factores citados arriba.

Aunque la clase y el género puedan distinguirse analíticamente en el nivel teórico, en la práctica no es fácil desenredarlos. El problema que tenemos ante nosotros está en edificar una teoría y un análisis unificadores en que los factores materiales e ideológicos son un aspecto integrante de nuestra comprensión de la subordinación del género, mientras la subordinación de la mujer es parte integrante de nuestra comprensión de la realidad económica y social. Estratégicamente, esto significa que es preciso tratar simultáneamente la clase y el género como parte de la lucha por eliminar la explotación en general y la opresión de la mujer en particular.

Conforme ha avanzado la capacitación académica feminista, va surgiendo un análisis más integrado tanto en lo teórico como en lo empírico (Sen, 1980; Phillips y Taylor, 1980; Elson y Pearson, 1981; Cockburn, 1981; Stolcke, 1981; Eisenstein, 1983; Goldberg, 1983; Wilson, 1985). Un trabajo que abrió brecha en el ámbito teórico fue el de Barrett (1980), que constituyó un intento de edificar una teoría feminista que pusiera en tela de juicio el análisis marxista a la vez que se beneficiaba de él. Como las categorías marxistas centrales de explotación y de apropiación, entendidas tradicionalmente, son neutras respecto al género, para Barrett esto significa rechazar el economicismo como explicación de las relaciones de género al acentuar aspectos ideológicos en la construcción social del género que están encajadas en lo material. Así, a pesar de que una premisa tácita de la obra de Barrett es la utilidad del marxismo como armazón básica para analizar la opresión de la mujer, el objetivo es "identificar el funcionamiento de las relaciones de género según y donde puedan diferenciarse de los procesos de producción y reproducción entendidos por el materialismo histórico o puedan guardar relación con ellos" (Barrett, 1980, p. 9). Es evidente la índole no dual de este análisis: aunque se nutre fuertemente del feminismo radical a fin de entender los aspectos ideológicos de la formación de los géneros, el análisis incluye conceptos y métodos marxistas fundamentales que sirven para comprender la subordinación de la mujer; y aunque emplea un enfoque marxista, rehuye el economicismo recalcando el papel de la ideología.

Se ha criticado el papel de la ideología en la obra de Barrett porque esa formulación exige el análisis de cómo ha sido construida la propia ideología de los géneros y porque este análisis de ese campo ideológico conduce a un grado de dualismo (Brenner y Ramas, 1984). En el campo teórico, esto puede ser realmente inevitable, incluso si la realidad es un todo unificado. Coincidimos con Barrett en que, en última instancia, la cuestión no es estrictamente teórica sino también histórica por naturaleza. Es decir, tenemos que examinar una realidad concreta para comprender cómo obran recíprocamente la ideología y lo material y cómo están interrelacionados y socialmente construidos la clase y el género. En este sentido el pensamiento dual sólo puede combatirse mediante el análisis histórico.

Además, en la medida en que la obra de Barrett está apoyada en las condiciones reinantes en Gran Bretaña, no es directamente aplicable a países del Tercer Mundo. La gran diversidad de experiencias que caracterizan la vida de la mujer en la periferia exige un esfuerzo especial para concebir un paradigma que abarque todos los factores que influyan en la complejidad de su subordinación. Éste sigue siendo el reto que tenemos por delante.

DEFINICIONES Y OBJETIVO DEL ESTUDIO

Creemos necesario aclarar desde un principio nuestra interpretación de los conceptos básicos de género y clase utilizados en todo el texto. Si bien los dos conceptos encuentran amplio uso en la bibliografía, raras veces son objeto de definición. Sin embargo, los diferentes usos de estos conceptos entrañan distintas visiones de la realidad y distintas estrategias políticas. Utilizamos género de la manera acostumbrada por la mayoría de las feministas: para distinguirlo del sexo e indicar su origen social más que biológico.[7] El género puede definirse como una red de creencias, rasgos de personalidad, actitudes, sentimientos, valores, conductas y actividades que diferencian al hombre de la mujer mediante un proceso de construcción social que tiene una serie de aspectos distintivos. Es histórico; se presenta en el seno de diversas macro y microesferas tales como el Estado, el mercado laboral, las escuelas, los medios de comunicación, la ley, la unidad doméstica familiar y las relaciones interpersonales; entraña la gradación de rasgos y actividades de modo que a los relacionados con el varón se les da normalmente un valor mayor.[8] La gradación y por tanto la formación de jerarquías es en la mayoría de las sociedades un componente intrínseco de la construcción del género.

El desenlace —y los medios— de esta construcción es el acceso asimétrico y *estructurado* (definido institucionalmente) a recursos que generan privilegio y dominación masculina[9] y subordinación femenina. Las relaciones de género así concebidas dan origen a una política feminista enfocada a

[7] Esto no quiere decir que el sexo y el género no guarden relación dialéctica. Coincidimos con Jaggar (1983, p. 110) en que "una concepción histórica y dialéctica de la biología humana considera que la naturaleza humana y las formas de la organización social humana no están determinadas solamente por nuestra biología, sino, antes bien, por una compleja acción recíproca entre nuestras formas de organización social, incluyendo nuestro tipo de desarrollo tecnológico, entre nuestra constitución biológica y el entorno físico que habitamos".

[8] Véase en Chetwynd y Hartnett (1978) la definición de un "sistema de papeles-sexos" que comprende algunos de los factores citados en nuestra definición pero deja fuera las diferenciaciones de clase y raza y recalca los aspectos culturales. Sobre la gradación de los rasgos masculinos y femeninos, véase Gilligan (1982).

[9] Giddens (1981) define dominación como "asimetrías estructuradas en el acceso a diversos recursos" pero no lo aplica a la dominación intrínseca del género, como lo hacemos aquí.

"intereses de género a largo plazo" y objetivos de eliminar la dominación masculina. Estos objetivos abarcan la igualdad ante la ley, la independencia económica y psicológica de la mujer, la abolición de una división del trabajo basada en el género, el dominio de la mujer sobre su sexualidad y su capacidad reproductiva y la erradicación de la violencia masculina y de la coerción sobre la mujer.[10] Sin embargo, como el género está construido simultáneamente con una gran variedad de relaciones —como clase, raza y caracteres étnicos— cada análisis histórico puede mostrar que la mujer percibe los intereses del género a largo plazo de un modo distinto y conforme a su propia experiencia de la vida (véase en el capítulo VII un estudio más amplio sobre este aspecto).

Respecto a la fijación del concepto de clases sociales, debe señalarse primero que en la bibliografía no hay consenso sobre una definición. A grandes rasgos, sin embargo, es posible distinguir entre los autores que consideran la ubicación común del individuo en el proceso de producción como factor esencial para la definición de clase, y aquellos otros que destacan las dimensiones culturales e históricas de la formación de las clases.[11]

Dentro del primer grupo, los criterios de definición empleados con mayor frecuencia son la propiedad económica y la posesión de los medios de producción, a lo que Portes (1984) añade los modos de remuneración como dimensión pertinente. Según estos autores, la aplicación de estos criterios formales permite identificar intereses económicos contradictorios que definen las clases sociales, su orientación política fundamental y su "proyecto de clase", es decir, un modo objetivo y universal de organización de la vida social.

Estas definiciones exclusivamente estructuralistas han sido criticadas

[10] Véase en Molyneux (1985) una parecida conceptualización de "intereses estratégicos de género".

[11] Véanse Singer (1981) y Portes (1984) como ilustración del primer enfoque para los casos de Brasil y América Latina respectivamente. Poulantzas (1973 y 1975) y Wright (1978) incluyen "ubicaciones" económicas además de las políticas e ideológicas dentro de la estructura total de clase en su examen de la sociedad capitalista avanzada. Un análisis cultural histórico lo proporcionan E. P. Thompson (1966) y B. y J. Ehrenreich (1979) para Inglaterra y los Estados Unidos respectivamente.

Dada la abundante bibliografía sobre el tema de las clases desde una perspectiva marxista, queda fuera del ámbito de este libro entrar en la polémica sobre la definición de clase. Únicamente hemos citado algunas fuentes que consideramos buenas ilustraciones de distintos enfoques. Por otra parte, no debe darse por sentado que los autores que comparten el mismo enfoque coincidan necesariamente en indicadores empíricos o en criterios formales ni en el número de esos criterios (compárense por ejemplo Singer y Portes). De hecho existe una considerable heterogeneidad teórica y política dentro de la perspectiva marxista acerca de las clases, e incluso nociones contradictorias sustentadas por algunos autores, como se desprende de la interesante colección de artículos redactados por P. Walker (1979). Véanse en particular la Introducción de Walker y la aportación de B. y J. Ehrenreich. Sobre las connotaciones de clase de Marx, véase Ollman (1979).

por el segundo grupo de autores. Este grupo señala que al desdeñar la esfera cultural y los factores sociales y psicológicos que influyen en la identidad y solidaridad de clase, se cae en carencia de poder analítico y se limita la utilidad para estrategias políticas. En cambio, para estos autores las clases están formadas históricamente por su relación con los cimientos económicos de la sociedad y también por una existencia cultural coherente, identidad social común y estilos de vida, rasgos que se suponen nacidos de experiencias históricas compartidas durante generaciones. Esto significa que los vínculos entre la determinación de clase económica y la conciencia de clase no deben darse por sentados sino investigarse cuidadosamente.

Creemos que el planteamiento cultural/histórico de la definición de clase es compatible por completo con nuestra perspectiva teórica por tres razones. Primera, desecha el reduccionismo económico de la mayoría de los análisis estructuralistas. Segunda, hace tomar en consideración la actuación humana, las percepciones y los valores sociales, las creencias y las formas de conciencia, y amplía la esfera de la interpretación de clase más allá del lugar de trabajo. Tercera, ayuda a incluir en el análisis la dialéctica de género, raza y caracteres étnicos que son de interés desde una perspectiva feminista. Sin embargo, este planteamiento presenta dos problemas principales. Uno es la escasa atención que suele concederse al análisis de los procesos concretos de producción y su significación para la formación y las luchas de clases. El otro problema está en que transmite generalmente una parcialidad androcéntrica que no considera la relación específica del género al sistema de clases nacida del papel reproductor de la mujer y de la dinámica familiar, según indican diversos autores.[12]

Para remediar estas deficiencias, a nuestro juicio el análisis de los procesos históricos concretos de formación, recomposición y reproducción de clases debe abarcar una serie de dimensiones. Primero debe comprender criterios de propiedad y posesión de los medios de producción (control sobre el proceso de trabajo) y modo de remuneración, citados más arriba.[13] Esto debe ir acompañado del estudio de otros factores que pueden poner en duda esa supuesta relación "común" a los medios de producción y formas de conciencia de clase (una vez más las relativas a género, raza y caracteres ét-

[12] Como se mencionó antes, la relación entre el papel de la mujer en la reproducción y su influencia en las actividades productivas de la mujer se ha analizado desde diversas perspectivas. Además, sobre el tema de la relación de la mujer con la clase, véase Garnsey (1978), West (1978), Tilly y Scott (1978), Benenson (1983), Petchesky (1983).

[13] La propiedad económica de los medios de producción significa el control sobre la inversión y los recursos productivos. La posesión se refiere al control sobre la organización del proceso productivo y el proceso laboral. Por modos de remuneración, Portes (1984) entiende las diversas maneras que tienen las clases sociales de recibir sus medios de consumo, maneras que van desde utilidades hasta sueldos normales, salarios protegidos y eventuales y producción para el sustento directo.

nicos). Esto, por su parte, requiere el estudio de la división sexual de la mano de obra y otras jerarquías en el lugar de trabajo y en la unidad doméstica; de las dimensiones subjetivas de la clase, y de las formas de organización y lucha.

Ahora nos dirigimos a nuestro objetivo fundamental: contribuir a la comprensión del porqué, cómo, en qué condiciones y con qué consecuencias es incorporada la mujer a la producción remunerada. Más concretamente, deseamos analizar una serie de maneras de la acción recíproca de la clase y el género en el lugar de trabajo y en la unidad doméstica. Esto comprende, por ejemplo, analizar cómo la participación de la mujer en determinado proceso de trabajo se ve afectada no sólo por la existencia previa de jerarquías de género e historias de trabajo; además las fortalece y crea *nuevas* jerarquías de trabajo basadas en el género. Los empleos y las destrezas, por ejemplo, están sujetos a *sexualización,* al paso que las relaciones sociales de producción se reestructuran en el lugar de trabajo. Al mismo tiempo la asignación de la mujer a determinadas categorías de mano de obra, así como en su propia trayectoria ocupacional, es un componente fundamental en la construcción social del género. Análogamente, y en el ámbito de la unidad doméstica, estudiaremos cómo la inserción de la mujer en la clase y el dominio sobre su propio ingreso la faculta para renegociar las relaciones de género dentro del hogar.

Ya se ha subrayado la complejidad de captar este proceso histórico de formación y recomposición simultánea de clase y género;[14] no pretendemos tratar esta complejidad en su conjunto. Nuestro estudio se concentrará más bien en ciertas dimensiones de la articulación de clase y género en las esferas de la unidad doméstica y del lugar de trabajo en cuanto se relaciona con los siguientes puntos centrales.

El primer punto medular tiene que ver con la relación entre el trabajo industrial a domicilio y otros tipos de empleo de la mujer, por un lado, y los temas más amplios del mercado laboral y de la dinámica del desarrollo, por el otro. El segundo trata más concretamente de las dimensiones del género en estos temas. Los dos plantean algunas de las cuestiones centrales de este libro; por ejemplo, las referentes a las condiciones en que se lleva a cabo la incorporación de la mujer al trabajo industrial. ¿Cuál es la relación entre la subcontratación industrial y el empleo de la mujer? ¿Cómo podemos explicar la tendencia de ciertas tareas y grupos de actividades a feminizarse? ¿Cómo puede explicarse el inferior nivel de salario de la mujer? ¿Res-

[14] Véase en Cockburn (1981) la profundización en el punto de vista de que la formación de clase y la de género deben ser consideradas como procesos históricos que ocurren simultáneamente.

ponden los salarios a fuerzas económicas subyacentes o a la dinámica del género o a las dos cosas? ¿Hasta qué punto se utilizan en el lugar de trabajo los rasgos de género de la mujer y para qué objeto? ¿Qué papel desempeña la mujer en la articulación entre la economía formal y la subterránea? ¿Por qué ocurre que una abrumadora mayoría de los trabajadores a domicilio son mujeres casadas con hijos?

Muchas de estas preguntas llevan a la vieja conexión entre la división sexual del trabajo doméstico y del mercado laboral o entre la reproducción y la producción. También plantean el tema de hasta qué punto hay una relación *común* de la clase obrera con los medios de producción. Como se verá en los capítulos III y IV, una vez que se ha introducido el género en el análisis, se hacen más evidentes las diferencias entre hombre y mujer como trabajadores en función de adquisición de destrezas, ubicación en el proceso de la producción, salarios y condiciones de trabajo. De hecho el lugar de trabajo puede ser visto como un lugar geométrico en que el género puede utilizarse y volver a crearse, en el entendido de que la relación de los trabajadores en lo individual hacia los medios de producción está afectada por el género.

Los restantes puntos principales de este estudio se refieren a los temas de proletarización de la mujer, renegociación de las relaciones de género y la conciencia de la mujer sobre su subordinación en el seno de la unidad doméstica. Estos temas dan origen a preguntas relativas a la inserción específica de la mujer en las relaciones de clase, la naturaleza de las interacciones y el intercambio de recursos de la unidad doméstica y los vínculos de los mismos con las formas de conciencia y lucha de la mujer. ¿Cuáles son los factores históricos que explican las estrategias de trabajo de la mujer y su inserción presente en el trabajo industrial a domicilio? ¿Cuál es la diferencia entre el historial de la mujer antes y después del matrimonio en cuanto a ocupación y clase? ¿Cuál es la influencia de los ciclos de familia en el patrón femenino de mano de obra asalariada? ¿Es posible hablar de proletarización femenina como proceso autónomo separado de la proletarización masculina? ¿Es el concepto de unidad doméstica una adecuada unidad de análisis? ¿Hay necesidad de descomponer esa unidad, y, si la hay, en qué forma? ¿Qué recursos intercambian los miembros de la unidad doméstica? ¿Podemos suponer que todas las familias practican el agrupamiento de ingresos o que todos los miembros adultos contribuyen al fondo común conforme a sus respectivos ingresos? ¿Hay diferencias entre el hombre y la mujer en cuanto a sus prioridades en los desembolsos? Por último, ¿hasta qué punto siente la mujer que el control sobre sus ingresos le ayuda en el regateo de relaciones de género en el seno de la unidad doméstica? ¿Cuáles son los mecanismos de control que condicionan las luchas de la mujer dentro de este terreno? ¿Conduce el trabajo remunerado a un cambio en la conciencia de la mujer y en su propia percepción? ¿Cómo se vinculan los cambios en la interacción familiar con los patrones universales de las relaciones de clase y género fuera del hogar?

Estas preguntas se tratan en los capítulos II al VIII. El capítulo II comprende una descripción de datos de antecedentes, de las características generales de la muestra y del escenario en que tuvo lugar nuestra investigación en la ciudad de México; además comprende una descripción de la metodología de nuestra investigación. El capítulo III analiza la estructura de la subcontratación a la que va ligado el trabajo a domicilio, con lo que suministra una vista macroscópica de las interrelaciones de la empresa y los diversos niveles de producción que generan el trabajo a domicilio. Además contiene un análisis sobre la dinámica del empleo de la mujer en diversos niveles de subcontratación. El capítulo IV trata el carácter del trabajo a domicilio, las condiciones en que se realiza, las razones para el predominio de la mujer en este tipo de trabajo y lo que significa en función de la discusión acerca de los sectores formal e informal de la economía. El capítulo V examina historias de familia, clase y género para averiguar su influencia sobre la inserción de la mujer en el trabajo industrial a domicilio. Además compara los patrones de proletarización de esposas y maridos que se originan en el sistema de reciprocidades de la unidad doméstica y sitúa esta proletarización en el contexto del proceso general de la formación de clases en la ciudad de México. Los capítulos VI y VII exploran la relación entre las estrategias y patrones del trabajo femenino y los límites de la renegociación femenina de las relaciones de género dentro del hogar. El capítulo VI enfoca los intercambios asimétricos de ingreso y de trabajo doméstico no remunerado entre los miembros de la unidad doméstica y analiza los nexos entre esos intercambios y la generación y reproducción de las relaciones de clase. El capítulo VII examina los vínculos entre los procesos de intercambio analizados en el capítulo anterior, el contrato matrimonial y otros mecanismos que restringen la lucha de la mujer y su esfuerzo por tener acceso al control. Por último, el capítulo VIII resume los hallazgos de nuestro estudio y sus repercusiones en la política y la acción.

II. EL AMBIENTE: ANTECEDENTES Y METODOLOGÍA

ESTE capítulo proporciona información general sobre el ambiente de nuestro estudio y contiene una descripción de nuestro muestreo. El objetivo es describir más que analizar, a fin de llevar al lector a datos fundamentales.

La actual crisis económica relacionada con la deuda externa de México adquirió un giro sumamente crítico en el verano de 1982, momento en el que concluíamos el trabajo de campo y la recolección de datos para nuestro estudio. Por lo tanto, el estudio capta el momento del desarrollo de México en que apenas empezaban a sentirse los problemas económicos surgidos claramente con la devaluación del peso en agosto de 1982. Esta época de transición se reflejó, por ejemplo, en las entrevistas hechas a representantes de empresas y que se analizan en el capítulo III; mientras que en el verano de 1981 se hablaba poco de crisis, ésta había de tornarse preocupación apremiante un año más tarde.

En su calidad de país de los llamados de industrialización reciente (PIR), con un ingreso per cápita de 2 270 dólares norteamericanos en 1982, México está clasificado por el Banco Mundial como país de ingreso medio superior. En términos relativos el producto nacional bruto de México per cápita en ese año estuvo cerca de los de Brasil y Portugal y apenas por debajo de los de Argentina, Chile, Sudáfrica y Uruguay.[1] A pesar de tener un desarrollo disparejo y de sus desigualdades en la distribución de recursos y de ingresos, la economía mexicana creció con rapidez en la década de 1960 y principios de la de 1970. Esto fue especialmente cierto para el sector fabril; mientras el crecimiento medio del producto interno bruto fue de 7.6% para 1960-1970 y de 6.5% para 1970-1980, las respectivas tasas de crecimiento en la actividad fabril fueron 10.1 y 7.1%. El resultado fue que la producción industrial creció de un 26% del producto total del país en 1950 a un 40% en 1980 (Cordera y Tello, 1981). La producción industrial, sin embargo, aflojó en el periodo 1975-1978, y durante la vigorosa recuperación iniciada en 1979 se aceleraron y prosiguieron fuertes presiones inflacionarias.[2] Éstas, unidas a la lentitud en el crecimiento de ciertos sectores clave de la industria, fueron la causa primordial de las dificultades que salieron a la superficie a principios de la década de 1980.

[1] Datos en diversos cuadros del Banco Mundial, *World Development Report,* 1983.

[2] La tasa de inflación durante este periodo, medida por el índice de precios al consumidor, alcanzó un máximo de 28.9% en 1977 (Banco Mundial, 1981).

La industrialización de México se ha orientado hacia la sustitución de importaciones, sobre todo de artículos de consumo. Sin embargo, la extrema desigualdad en la distribución del ingreso y la ausencia de desarrollo del sector rural han puesto límites al crecimiento del mercado interno y a su industrialización. En consonancia con un típico patrón latinoamericano, la propiedad de los medios de producción está altamente concentrada, sobre todo en la industria (Cordera y Tello, 1981). Una de las consecuencias de la concentración, unida a la falta de absorción de una gran oferta de mano de obra, es la desigualdad en la distribución del ingreso, como lo prueba el hecho de que en 1977 el 20% más bajo de las unidades domésticas obtenía 2.9% del total del ingreso por unidad doméstica, mientras el 10% más alto obtenía más de 40% del total (Banco Mundial, 1983, cuadro 21). También se han rezagado otras industrias, y en especial las que generan insumos industriales y bienes de capital, con importantes repercusiones en cuanto a depender de importaciones para el abasto de estos insumos básicos.

El capitalismo mexicano dependiente es típico de un país periférico en que el capital internacional, el norteamericano en particular, sigue desempeñando un papel fundamental en el desarrollo y en la industrialización.[3] Las empresas multinacionales generan más de un tercio de la producción industrial del país, aunque la proporción ha alcanzado 40% en el sector de bienes de capital, más de 60% en artículos de consumo duradero y 50% en las exportaciones manufacturadas en el país (Cordera y Tello, 1981; Jenkins, 1984). Además, las empresas multinacionales se cuentan entre las fuentes más dinámicas de crecimiento industrial y transferencia de tecnología, que por otra parte contribuyen al déficit del sector externo (Mercado, 1980; Soria, 1980; Minian, 1981). También existe dependencia del financiamiento extranjero en el sector privado nacional, como lo prueba la enorme deuda exterior (2 300 millones de dólares norteamericanos en el verano de 1982) del Grupo Alfa, poderoso conglomerado mexicano que antiguamente se citaba como fructífero ejemplo de capital nacional independiente. Esta dependencia también se refleja en nuestro estudio. En el capítulo III se verá palpablemente que las empresas multinacionales representan una fuente esencial de subcontratación que se filtra hasta empresas medianas y pequeñas, las cuales suministran trabajo industrial a destajo en el ámbito de la unidad doméstica.

Otra característica del desarrollo industrial de México es su carácter oligopólico y su concentración geográfica en pocos estados y ciudades. La ciudad de México es el mayor centro industrial, y hasta 1970 se llevaba

[3] Por ejemplo, durante el periodo 1970-1974, las inversiones de los Estados Unidos en México representaron 78.6% de la inversión extranjera total, seguidas por un 16.7% de inversiones de Europa occidental (Banco de México, 1979).

la tajada del león del crecimiento industrial. Al final de la década de 1950 la zona metropolitana respondía de un 42.7% del producto industrial bruto del país; para 1970 esa cifra todavía era casi de 40%, al paso que las industrias del transporte y de los servicios mostraron parecidos niveles de concentración en la zona metropolitana: 30.9 y 49.6% respectivamente (Garza, 1976). En particular la ciudad de México concentra en su seno la producción de artículos de consumo duradero, productos químicos, equipo eléctrico y electrónico y partes y ensambles para la industria automotriz. Los vínculos de la subcontratación y la descentralización de la producción en el nivel del trabajo a domicilio deben ser vistos dentro de este ambiente industrial agrandado; la subcontratación ofrece además una visión microscópica de los nexos entre el capital multinacional y las empresas mexicanas.

En el periodo 1960-1970 la ciudad de México experimentó una de las más altas tasas de crecimiento demográfico del mundo, sobre todo a causa del ritmo de inmigración procedente de otras regiones de México. Se ha calculado que para 1970 alrededor de 35% de la población total de la zona metropolitana y más de 50% de los mayores de 20 años no habían nacido en la ciudad (Muñoz, Oliveira y Stern, 1971). Esos inmigrantes contribuyeron también fuertemente al crecimiento demográfico natural de la ciudad (Goldani, 1977). El resultado ha sido que el continuo flujo de inmigrantes a la ciudad de México ha contribuido a crear la fuerza de trabajo industrial y a que exista una gran reserva de mano de obra cuyo rebosamiento inunda el llamado sector informal. La población de nuestro muestreo de unidades domésticas que tienen trabajo a domicilio ilustra el proceso por el cual ha habido incorporación de inmigrantes a diversos tipos de actividad económica.

Nuestro estudio capta un momento de transición de un periodo de crecimiento a otro de crisis en el desarrollo de México. El estar atenido al petróleo para financiar las importaciones, unido al descenso que sufrieron los precios del petróleo y a la aceleración de las presiones inflacionarias, intensificó el problema de la deuda externa. Para 1982 esta deuda se había elevado a 50 000 millones de dólares norteamericanos y el servicio de la deuda representaba 29.5% de las exportaciones del país (Banco Mundial, 1984). La subsiguiente presión sobre las cruciales importaciones de bienes de capital y otros insumos industriales representó un cuello de botella para el desarrollo nacional. Al subir la presión sobre el peso, aumentó también la fuga de capitales para evitar las consecuencias de una muy probable devaluación. Como resultado de todos esos factores, la recuperación de 1979 se detuvo abruptamente en 1982, y la crisis, como se dijo antes, se puso claramente de manifiesto con la devaluación del peso y la congelación de las cuentas en dólares en agosto de ese mismo año.

Por entonces estaba a punto de terminarse el trabajo de campo para nuestro estudio, y eran evidentes los signos de la crisis económica. Por ejemplo, algunos de los acuerdos de subcontratación descritos en el capítulo III surgieron de la necesidad de sustituir importaciones por producción nacional. Por otro lado se informaba que los subcontratos de pedidos de algunos bienes de consumo no fluían con tanta regularidad como antes. Sin embargo, era demasiado pronto para valorar el efecto global de la crisis sobre la dinámica de la subcontratación.

ZONAS VISITADAS Y TIPOS DE TRABAJO A DOMICILIO

Nuestras entrevistas con trabajadoras a domicilio se realizaron en 15 colonias o barrios situados en distintas zonas de la ciudad de México y del área metropolitana, que se adentra en el vecino Estado de México y constituye una continuidad urbana en función de actividad económica, transporte y otros servicios. Las excepciones fueron tres casos del pueblo de Chalco en el Estado de México. El mapa II.1 muestra la ubicación general de los municipios y delegaciones en que están situadas las colonias (zona sombreada). El mapa no señala la ubicación de las empresas subcontratantes entrevistadas, las cuales estaban desparramadas por toda la zona metropolitana. En general, los contactos inmediatos con los trabajadores a domicilio o "destajistas" se efectuaron en la zona en que se hacía el trabajo a domicilio.

El cuadro II.1 comprende un detalle de las colonias en que se ubicó el trabajo a domicilio y las diversas clases de trabajo a domicilio que se encontraron. Aunque nuestro muestreo no fue representativo, cubrió una amplia extensión geográfica. Los diversos tipos de trabajo a domicilio no estaban concentrados en una zona determinada sino que se esparcían por todas las colonias comprendidas en la muestra.

CARACTERÍSTICAS GENERALES DE LA MUESTRA

El número de mujeres entrevistadas que trabajaban a domicilio alcanzó un total de 140; pertenecían a 137 unidades domésticas con una población total de 870 personas. El promedio de habitantes por unidad doméstica fue de 6.35, cifra cercana a la hallada por García, Muñoz y Oliveira (1982) para la ciudad de México en su conjunto. Para los fines de nuestro análisis a lo largo del libro utilizamos una definición común de unidad doméstica: conjunto de personas que comparten un espacio vital y un presupuesto, conjunto que suele basarse, aunque no necesariamente, en relaciones de parentesco.

CUADRO II.1. *Distribución geográfica y tipos de trabajo a domicilio*

Colonia	*Tipos de trabajo a domicilio*
Ciudad de México	
Tacubaya	Armado de flores de plástico; tela de envolver
Moctezuma	Pulimento plástico (diversos productos); ensamble de grapas y bolígrafos; empacado de dulces, control de calidad (calcetines)
El Rosario	Armado de juguetes; empacado de fibra metálica
Atzacoalco	Envasado de pepitas de girasol; prendas de vestir
Morelos	Armado de bolsas de plástico; prendas de vestir
Iztacalco	Prendas de vestir
Atzcapotzalco	Prendas de vestir
Estado de México	
Zona metropolitana	
Lázaro Cárdenas	Control de calidad (piezas de metal para acumuladores); armado de juguetes; pulimento plástico; acabado textil; embobinado electrónico
San Andrés Atoto	Acabado textil
El Capulín	Armado de cajas de cartón; acabado textil
El Molinito	Empaque de fibra metálica; acabado textil
Altamira	Embobinado electrónico
Fuera de la zona metropolitana	
Pueblo de Chalco	Remachado de metal laminado y fabricación de partes para antenas; ensamble de cerrojos
Ciudad Nezahualcóyotl	Prendas de vestir

El cuadro II.2 define los conceptos utilizados para clasificar las unidades domésticas y proporciona un desglose de la composición familiar y tamaño medio. En la muestra, la proporción de unidades domésticas nucleares es casi de 74%, mientras la de unidades domésticas extendidas es cercana a 26%, y sólo una unidad doméstica está constituida por una única persona. Las unidades domésticas extendidas respondían a relaciones de parentesco, salvo en tres casos que abarcaban miembros no emparentados. Por otro lado, el cuadro II.3 muestra que 56.1% de las unidades domésticas estaban en fases tempranas del ciclo familiar, al paso que 43.9% se encontraba en las fases avanzadas. En el capítulo VI se explorará la importancia de estas

MAPA II.1. Emplazamiento de la investigación en la ciudad de México y en su zona metropolitana.

CUADRO II.2. *Tamaño de la unidad doméstica por tipos de composición hogareña*
($N = 137$)

Tipo de unidad doméstica	*Definición*	*Tamaño medio de la unidad doméstica*	%
Nuclear	Pareja reproductiva con o sin descendientes solteros		
Completa	Ambos consortes viven en la misma unidad doméstica con o sin descendientes solteros	5.95	64.23
Incompleta	Sociedad disuelta por fallecimiento o separación; con descendientes solteros	5.38	9.50
Extendida	Familia nuclear, completa o incompleta, más una o varias personas que pueden ser descendientes consanguíneos casados o personas casadas o solteras (consanguíneas o no)		
Tipo I	Con personas solas (consaguíneas o no)	6.12	13.13
Tipo II	Con otras familias nucleares (consanguíneas o no), una de las cuales define la fase del ciclo familiar	9.00	10.21
Tipo III	Combinación de I y II	10.50	2.19
Unidad doméstica de una sola persona	Persona que vive sola	1.00	0.72
Total			*99.98*

categorías para la división sexual del trabajo en la unidad doméstica y la incorporación de miembros del hogar a la mano de obra asalariada.

Lo que requiere subrayarse aquí es la concentración de trabajadoras a domicilio en los hogares nucleares en los ciclos familiares tempranos. Según se analizará en el capítulo IV, esto guarda relación con la compatibilidad del trabajo a domicilio con la atención a los niños y otras responsabilidades domésticas; es decir, con la división del trabajo basada en el género que asigna esas responsabilidades a la mujer. No es de sorprender que nuestra

CUADRO II.3. *Distribución de unidades domésticas por fase del ciclo familiar*

Tipo de unidad doméstica	*Definición*	*(%)*
1. Fases tempranas*		
a) formación	Pareja sin descendencia	2.9
b) expansión	Sólo familias nucleares, completas o incompletas, con niños menores de 7 años	45.9
c) expansión plausible	Familias nucleares completas o incompletas con descendencia masculina y/o femenina entre 7 y 17 años y entre 7 y 15 años respectivamente	7.3
2. Fases avanzadas**		
a) fisión/expansión	Familias nucleares completas o incompletas con descendencia de 18 años o más en varones y de 16 años o más en hembras, más niños menores de 7 años	13.9
b) fisión	Igual que arriba pero sin niños menores de 7 años	22.7
c) sustitución	Familias nucleares completas o incompletas con toda su descendencia de 18 años o más en varones o de 16 años o más en hembras	7.3
Total		*100.00*

* En el caso de las unidades domésticas extendidas, la fase se determina por el núcleo familiar al que pertenece la trabajadora a domicilio.

** Las edades de 16 para hembras y 18 para varones se han escogido para separar las fases tempranas de las avanzadas como edad casadera convencional para los dos sexos en México.

muestra abarque una proporción relativamente alta de unidades domésticas nucleares jóvenes, proporción más alta, de hecho, que el 61.8% encontrado para la ciudad de México en su conjunto (García, Muñoz y Oliveira, 1982). Sin embargo, las trabajadoras a domicilio estudiadas aquí comprenden no sólo a la esposa de una unidad doméstica nuclear sino también a la mujer que es cabeza de su unidad doméstica y a las hijas solteras.

La figura II.1 muestra el desglose de mujeres entrevistadas conforme a los papeles de género desempeñados en sus unidades domésticas. Las mujeres que tienen marido representan la mayoría (76.42%) de las entrevistadas. En el momento del trabajo de campo, 15% de ellas vivían en concubinato, situación considerada menos que socialmente deseable por las propias mu-

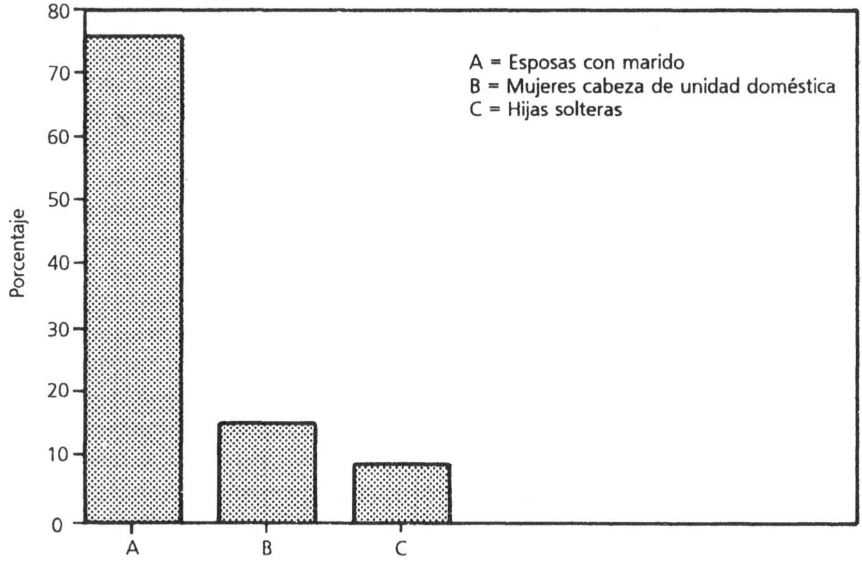

FIGURA II.1. Papeles de género en la unidad doméstica desempeñados por las trabajadoras en los hogares.

jeres y muy frecuente entre el subproletariado urbano y la gente de origen rural. Su edad iba de los 19 a los 64 años, teniendo la mayor concentración en las categorías de los 21 a los 30 y de los 31 a los 40, que representan 71% del total de esposas. Su nivel educativo era bajo: 60% de las esposas o no tenían ninguna escolaridad o la tenían muy escasa. La gran mayoría (72%) o eran analfabetas o sólo habían terminado de 1 a 3 años de escuela. En cuanto a su estado migratorio, la mayoría de las esposas (70%) procedían de zonas rurales, principalmente de los estados de Michoacán, Oaxaca, Guerrero, Guanajuato y el de México, y en su mayor parte habían llegado a la ciudad en las décadas de 1960 y 1970. Sus motivos para emigrar siempre tenían que ver con la búsqueda de empleo por parte de sus padres, de ellas mismas o del marido. Casi 70% de las esposas habían llegado a la ciudad de México después de los 12 años; 67% de las llegadas en el grupo de los 12 a los 20 años eran solteras que buscaban empleo en la ciudad.

Las cabezas de unidades domésticas representaron 15% del total de la muestra y abarcaban mujeres de edad: un 71% mayores de 40 años en el momento de la entrevista. Dado el bajo nivel de salarios en el trabajo a domicilio, no es de extrañar que sea relativamente pequeño el porcentaje de mujeres de nuestra muestra que eran cabezas de unidades domésticas, puesto que el trabajo a domicilio constituye normalmente una fuente complementaria de ingresos y no una fuente suficiente para el sustento de la familia. El nivel educativo de este grupo fue el más bajo de la muestra; sólo una de ellas había terminado la primaria y, entre las que no la terminaron, 90% o bien eran analfabetas o bien tenían de 1 a 3 años de escuela. Habían llegado de zonas rurales (62%), de los estados citados más arriba; 62% de ellas llegaron a la edad de 21 años o más y siendo cabezas de la unidad doméstica o bien con marido. Al igual que en otras partes, esas mujeres cabezas de unidad doméstica tuvieron que sufrir las mayores penalidades en cuanto a la lucha económica diaria por sobrevivir y la pesada carga de una responsabilidad no compartida por la crianza de los hijos y por otros problemas domésticos. Esto era especialmente cierto en mujeres que se hallaban en las fases más tempranas del ciclo familiar, recientemente separadas, abandonadas por el marido o bien habían enviudado. Sólo dos de las mujeres de esta categoría podían sostener el hogar con salarios obtenidos exclusivamente del trabajo a domicilio. Las restantes tenían que recurrir además a otras fuentes de ingresos, en su mayor parte servicios personales, como lavado y planchado, trabajo de tiempo parcial en pequeñas taquerías del vecindario u otras actividades remuneradas ocasionales. Las que tenían más edad o estaban enfermas tenían que recurrir a la ayuda monetaria de la familia o participar en una unidad doméstica extendida.

Por último, los datos sobre las hijas que trabajan a domicilio las sitúan en el extremo opuesto a las cabezas de unidad doméstica en cuanto a edad, educación y situación migratoria. Su edad oscilaba entre los 13 y los 20 años, y cerca de 60% de ellas habían terminado la escuela primaria o asistían a la secundaria; ninguna era analfabeta. En cuanto a su situación migratoria, sólo 25% habían nacido fuera de la ciudad de México. Pudimos preguntar por qué las hijas se emplean en trabajo a domicilio, ya que hay mejores oportunidades en el mercado laboral para la mujer más instruida y más joven. Las razones expuestas iban desde usar los ingresos del trabajo a domicilio para pagar parte de los gastos escolares, y desde la necesidad de sustituir a la madre en responsabilidades domésticas y de cuidar a los niños (empleando el trabajo a domicilio como manera de conciliar el conflicto de papeles entre el manejo de la casa y la producción remunerada) hasta hacer frente a problemas especiales tales como la incapacidad física.

A pesar de las variaciones que presenta nuestro muestreo, la mayoría de los hogares fueron de clase obrera y de bajos ingresos. El promedio del ingreso semanal, comprendido el del trabajo a domicilio y todos los salarios de otros miembros de la unidad doméstica según nos informó la trabajadora a domicilio, era de unos 2 400 pesos, es decir, 109 dólares;[4] 72% de los ma-

[4] Al tipo de cambio de 1981-1982 de 23 pesos mexicanos por 1.00 dólar norteamericano.

ridos ganaban un salario que oscilaba entre el mínimo legal de 1 260 pesos (57.27 dólares) y el doble de esa cantidad. Alrededor de 64% de los maridos tenían empleos estables como asalariados o como dueños de tienditas, lo cual supone que, aunque estamos tratando con sectores de los pobres de la ciudad, las unidades domésticas de nuestra muestra no pertenecen a la población "marginada" más pobre unida por lazos indirectos a la economía formal.

Esto queda reflejado, por ejemplo, por los indicadores de niveles de consumo: 15% de las familias eran propietarias de su casa, aunque la vivienda era muy pequeña (de 1 a 3 piezas) y estaba en malas condiciones. El apretujamiento era un rasgo característico, y en algunos casos grave, de la vida cotidiana en la mayoría de las unidades domésticas. Prácticamente todas las casas tenían aparato de radio y televisión, pero apenas poco más de 50% en una submuestra ($N = 56$) tenían refrigerador, y sólo en un pequeño porcentaje eran poseedores de artículos de consumo duradero como lavadoras y tocadiscos (11.11 y 6.06% respectivamente en una submuestra de 99). En otras palabras, la unidad doméstica típica de nuestro estudio tenía un grado razonable de estabilidad económica para satisfacer las necesidades básicas en un nivel de vida bajo: en la mayoría de los casos requería la aportación sustancial del salario de la esposa, por pequeño que fuera, para irla pasando, y a menudo había una seria escasez de dinero en efectivo.

Metodos de investigación

Desde un principio consideramos nuestro estudio como "investigación comprometida" en el sentido de que era "para" las mujeres y no "sobre" las mujeres.[5] Hasta donde pudimos lograrlo, la mujer se convirtió en el sujeto y no en el objeto de nuestra investigación. Además vimos nuestra investigación interdisciplinaria como proceso dinámico y dialéctico y no como medio de retratar una estructura estática. Así, el conjunto final de preguntas que incluimos en los cuestionarios y guía de entrevista recibió fuerte influencia no sólo de los hallazgos de nuestra investigación piloto sino también de los cambios en nuestra percepción de los problemas.

Nuestro estudio se apoyó en datos recogidos mediante una diversidad de

Estas cifras reflejan los ingresos reportados por las mujeres entrevistadas y no coinciden con la cantidad aportada al fondo común por los miembros de la unidad doméstica, que es inferior porque no todos los miembros (especialmente los varones) entregaban el total de sus ingresos al fondo común de la unidad doméstica. De hecho, algunos miembros (entre ellos algunas esposas, jóvenes de uno u otro sexo y parientes) no hacían aportación alguna al fondo común (véanse mayores detalles en el capítulo VI).

[5] Sobre esta distinción véase Klein, 1983.

técnicas, que abarcaron intensas entrevistas formales e informales y una observación participante parcial durante el trabajo de campo. La totalidad de las 140 mujeres contestaron un primer cuestionario que trataba de datos generales sobre el trabajo a domicilio, las condiciones en que se realiza, datos sobre la unidad doméstica, trayectorias de ocupación de las mujeres entrevistadas, trabajo doméstico no remunerado y la percepción de las mujeres sobre su propio trabajo y situación familiar. Este cuestionario quedó acordado después de un estudio piloto de dos meses que modificó en forma totalmente radical nuestro marco inicial de investigación y nuestras preguntas. Por ejemplo, se hizo cada vez más evidente que estaban justificadas nuestras sospechas sobre la existencia de trabajo a domicilio distinto de la costura, ya que se encontraron diferentes tipos de este trabajo. Así hicimos adaptaciones a nuestro primer cuestionario, que se orientaba al trabajo de costura, para que también cubriera otras variedades de trabajo a domicilio.

Para una submuestra de 53 esposas y 7 cabezas de unidad doméstica se utilizó un segundo cuestionario y guía de entrevista, por lo general grabada. Esta submuestra se eligió a fin de centrarnos en los apuros concretos de las esposas, una vez que nos convencimos de su predominio en el trabajo a domicilio. La segunda entrevista trató de los presupuestos domésticos, asignación de recursos en el seno del hogar, mecanismos para sobrevivir, poder de decisión, relaciones conyugales y normas y valores relativos a la situación de la mujer como esposa que trabaja y como madre.

Al realizar estas entrevistas, visitamos varias veces a las trabajadoras a domicilio y consultamos con ellas siempre que en el trabajo de campo surgieron dudas y problemas de interpretación. Fue en realidad su paciencia al explicar por qué pensaban como pensaban y cuál era el origen de sus titubeos y temores lo que nos hizo empezar a olvidar nuestra visión de extraños y sintonizarnos con los horizontes de las mujeres estudiadas y con su comprensión de la realidad.

Nuestro estudio se basa en una muestra intencional no probabilista. Debido al carácter subterráneo del trabajo a domicilio en México, no teníamos información de partida sobre el universo de las trabajadoras a domicilio. Dada la ilegalidad del trabajo a domicilio y dado el nivel de confidencialidad necesario para recopilar información —en especial sobre ingresos, presupuestos y relaciones conyugales— habría sido imposible tener acceso a datos confiables sin los contactos que prepararon inicialmente el terreno para crear una relación cordial con las entrevistadas. Esos contactos se obtuvieron por medio de diversas fuentes, que iban desde el personal del centro de salud local a los maestros de escuela y a conocidos. Una vez que hallábamos en un vecindario una o varias trabajadoras a domicilio, era posible encontrar otras, ya fuese por mediación del mismo destajista o de amigos, parientes o vecinos. La búsqueda de un contacto inicial en diversos tipos de trabajo a domicilio resultó ser, con frecuencia, una experiencia laboriosa y exasperante. Al absorber gran parte del tiempo y de las energías que dedicamos a nuestro trabajo de campo, este problema hizo limitar el número de entrevistas de nuestra muestra a menos del proyectado.

Los datos de la subcontratación por encima del nivel de trabajo a domicilio se recogieron mediante visitas a 67 empresas de diversos tamaños; las entrevistas formales abarcaron a gerentes, técnicos o profesionistas de cada empresa. Siempre que fue posible, las visitas comprendieron un recorrido por el proceso de producción, que en algunas empresas se repitió en los veranos de 1981 y 1982. En muchos casos eso dejó espacio para explorar los datos, así como para recabar de diversos representantes de la empresa información sobre ésta.

Tampoco aquí teníamos que habérnoslas con una muestra al azar, porque la lista de empresas se basó en su relación directa o indirecta con las trabajadoras a domicilio entrevistadas. Trabajamos desde abajo hacia arriba; es decir, el destajista o la empresa que reparte el trabajo a domicilio fue el primer nivel de subcontratación que visitamos, y ellos facilitaron la información para las visitas a otras empresas subcontratistas. Hubo excepciones a esta secuencia; en los casos en que empresas pequeñas se mostraron reacias o no dispuestas a dar datos sobre subcontratistas mayores, logramos, en unos cuantos casos, ponernos al habla directamente con las empresas más grandes, obteniendo así informes de arriba hacia abajo. No todas las cadenas de subcontratación se completaron, en virtud de la renuencia de algunas empresas a dar informes o a conceder entrevistas.[6] Esto resultó cierto sobre todo en los casos en que la producción estaba al borde de la ilegalidad, pero también se observó en unas pocas grandes empresas transnacionales. Además, no todos los tipos de trabajo a domicilio estaban ligados a cadenas de subcontratación; un pequeño número de operaciones, como el envasado de pepitas de girasol, requería sólo un contrato entre el productor o distribuidor y las trabajadoras a domicilio.

En vista de que no se conoce el universo de trabajadoras a domicilio en la ciudad de México, cabe preguntarse cuán extenso es el trabajo a domicilio en ese centro industrial. Conceptualmente este tipo de trabajo es parte de lo que en forma vaga se define como sector informal. Varios estudios sobre este sector han documentado su importancia en la ciudad de México; según uno de ellos (SPP/UCECA, 1979), con base en una encuesta de 1976-1977, se

[6] En el caso de una firma textil de 1 200 obreros, el cuestionario ya lleno fue retirado por el ingeniero que concedió la entrevista, pretextando que parte de la información suministrada debía reconfirmarse; sin embargo, a pesar de las promesas, no se logró recuperar el cuestionario. Esta empresa, que daba trabajo a domicilio a un asilo y a una cárcel, fue la única de su tamaño en la que se encontró subcontratación directa a los trabajadores a domicilio.

estimó que el porcentaje de la población en ese sector representaba 35.3% de la fuerza laboral total. En la encuesta se ignoró el trabajo a domicilio, probablemente por su carácter subterráneo y por la dificultad de reunir datos al respecto. De no haberse ignorado, solamente habría abarcado muchas de las unidades productivas de nuestro estudio, a saber, empresas de cinco trabajadores o menos, situadas en el extremo inferior de las cadenas de subcontratación. El estudio, empero, no arroja luz sobre la preponderancia del trabajo a domicilio en la ciudad de México.

Los estudios que tratan concretamente del trabajo a domicilio se han concentrado en la industria del vestido (Avelar, 1977; Alonso, 1979; Connolly, 1982). Además, los periódicos mexicanos informan con frecuencia sobre la existencia de trabajo a domicilio en la industria del vestido y denuncian la explotación de las costureras en talleres insalubres.[7] Parece evidente que el trabajo a domicilio es un fenómeno común en esa industria. Alonso, por ejemplo, estimó que para Ciudad Nezahualcóyotl (que de hecho es parte de la ciudad de México), en 1976 se podían encontrar trabajadoras del vestido a domicilio nada menos que en 10% de los hogares. Esas estimaciones, aunque toscas, documentan lo que parece ser un caso muy frecuente en la industria del vestido. Además hay señales de que el trabajo a domicilio se puede encontrar en estados y localidades que no se reportan en nuestro estudio.[8]

En cambio existía menos información sobre el trabajo a domicilio no tan tradicional y distinto de la costura que hemos incluido aquí. En el momento en que se inició nuestra investigación no se contaba casi con ninguna información. No es posible sacar conclusiones de nuestra investigación en cuanto al predominio de estos tipos de trabajo a domicilio. Ahora bien, nuestros datos hacen pensar que iba en aumento el empleo del trabajo a domicilio dedicado a industrias distintas de la del vestido, por lo menos cuando hicimos nuestro trabajo de campo. Aunque es difícil generalizar partiendo de nuestro estudio, no hay razón para creer que nuestra muestra no sea representativa. En todo caso, nuestros hallazgos abren una ventana a una compleja realidad poco conocida y plantean una serie de interesantes preguntas que sólo podrán tener respuesta al profundizar en la investigación.

[7] Este problema de hecho explotó en septiembre de 1985 cuando el temblor que destruyó partes de la ciudad de México enterró a cientos de costureras en talleres localizados en el centro mismo de la ciudad. El escándalo creado por la preferencia dada por los patrones al rescate de equipo y materias primas sobre el rescate de las obreras, con el resultado de que muchas murieron, acabó por hacer surgir en otoño de 1985 el nuevo sindicato independiente de costureras Diecinueve de Septiembre, institución sin precedente en México.

[8] Por ejemplo, encontramos talleres de vestido que enviaban trabajo a las ciudades de Puebla y Guadalajara y a pueblos más pequeños. De hecho una de las consecuencias de haberse creado el sindicato de costureras Diecinueve de Septiembre es la intensificación de esta tendencia.

Arriba: Doña M.
contestando preguntas
mientras trabaja.
Derecha: Doña M.
clasificando piezas metálicas
utilizadas en la producción
de acumuladores.

Doña T. fuera de su hogar en una vecindad.

Flores y arbustos fuera de un jacal: muchachas de ojos tristes que miran al futuro.

Arriba: Arrabales de la ciudad de México; espacios apiñados con marañas de cables eléctricos y antenas de televisión.
Izquierda: Una calle sin pavimentar que muestra los estragos de la temporada de lluvias.

Arriba: Hogares provisionales y calles sin pavimentar.
Derecha: Un niño gozando del sol mañanero.

III. LOS VÍNCULOS DE LA SUBCONTRATACIÓN Y LA DINÁMICA DEL EMPLEO DE LA MUJER

ESTE capítulo ofrece un macrosistema en el que situaremos el trabajo industrial a domicilio analizando el desplazamiento de la producción por diversos niveles de subcontratación. También proporciona el sistema para analizar cómo afecta la subcontratación al empleo de la mujer. La necesidad de presentar este cuadro se hizo paulatinamente más evidente conforme avanzaron las entrevistas con las trabajadoras a domicilio, y volvieron a surgir preguntas sobre su relación con la economía más amplia. ¿Dónde nacía en última instancia el trabajo de ellas? ¿Cuáles eran los puntos clave de articulación entre la economía formal y las actividades semilegales o subterráneas que caracterizaban el trabajo a domicilio? ¿Cuáles eran las razones de la subcontratación y la dinámica del empleo generada por la misma, y cuáles eran las consecuencias para la fuerza de trabajo, en particular para las obreras?

La primera parte de este capítulo se centra en la mecánica de la subcontratación. Nuestro muestreo de empresas nos permite ilustrar la relación entre distintas unidades productivas, que van del destajo realizado en la unidad doméstica hasta pequeños talleres, fábricas de tamaño medio y grandes empresas nacionales y transnacionales. La segunda parte del capítulo analiza la tendencia del empleo femenino a aumentar entre las empresas estudiadas y explora las razones de este fenómeno. Se incluye aquí un análisis de la feminización de algunas tareas y categorías de trabajos y del uso que dan los patronos a "rasgos de género" —supuestos o reales— al reclutar obreras.

LOS VÍNCULOS DE LA SUBCONTRATACIÓN

La bibliografía sobre la subcontratación industrial distingue dos tipos de arreglos de negocio: uno que da producción a la calle sin proporcionar las materias primas y otro que proporciona las materias primas y otros insumos (Watanabe, 1983). Al primero se le suele llamar subcontratación horizontal, y al segundo vertical. En México, por lo común, se suele hablar de la subcontratación vertical como *maquila*, o como "maquila doméstica" en el caso de trabajo a domicilio. Generalmente consiste en elaborar una obra o producción para otra empresa según arreglos contractuales muy concretos que abarcan el diseño y otras características del producto. Afecta principalmente tareas que requieren mucha mano de obra, surgidas de la fragmentación del proceso de producción, de modo que piezas diversas puedan ser ejecutadas por distintas empresas. En la ciudad de México la maquila no suele representar actividades de procesamiento para exportación, sino en gran parte una producción para el mercado interno, y por lo tanto es muy distinta de la subcontratación orientada a exportar que domina a lo largo de la frontera entre los Estados Unidos y México.

En nuestro muestreo de empresas se encontró un predominio de la subcontratación vertical. En la mayoría de los casos, sobre todo en empresas pequeñas y en trabajo a domicilio, esta clase de subcontratación equivale a un sistema de dar trabajo afuera que, tal como Murray (1983, p. 81) lo ha definido para el caso de Italia, es "la transferencia de trabajo hecho antes dentro de una empresa a otra empresa, a un taller de artesanos o a trabajadores domésticos de fuera". El cuadro III.1 muestra la distribución de empresas por industria y tamaño. La proporción relativamente baja de empresas grandes y medianas en la muestra se debe a la estructura piramidal de la subcontratación, en la que una empresa grande trata con un gran número de subcontratistas, incluso para un mismo tipo de producto.[1] La mayoría de los subcontratistas producen exclusivamente para otras empresas. Hay casos, sin embargo —sobre todo entre empresas de tamaño mediano—, en que también producen artículos terminados para el mercado (por ejemplo, pequeños fabricantes de juguetes que producen sus propios juguetes y además subcontratan trabajo de empresas más grandes). Así, aunque 40.3% de las empresas de la muestra vendían directamente al mercado (es decir, representan el nivel final de producción), 25.4% de ellas producían además bienes intermedios para otras empresas. En total, 75% de las empresas de la muestra se dedicaban a alguna forma de producción subcontratada de bienes intermedios.

Entre las industrias relacionadas en el cuadro III.1, el trabajo de costura representa el tipo cuya subcontratación tradicional, ya sea a talleres o a trabajo a domicilio, era bien conocida. De las demás clases de trabajo, aunque la maquila sea nueva y abarque nuevos productos, ninguna incluía el tipo de subcontratación relativo a producción de alta tecnología para exportación que es característico de las industrias fronterizas. En todos los

[1] Por ejemplo, una gran transnacional de 3 000 obreros tenía una lista de 300 subcontratistas permanentes y 1 500 ocasionales que producían piezas para una gran variedad de aparatos eléctricos. Debe observarse que éste no es el caso de todas las industrias. Watanabe (1983) reporta, por ejemplo, que la industria automotriz propende a atenerse a un número muy pequeño de subcontratistas.

CUADRO III.1. *Número de empresas por industria y tamaño*

	Número de obreros en la empresa						
	19 o menos	*20 a 99*	*100 a 299*	*300 a 999*	*1 000 o más*	*Total*	*%*
Eléctrica y electrónica	3	2	2	3	—	10	14.9
Artículos de consumo duradero	1	—	1	3	5	10	14.9
Cosméticos	1	2	—	2	1	6	8.9
Plásticos	6	9	2	0	—	17	25.4
Metal	2	3	—	3	—	8	11.9
Vestido y textiles	5	1	—	—	1	7	10.5
Otras*	5	3	—	—	1	9	13.4
Total	*23*	*20*	*5*	*11*	*8*	*67*	*99.99*
% del total	*34.3*	*29.8*	*7.5*	*16.4*	*12.0*	*100.0*	

* Vidrio, juguetes, alimentos y decorado de envases de vidrio y plástico.

casos menos dos la producción se engranaba hacia el mercado interno, y en estos casos la cantidad exportada era muy pequeña.

La importancia del capital no mexicano en la generación de esos vínculos es evidente: aunque sólo 11 empresas (16.4%) eran transnacionales, más de 69% de las empresas restantes estaban bajo subcontrato de transnacionales. La figura III.1 ilustra una cadena típica de subcontratación de cuatro niveles que va desde el capital transnacional hasta el trabajo a domicilio. En este caso la producción es subcontratada de una gran transnacional a empresas cada vez más pequeñas, siendo el último nivel el trabajo a domicilio distribuido por un taller que funciona en forma clandestina en el sótano de la casa del dueño. El empleo en los dos últimos niveles es ocasional y sigue las pautas que acompañan al sector informal. A los trabajadores de la empresa *C* se les pagaba el salario mínimo sin prestaciones, mientras las trabajadoras a domicilio recibían un salario medio equivalente a un tercio del mínimo.

Watanabe (1983) sostiene que la subcontratación en México tiende a limitarse a dos o a lo sumo a tres niveles en los que participan sobre todo empresas grandes y medianas, con un bajo grado de participación por parte de unidades pequeñas. La consecuencia, según él, es que la subcontratación mexicana, a diferencia de la japonesa, no adopta la forma de una pirámide con un pequeño número de grandes empresas en la cúspide y un gran nú-

	Unidad productiva	Características
Nivel 1	Empresa *A:* produce aparatos eléctricos para el hogar	Transnacional; 3 000 obreros; se surte de una lista de 300 subcontratistas regulares y manda afuera 70% de su producción
Nivel 2	Empresa *B:* produce antenas de radio y TV para *A*	Capital mexicano; 350 obreros; subcontrata 5% de su producción
Nivel 3	Empresa *C:* produce bobinas electrónicas para *B*	Taller insalubre que funciona en forma clandestina en el sótano de la residencia del dueño; 6 jóvenes obreros (15-17 años de edad); proporciona trabajo a domicilio a un número variable de trabajadoras a domicilio
Nivel 4	Trabajadoras a domicilio: producen bobinas electrónicas para *C*	Mujeres que trabajan individualmente en casa; sus tareas son repetición de algunas de las tareas realizadas en *C*

FIGURA III.1. Cadena típica de subcontratación.

mero de empresas medianas y chicas en la base. En lugar de ello, la estructura mexicana se angosta en los niveles segundo y tercero como un diamante tallado. Ahora bien, su muestreo de 46 empresas se hizo principalmente en la subcontratación de ingeniería metálica de la industria automotriz. También abarcó, al igual que nuestro estudio, a algunos productores de aparatos electrónicos y eléctricos para el hogar. Nuestras observaciones divergen de las suyas en que nosotras encontramos la subcontratación a tres y cuatro niveles como algo común. Es probable que esta disparidad se deba no sólo a la diferencia de industrias estudiadas sino también a aquellos casos de nuestra muestra en que la producción o bien era subterránea o estaba en la línea divisoria de la legalidad, lo que agrega uno o dos niveles a la cadena de subcontratación. Por ejemplo, los niveles 3 y 4 de la figura III.1 representaron el tipo de unidades que no existían en el estudio de Watanabe. A causa de ello, la estructura de nuestra muestra se parece más a una pirámide, con mayor número de unidades conforme se reduce el tamaño de la empresa, con cierto angostamiento sólo en el nivel de empresas medianas en la categoría de 100 a 299 obreros (véase la figura III.2).[2]

La estructura piramidal que acabamos de describir, desde luego, no sugiere que la subcontratación mexicana se asemeje al sistema japonés que utiliza numerosas empresas chicas altamente productivas sobre las que descansa el modelo de un bajo costo de mano de obra. Sugiere, sin embargo, que la subcontratación en México ha invadido esferas de producción no documentadas anteriormente, y que está actuando un incipiente sistema de subcontratación que desempeña funciones parecidas a las atribuidas al modelo japonés.

Desde la perspectiva de la bibliografía que destaca la división entre los sectores formal e informal y la articulación entre esos sectores (Portes, 1983), parece indudable que los puntos clave en esa articulación están en el nivel 3 (o su equivalente en otras cadenas). Éstos son los puntos de contacto entre las operaciones legales e ilegales o entre las actividades formales e informales, según se definan estos sectores (véase el capítulo IV). Esta articulación adopta diversas formas que pueden resumirse, según nuestro muestreo, como tres tipos básicos. El primero, la *articulación directa*, corresponde a casos en que una empresa establecida da a producir a un centro informal sin servirse de intermediarios. Este procedimiento puede encontrarse en pequeñas empresas que tienen contacto directo con talleres ilegales o incluso con trabajadoras a domicilio; raras veces se refiere a grandes empresas. Una excepción en nuestra muestra la constituyó una gran fábrica textil de 1 200 obreros que daba trabajo a destajo a reclusos y a monjas encargadas de un orfanatorio.

El segundo tipo, la *articulación con intermediario*, tiene lugar por medio de un destajista. La función del intermediario se reduce a establecer la relación entre las operaciones legales y las ilegales. En el nivel del propio destajista no se realiza producción alguna, si bien, de muchas maneras, el destajista (hombre o mujer) desempeña un papel de supervisión indirecta de las actividades que se subcontratan. En muchos casos el destajista lleva a cabo además otras funciones como la distribución, transporte y recolección de materiales y productos.

Por último, la *articulación mixta* surge cuando la relación entre las pro-

[2] Obsérvese que en la figura III.2 no está incluido el trabajo a domicilio. Si lo estuviera, se ensancharía la base de la pirámide. También se debe observar que la pirámide se invierte si, en lugar de medir el número de empresas, medimos el empleo total en cada nivel.

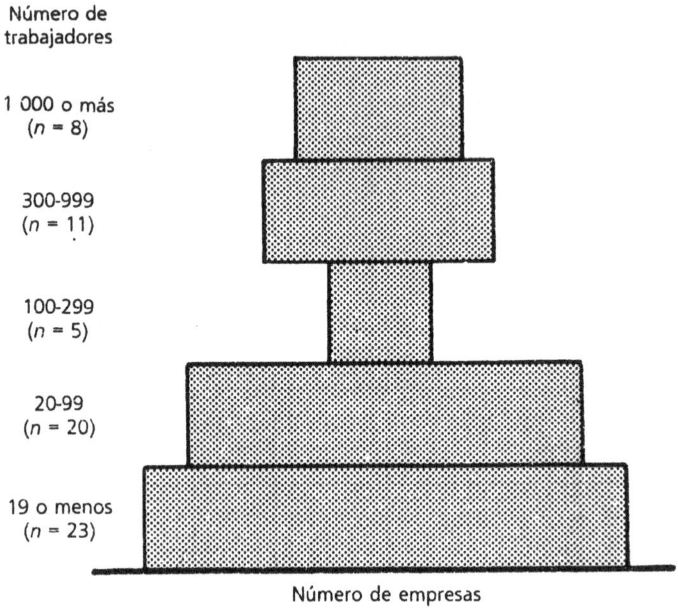

FIGURA III.2. Número de empresas según el tamaño.

ducciones legal e ilegal se centra en un taller cuya producción reúne operaciones legales e ilegales. Como ilustración: un taller produce partes de plástico para diversas empresas: la tienda que da a la calle es un negocio legal, es decir, que paga sus impuestos, respeta el salario mínimo y cumple con otros requisitos de ley. En la parte posterior del edificio se contrata a un número variable de mujeres para pulir el plástico por un salario inferior al mínimo y sin prestaciones sociales. El taller también reparte trabajo a domicilio al vecindario, según la cantidad de trabajo disponible.

En todos los casos, empero, esta articulación es parte de un sistema productivo altamente integrado, segmentado en distintos niveles, y de un proceso global de acumulación que abarca todos los niveles. En este sentido no es muy adecuado el concepto de la dicotomía formal/informal, al menos en tanto se mire a los dos sectores como separados e independientes uno del otro.

RAZONES PARA SUBCONTRATAR Y JERARQUÍAS DE EMPRESAS

¿Por qué y en qué circunstancias dan las empresas producción a la calle? ¿Cuáles son los factores que afectan este proceso? En el caso de un país como la Italia de la década de 1970, la descentralización de la producción, de la que es parte la subcontratación, ha constituido una estrategia global para reubicar la producción, en respuesta a diversos factores que van de las relaciones industriales a la tecnología y a la legislación del Estado.[3] Para cada país, empero, el enfoque de la subcontratación dependerá en última instancia de los factores que afecten la rentabilidad. Aunque hace falta saber mucho más sobre la subcontratación (en México y en otros lugares), nuestros datos permiten ciertas generalizaciones no sólo respecto a estas preguntas sino también en lo que atañe a los tipos afectados de producción final.

Entre las razones dadas por las empresas para subcontratar, la dominante fue reducir el costo de la mano de obra, que fue la primera razón en 79% de los casos. Esto se debe a que pueden lograrse ahorros por la disparidad de salarios existente entre distintos niveles de subcontratación. Como lo muestra el cuadro III.2, se estimó en 6.75:1 la proporción del salario mensual medio (sin incluir prestaciones) de obreros manuales entre la empresa del nivel 1 en la cadena *A* y las trabajadoras a domicilio (correspondientes a la figura III.1 y a las tareas de pulido de plásticos). Las cadenas *B* y *C* ilustran más a fondo estas escalas de salario, en este caso para dos cadenas de la industria de cosméticos con dos y tres niveles de producción y proporciones de salario de 6.19 y 3.67:1 respectivamente. El mayor descenso en los salarios ocurre en el punto en que la producción se vuelve subterránea. (Si se eliminara este nivel, la proporción de salarios en las cadenas *A* y *B* sería de 2.04 y 1.87 respectivamente.)

Se aducirá que la productividad puede ser más baja en niveles inferiores de subcontratación y que por ello las proporciones de salario tal vez sean reflejo de proporciones de productividad. Por desgracia no se cuenta con datos para valorar este aspecto. Sin embargo, como la subcontratación consume mucha mano de obra, no hay razón para creer que existan disparidades de productividad significativas, en especial para las tareas menos calificadas. Aunque hubiera ciertas disparidades, el hecho de que se recurra a subcontratar indica que las diferencias de salario compensan con creces las diferencias de productividad. En la medida en que la productividad sea igual y los salarios sean más bajos —o que los salarios compensen con creces la menor productividad— se reducen los costos de mano de obra y aumentan las utilidades, lo que apunta a un índice más alto de explotación.

Desde esta perspectiva, la subcontratación es claramente un desplaza-

[3] En Italia, la descentralización ocurrida en la producción desde inicios de la década de 1970 ha sido el resultado de subcontratar o expulsar parte de la producción, pero también el de subdividir grandes plantas integradas en pequeñas unidades especializadas de producción, y del surgimiento de una densa economía de pequeñas empresas en ciertas regiones (Goddard, 1981; Murray, 1983; Garofoli, 1983).

CUADRO III.2. *Salario mensual medio para obreros manuales por nivel de subcontratación en 1981*

	Cadena A	*Cadena B*		*Cadena C*	
Niveles	*Salario**	*Número de obreros*	*Salario*	*Número de obreros*	*Salario*
1	12 000	2 500	11 000	25 000	11 000
2	8 500	50	5 880	20	3 000
				(taller clandestino)	
				n.t.d.	
3	5 880	5	1 776		
		(trabajo a domicilio)			
4	1 776				
Proporción de salarios	6.75:1	6.19:1		3.67:1	

* El salario se expresa en pesos mexicanos de 1981: 23 pesos por dólar.
n.t.d. = no hay trabajo a domicilio en esta cadena.

miento de la producción en busca de mano de obra barata. Al decir de Braverman (1974), se puede sostener que este proceso de descentralización responde a los dictados del principio de Babbage, a saber: la reducción de los costos de mano de obra mediante cambios en la división del trabajo. Esto resulta posible por la fragmentación de tareas y el empleo de trabajadores que llevan aparejada una menor destreza y menor salario (degradación de la destreza). Aunque Braverman enfoca la división del trabajo en el seno de la empresa capitalista, este planteamiento puede aplicarse a un análisis de la división del trabajo entre empresas, como en el caso de la subcontratación.

La bibliografía sobre la nueva división internacional del trabajo, por ejemplo, se ha servido de este análisis para comprender los procesos de fragmentación y reubicación a escala mundial (Brighton Labor Process Group, 1977; Fröbel *et al.*, 1980). Desde luego la preponderancia dada al principio de Babbage no excluye la posibilidad de que las empresas logren reducir sus costos de producción por otros medios, en especial por medio de cambios en la tecnología.[4] Que las empresas recurran a subcontratar o a introducir nuevas técnicas dependerá del precio relativo de la mano de obra y de la inversión de capital y de la dialéctica en curso entre el capital y el trabajo. Pero parece evidente que la subcontratación responde a una estrategia de reducción de costos mediante mano de obra barata.

Desde una perspectiva distinta se puede aducir que en la subcontratación se aprovecha una fragmentación ya existente del mercado de trabajo en que la división más nítida está entre la economía legal y la subterránea con su correspondiente agudo descenso de salarios, desaparición de prestaciones sociales y deterioro de las condiciones de trabajo. La bibliografía que se refiere al empleo en el Tercer Mundo tiende a situar esa fragmentación en el marco de una división entre los sectores formal e informal, a la cual volveremos en el capítulo IV.

Además de reducir los costos de mano de obra, hay otras razones para enviar producción a la calle. Estas razones, proporcionadas por las empresas, pueden resumirse como sigue:

a) La producción de partes está altamente especializada y puede obtenerse a costo más bajo mediante empresas que se concentren en unos pocos productos. Éste es particularmente el caso cuando el número de partes requeridas por la empresa subcontratante es relativamente pequeño y no

[4] Jenkins (1984) ha criticado el uso del principio de Babbage para explicar la nueva división internacional del trabajo, aduciendo que da demasiada importancia a una estrategia de mano de obra barata y desdeña el papel desempeñado por el cambio tecnológico en el aumento de productividad de la mano de obra y su influencia sobre los costos de ésta. Nuestra tesis al respecto es que el destacar el bajo costo de la mano de obra no excluye la posibilidad de que el capital se sirva de otras estrategias para bajar los costos de producción.

justifica la inversión exigida por la producción interna. En otras palabras, el objetivo es reducir los costos fijos.

b) Cuando la producción es cíclica o inestable, la subcontratación ofrece la posibilidad de trasladar el riesgo y evitar los problemas causados por las fluctuaciones de producción, tales como los despidos y los costos que entraña un aumento temporal de la producción. Como ejemplo, un pequeño subcontratista que trabaja para grandes compañías en la industria de cosméticos estimó entre 30 y 60 obreros el número fluctuante de empleados que trabajaban según disponibilidad de contratos. Sólo el personal de supervisión y el de oficina tenían contratos de planta.[5] Análogamente, las industrias del juguete y del vestido ofrecieron numerosos ejemplos de este tipo de subcontratación.

c) En el caso de negocios familiares o empresas medianas controladas por un dueño o gerente, evitar el crecimiento fue un factor mencionado en favor de conservar el control sobre la empresa. En palabras de un gerente, "un mayor crecimiento exigiría un sistema de contabilidad más alambicado, generaría una mayor burocracia y me haría perder el control que tengo". Enfrentado a la disyuntiva entre un alto grado de control y una nueva expansión, este tipo de empresario parece decidirse por el control. De aquí que subsistan empresas en lo que Garofoli (1978) ha denominado la zona "periférica" de la economía (pequeñas unidades de producción especializadas), a diferencia de la zona "central" de grandes empresas y de la zona "marginal" de unidades productivas informales y relativamente "subdesarrolladas".

d) Un factor afín en el surgimiento de la subcontratación es el deseo de evitar conflictos laborales y en particular la sindicalización en pequeñas empresas cuyo número de trabajadores está a punto de rebasar la veintena, límite por encima del cual la sindicalización es obligatoria según las leyes de México. El caso más explícito de este tipo fue un negocio familiar subdividido en cinco entidades jurídicas separadas bajo la propiedad de diversos miembros de la familia, cada una con menos de veinte obreros.

Otros factores que, según se mencionó, influyen en la decisión de subcontratar fueron los costos del transporte, la facilidad con que las tareas pueden fragmentarse en el proceso general de producción y la baja exigencia de control de calidad. El volumen de la subcontratación, por lo tanto, varía considerablemente con el peso de estos factores, aun para una misma em-

[5] Esta situación proporciona a las empresas una fuerte medida de flexibilidad, a la vez que reduce al mínimo los problemas laborales. También Murray (1983) da el ejemplo de una empresa italiana que dio un viraje en la proporción de la producción confiada al exterior, que pasó de 10% en 1969 a 46% en 1972. Cuando la producción sufrió un brusco descenso en 1974-1975, el trabajo dado a la calle ocasionó la pérdida de 550 empleos, pero la ocupación interna permaneció estable.

presa. Por ejemplo, en 1981 una gran empresa transnacional que producía aparatos domésticos subcontrataba en promedio 80% de su producción en Brasil y 60% en México.[6]

La imagen general que sale de una estrecha observación de los vínculos de la subcontratación es la de una jerarquía de empresas que sigue las líneas de una pirámide. Aunque segmentadas por niveles de subcontratación, sus unidades interconectadas forman un continuo en el proceso productivo. Además de las distinciones en cuanto a salarios, esa jerarquía se nota en otros aspectos relativos a condiciones de trabajo, acceso a recursos económicos y de otra índole, niveles de tecnología y estabilidad en el empleo. Las condiciones de trabajo —en función de factores tales como espacio de trabajo, iluminación, servicios disponibles para los obreros, medidas de seguridad y niveles de temperatura— se deterioran conforme avanzamos pirámide abajo. Con parecidos motivos (aunque las restricciones contra el despido de trabajadores son muy severas en México) muchas empresas recurren a menudo al procedimiento legal de contratar a un obrero sólo por 28 días, después de lo cual no necesitan garantizar el empleo; para muchos obreros esto significa un empleo intermitente o eventual.

La jerarquía tiene otras dimensiones, como la dependencia de medianas y pequeñas empresas respecto a las grandes y la de empresas mexicanas respecto al capital transnacional para lograr obtener contratos de producción. Según se dijo antes, el grueso de la subcontratación en nuestra muestra procedía en última instancia de empresas transnacionales, contándose las excepciones, principalmente, en las industrias del vestido, de la alimentación, de textiles y algunas del sector metálico. Al observar de cerca estos vínculos se obtiene una visión de la forma de desarrollo dependiente en los países de reciente industrialización en el Tercer Mundo, cuyo tipo es México (Evans, 1979; MacEwan, 1985). Según lo expresó un ingeniero de una empresa de 50 trabajadores que produce principalmente partes automotrices, "necesitamos a las transnacionales para generar trabajo y empleo". Las grandes empresas tienden a gozar de un poder monopsónico, y hay una intensa competencia entre los pequeños subcontratistas por conseguir trabajo de tales empresas. El resultado suele ser un resentimiento por parte de las empresas pequeñas contra lo que un gerente calificó de "tendencias principescas de las grandes empresas que pueden imponer sus propias condiciones".

Por último, la subcontratación también significa que determinada empresa en la cima de la pirámide tenga cierto número de opciones, más allá de la estructura interna de la empresa, respecto a su división del trabajo

[6] Comunicación personal con un economista que había trabajado en ambas ramas.

y la ubicación de la producción. Es decir, la subcontratación amplía los mecanismos para satisfacer la demanda de mano de obra de la empresa y aumenta la variedad de la elección respecto a las condiciones en que se contrata la mano de obra. Para decirlo de otro modo, la subcontratación es sinónimo del acceso de la empresa a una oferta de mano de obra más flexible. Hay un evidente paralelismo entre estos procesos y la "informalización" de la producción que proviene del crecimiento de la economía subterránea en años recientes en los países más industrializados (Sassen-Koob, 1982). Sin embargo, los modelos teóricos que tratan la división del trabajo en el seno de las empresas, entre ellos el de Braverman, tienden a realzar solamente las jerarquías internas. Nuestro análisis señala que estos modelos deberán tomar en cuenta la ampliación de opciones ofrecidas por la macrojerarquía de empresas a partir de la concertación de subcontrataciones.

LA DINÁMICA DEL EMPLEO DE LA MUJER

En esta sección vamos a analizar las derivaciones de la subcontratación en función de la composición de la fuerza de trabajo por sexos. Hay dos aspectos en este análisis. Uno es la medida en que en nuestra propia muestra de empresas encontramos la tendencia observada en muchos procesos de industrialización del Tercer Mundo hacia un creciente empleo de la mujer. Hay, por ejemplo, pruebas cada vez mayores de que la fase más reciente en la internacionalización del capital desde mediados de los años sesenta ha conducido al empleo de una elevada proporción de mujeres (Fröbel *et al.*, 1980). La elevada concentración de trabajadoras aparece no sólo en las industrias más tradicionales como la del vestido y textiles; también se está dando cada vez mayor ocupación a la mujer en la industria eléctrica y electrónica, metálica, química y otras (Safa, 1981; Elson y Pearson, 1981; Nash y Fernández-Kelly, 1983).

Algunos de estos estudios han hecho notar en especial la concentración de obreras en las industrias orientadas a la exportación en zonas de libre comercio y en regiones, como la frontera de los Estados Unidos con México, con fuerte concentración de inversión extranjera. Análogamente, los autores que han estudiado la descentralización de la producción en países industrializados han señalado la tendencia a emplear a la mujer, sobre todo en industrias que dan trabajo a la calle (Goddard, 1981; Allen, 1981; Garofoli, 1983). Aquí se pregunta uno hasta qué punto esa tendencia al aumento en el empleo de la mujer es observable también en un centro industrial como la ciudad de México, orientada fundamentalmente al mercado interno, y en la que el capital nacional desempeña un importante papel, coexistiendo con la inversión transnacional.

El segundo aspecto de este análisis es la necesidad de examinar las pautas del empleo de la mujer y las razones que hay detrás de la feminización de ciertas tareas. Veremos que la proporción de mujeres en la fuerza de trabajo aumentó conforme descendimos hacia los segmentos inferiores de la pirámide de la subcontratación. En vista de que en el seno de ciertas empresas se vio la tendencia a sustituir a los hombres por mujeres en ciertas tareas, la pregunta que brota es: ¿por qué y cómo ocurre eso? En teoría, el análisis de la segmentación del mercado laboral, según se ha sugerido, ofrece un útil marco para comprender las distinciones de salarios y el empleo de mujeres que la subcontratación entraña. Se ha demostrado la utilidad de este tipo de examen para analizar la segmentación por géneros, y los testimonios sugieren que la segregación de puestos y las diferencias en las características de puestos asignados normalmente a la mujer son factores importantes para explicar la asimetría de género en el mercado laboral (Stevenson, 1985; Blau, 1975; Ferber y Spaeth, 1984). Ahora bien, el análisis de la segmentación ofrece una *descripción* y no una *explicación* de las condiciones del mercado laboral de la mujer; describir dónde y en qué condiciones se sitúa la mujer en el mercado laboral no explica necesariamente el porqué.[7]

A fin de indagar en el problema más allá de describir la ubicación de la mujer en las cadenas de subcontratación, nuestra investigación abarcó el observar de cerca, siempre que fue posible, el proceso laboral de cada empresa. Al observar la organización de la producción, tuvimos presente el marco teórico ligado a Braverman (1974) y la bibliografía que se ha servido de su planteamiento ya sea para profundizar en él o para criticarlo (Brighton Labor Process Group, 1977; Elger, 1979; Edwards, 1979). Nosotras destacamos el análisis sobre cómo se desenvuelve la estrategia de mano de obra barata de la subcontratación respecto a la diferenciación de los géneros; ¿hasta qué punto hay una polarización por géneros en puestos y ocupaciones y, de ser así, cómo sucede? ¿Hay una degradación de destrezas en el proceso de colocar mujeres en lugar de hombres? ¿Cuáles son los motivos de las empresas para contratar mujeres? ¿Cómo se justifica la inferioridad del salario en la mujer? ¿Qué tipo de características distingue a la mujer del hombre como trabajador?

Dentro de nuestro muestreo de empresas encontramos dos tendencias principales. Una tiene que ver con el porcentaje de mujeres empleadas según el tamaño de la empresa. Como lo indica la figura III.3, este porcentaje es, en promedio, más elevado entre las empresas de menos de 100 obreros que entre las empresas más grandes. Es decir, las empresas chicas tienden

[7] Sobre un estudio detallado de estos aspectos, véase Benería (1984).

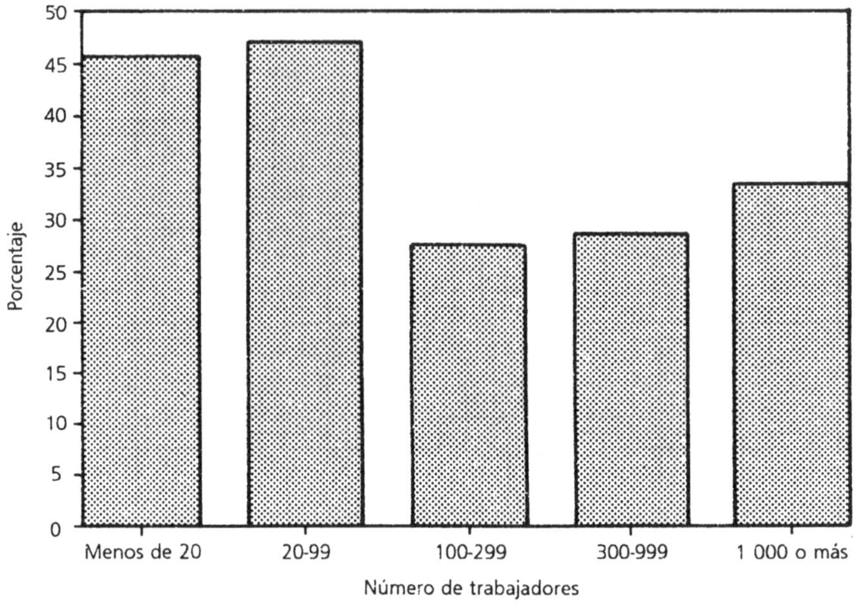

FIGURA III.3. Proporción de mujeres por el tamaño de la empresa.

a una mayor feminización, la cual resultó prácticamente total en el trabajo a domicilio. La aparente excepción estuvo en el caso de empresas de más de 1 000 trabajadores. Es muy probable, empero, que en este caso esté sobreestimada la relación de mujeres a hombres en virtud del tipo de industrias incluidas. Algunas de las grandes empresas a las que no pudimos llegar pertenecían a los sectores automovilístico y metálico; el bajo porcentaje de mujeres empleadas en estos sectores habría hecho bajar nuestras cifras para el grupo de empresas de más de 999 trabajadores. En general, la tendencia muestra que el porcentaje de mujeres empleadas es más alto conforme el empleo se hace paulatinamente menos formal y conforme se acerca al límite de la ilegalidad y lo cruza.

Por otro lado encontramos en el empleo de la mujer una tendencia a aumentar en cada nivel de subcontratación y de tamaño de empresa. El cuadro III.3 muestra que más de 40% de las empresas reportaron una tendencia a ocupar una mayor proporción de mujeres en los tres años anteriores o según los planes en vigor en el momento del trabajo de campo. La tendencia hacia un aumento en el empleo femenino se observó sobre todo en empresas cuya fuerza laboral ya era femenina en 30% o más. La mayor proporción de mujeres en empresas de menos de 100 trabajadores entraña una mayor

CUADRO III.3. *Empleo femenino*

(1) *% de mujeres en la fuerza de trabajo de la empresa*	(2) *Número de empresas**	(3) *Número de obreros ocupados*	(4) *% de empresas informantes que reportan aumento en la proporción de mujeres empleadas***
10% o menos	12	2 892	25.0
10-29%	9	2 154	33.3
30-49%	12	4 639	41.6
50% o más	26	4 085	53.8
Total	*59*	*13 770*	

* Para empresas que registraron aumento en la proporción de mujeres empleadas entre los veranos de 1981 y 1982, el cuadro se refiere a las cifras dadas en 1982.

** Durante los últimos tres años o según planes actuales.

intensificación de la feminización de esas empresas. En algunos casos esa tendencia se iba imponiendo con rapidez. Como ejemplo, una empresa de 50 obreros que producía y armaba artículos de plástico por subcontrato había cambiado en un año de un 25% a un 75% de obreras. Este cambio había sido paralelo a la reestructuración del proceso laboral con la introducción de más máquinas automáticas y una línea móvil para las labores de ensamble. El gerente expresó optimismo sobre el empleo de mujeres. Según hizo notar, la tendencia era reciente, lo que también señalaron otros observadores.[8]

Es interesante observar que esta tendencia, acompañada de una naciente actitud favorable de la gerencia hacia la ocupación de la mujer, se encontró además en industrias como la metálica, que anteriormente habían dado empleo a muy pocas mujeres. Por ejemplo, una empresa metálica (anteriormente transnacional, controlada ahora por capital mexicano) se había transformado desde un empleo de cero hasta un 20% de mujeres en un periodo de tres años. El viraje había ocurrido después que una serie de pruebas demostró una productividad más alta en la mujer que en el hombre. En particular se observó que ellas eran más productivas en tareas de montaje que exigen "un alto grado de concentración, paciencia e inmovilidad física por largos periodos de tiempo". Análogamente, las mujeres estaban apiñadas en estos tipos de tareas en que sustituían a los hombres. También se encontró que la mujer es más productiva en ciertas clases de trabajo de supervisión como control de calidad. Sin embargo, la gerencia había resuelto no sustituir a los hombres por mujeres porque "los hombres no aceptaban de buen grado las órdenes procedentes de mujeres en puestos de control de calidad". Otro ejemplo fue el de un fabricante de equipo eléctrico con ambiciosos planes de expansión como resultado de asociarse en participación con una transnacional italiana: desde no tener ocupada a ninguna mujer (salvo personal de oficinas), la empresa tenía planes para empezar a contratarlas, en especial en una nueva planta de 600 trabajadores fuera de la ciudad de México. Un año después de la primera entrevista, la planta antigua (de más de 100 trabajadores) no empleaba mujeres como obreras de producción, pero la nueva planta tenía una fuerza laboral femenina de 40 por ciento.

Varios aspectos relativos necesitan mayor investigación: por qué va en aumento el empleo de la mujer, qué factores afectan esta tendencia y qué clase de puestos está ocupando la mujer. Para empezar por la última pregunta, es útil considerar tres clases de categorías de puestos. En la primera, la mujer sustituye al hombre sin ningún cambio en la índole del trabajo.

[8] Véase, por ejemplo, el boletín informativo *Panorama Económico*, de junio de 1981, publicado por Bancomer, uno de los mayores bancos mexicanos.

Como ejemplo, en una transnacional de cosméticos de 2 500 trabajadores, las mujeres han venido sustituyendo a los hombres en contabilidad, ventas y gerencias intermedias; para la mayoría de esos puestos no parece que esté aparejado ningún cambio en el contenido del puesto ni en el grado de responsabilidad. En algunos casos, no obstante, se ha introducido una sutil distinción cuando el mismo puesto está sujeto a una redistribución de tareas de supervisión. En esos casos, cuando el trabajo es confiado a una mujer, se ha designado un nuevo supervisor y ha disminuido la responsabilidad relativa y la jerarquización del puesto.

En segundo lugar hay casos en que la naturaleza del puesto se modifica por la introducción de nueva tecnología, por la reestructuración del proceso de trabajo o por las dos cosas. La introducción de máquinas automáticas de inyección de plásticos en reemplazo de máquinas manuales suele ir acompañada de la colocación de mujeres que atiendan la máquina, trabajo que anteriormente desempeñaban los hombres. De igual modo, la introducción de una línea móvil o de un transportador en el montaje de artículos de consumo duradero ofrece a muchas empresas ocasión de sustituir a los hombres por mujeres. En ambos casos tiene lugar cierto grado de degradación de la destreza (véase más abajo) incluso cuando el cambio no trae aparejado un descenso en el salario.

En tercer lugar hay puestos definidos como femeninos desde el principio; éste ha sido el caso en las industrias tradicionalmente femeninas, como la del vestido y la textil, pero también puede observarse en industrias nuevas, como la electrónica. En esos casos el incremento en el empleo de la mujer proviene de la dinámica de la subcontratación que genera nuevos empleos, más que de la práctica de colocar mujeres en lugar de hombres.

En los tres casos se está produciendo una "generización" de puestos y calificaciones. Sin embargo, hace falta investigar más a fondo por qué son contratadas las mujeres. Las feministas han señalado a menudo que el trabajo de la mujer en el mercado laboral tiende a concentrarse en la producción de bienes y servicios que anteriormente se proporcionaban en el seno de la unidad doméstica o en tareas que son proyección de sus actividades de crianza de niños. Éste podría ser el caso del trabajo en el vestido y en textiles, así como el de empleos en el sector de servicios. Ahora bien, puesto que la contratación puede observarse en tareas tradicionales y no tradicionales de la mujer, es necesario conceptualizar en forma más general las razones que hay detrás del incremento de empleo para la mujer. Nuestros datos nos llevan a concluir que hay varias clases de factores detrás de ese incremento, y que pueden clasificarse en dos grandes categorías: *1)* el salario más bajo en la mujer y *2)* las supuestas características de la mujer trabajadora.

SALARIOS INFERIORES PARA LA MUJER

Dada igual productividad por parte de hombres y mujeres, el salario inferior para la mujer puede ser resultado de una discriminación salarial o de una segregación ocupacional. En nuestro estudio fue difícil descubrir la discriminación salarial —paga desigual por trabajo igual— en virtud de que los entrevistados (en su mayoría gerentes medios y superiores, otros profesionistas y técnicos o jefes de taller y dueños de pequeñas empresas) no quisieron confesarla. Sin embargo, hubo indicaciones indirectas de su existencia. Como ejemplo, un ejecutivo del departamento de personal de una gran empresa de cosméticos señaló que "para cada puesto hay un sueldo mínimo y un máximo, según la antigüedad en el empleo, la productividad y otros factores. Las mujeres tienden al mínimo y los hombres al máximo; las mujeres, en particular, ven en su sueldo un complemento del ingreso familiar y aceptan una paga inferior". En otras empresas se descubrieron parecidas situaciones, que afectaban a trabajadoras especialmente jóvenes. Ahora bien, de nuestros datos no puede documentarse sistemáticamente el alcance de esta clase de discriminación.

En contraste con las limitaciones halladas en la averiguación sobre discriminación salarial, la aglomeración de mujeres en puestos concretos de paga relativamente baja estaba muy extendida y se reportaba con frecuencia porque las empresas acostumbran considerar justificada la paga menor por diversos motivos: una inferior destreza y menos exigencias de fuerza física fueron las razones aducidas más comúnmente. Por ejemplo, una gran empresa productora de aparatos eléctricos domésticos tenía mujeres aglomeradas en el armado de partes para la producción de planchas, ventiladores y aparatos de radio y televisión. El ensamble de partes y el acabado de planchas lo hacían mujeres, y el de ventiladores tanto hombres como mujeres, si bien efectuando tareas distintas. En los aparatos de radio y televisión las mujeres armaban las piezas pequeñas, por ejemplo bobinas y alambres fijados a la pantalla, mientras los hombres se concentraban en las fases finales del montaje.

El montaje de aparatos eléctricos domésticos grandes, como refrigeradores y lavadoras, era trabajo de hombres en su totalidad. Las mujeres solían trabajar sentadas, con espacios muy limitados y apretujados, mientras las zonas de trabajo de los hombres eran más espaciosas y permitían la movilidad física. Si bien todo el trabajo era de montaje, la aglomeración de tareas por género iba unida a una paga inferior para la mujer.

Este tipo de diferencial salarial regía en empresas en que hombres y mujeres estaban segregados en grupos que desempeñaban labores diferentes. Se justificaba una y otra vez señalando que las tareas del hombre exigían mayor fortaleza física y conocimientos de mecánica. Sin embargo, al preguntárseles por qué contrataban mujeres para labores de armado (y para otras tareas), los patronos subrayaban la "mayor destreza" y "habilidad manual" de la mujer. Estas características, aunque reconocidas claramente como destrezas, no se consideraban merecedoras de la misma remuneración que la fortaleza física y la habilidad mecánica. Esto apunta a un problema toral en la brecha salarial entre el hombre y la mujer: la artificialidad de la definición de la destreza. ¿En virtud de qué criterio se les da a algunas destrezas una jerarquía superior a la de otras? ¿Por qué sucede que a los puestos femeninos se les define con una tendencia a colocarlos en el fondo de las jerarquías de las destrezas y por debajo de los puestos masculinos? Nuestro análisis sugiere la necesidad de investigar esos criterios siguiendo un patrón parecido al que condujo a los criterios de los Estados Unidos sobre valor comparable.

Los salarios inferiores de la mujer van ligados también al empleo de tiempo parcial o al empleo intermitente de tiempo completo, ambos con mayor incidencia en los niveles más bajos de la subcontratación. El trabajo a domicilio es el ejemplo más destacado de trabajo femenino altamente inestable que además es consistentemente el peor pagado. El empleo temporal e intermitente, como el basado en contratos por 28 días, incide también fuertemente en la mujer, sobre todo en la joven soltera.[9]

En resumen, el aumento en empleo femenino ligado a salarios más bajos se presenta principalmente mediante tres tipos de cambios: *a)* el desplazamiento de la producción hacia inferiores niveles de subcontratación o segmentos del mercado laboral; *b)* la reestructuración del proceso de producción y cambios en el carácter de los puestos que obligan a redefinir como femeninos nuevos grupos de puestos; *c)* la definición de tareas como femeninas en nuevas industrias, como la de fabricación de bobinas electrónicas. En nuestra muestra de subcontratación actuaron los tres tipos de cambios, y ofrecen la explicación más plausible para el aumento en el empleo de la mujer.

Características supuestas de las trabajadoras

Cuando se les preguntaron las razones de contratar mujeres, los representantes de las empresas apenas si mencionaron el salario más bajo. En

[9] En la empresa antes mencionada, con un número de trabajadores que oscilaba entre 30 y 60, la mujer representaba 80% de la fuerza laboral; la edad media de los obreros era de 20 años. Según el gerente de la empresa, "las jóvenes son ideales para un empleo a corto plazo porque en realidad les gusta dejar de trabajar, digamos por una semana, de modo que puedan visitar a sus padres en la provincia, ir de compras o ayudar en la casa".

CUADRO III.4. *Razones reportadas por las empresas en favor de contratar mujeres (respuestas más frecuentes)*

Características reportadas	*% de empresas*
1. Confiabilidad y estabilidad en el trabajo	47.4
2. Trabajo manual cuidadoso	27.8
3. Disciplina y paciencia	21.4
4. Aptitud para obedecer órdenes	15.9
5. Productividad	4.5
6. Causan menos molestias	3.8

cambio mencionaron cualidades concretas de la mujer como trabajadora. El cuadro III.4 muestra el desglose de las respuestas más frecuentes a la pregunta "¿Qué ventajas ve usted en la contratación de la mujer?" Cada una de esas respuestas requiere cierta aclaración. En primer lugar, el ejemplo más común de confiabilidad fue la inferior tasa de ausentismo en la mujer, sobre todo los lunes, cuando el ausentismo entre los obreros varones es muy elevado debido a la borrachera del fin de semana: una minoría de patrones mencionaron un índice de ausentismo nada menos que de 30%, pero el problema se mencionó en muchos casos. En la industria electrónica también se reporta que son más bajos entre las mujeres los índices de rotación de personal (Bancomer, 1981). Algunos patrones dijeron que las madres solteras figuran entre sus "mejores trabajadores" porque la responsabilidad que muestran como jefes de familia da a entender que no cuentan con nadie más para el sustento familiar (aunque puedan contar con la familia extensa para el cuidado de los niños).

En segundo lugar "el trabajo manual más cuidadoso" se refirió casi siempre al manejo de objetos: cuando se trata de labores de armado, se dice que la mujer tiene más paciencia y mayor destreza en el trabajo meticuloso y en el manejo de piezas pequeñas. Éste es desde luego el tradicional argumento de los dedos ágiles que estuvo vivito y coleando entre nuestra muestra de interrogados así como en otras partes de México. En el boletín de noticias de junio de 1981 publicado por uno de los más grandes bancos mexicanos, el argumento llega hasta afirmar (sin pruebas) que en la mujer "la destreza en las dos manos es un 75% superior a la del hombre" (Bancomer, 1981). Esto, defendido en relación con la labor femenina de montaje en la industria electrónica —donde 80% de la fuerza laboral está compuesta por mujeres— se escribe en el espíritu de un nuevo descubrimiento de las ventajas de contratar trabajadoras.

En tercer lugar, respecto a la disciplina, paciencia y aptitud para obedecer órdenes, las respuestas dadas giraron en torno a dos tipos de ejemplos, siendo uno que la mujer supera al hombre en su capacidad para estar sentada largo tiempo sin sentir desasosiego. El otro fue que la mujer tiene menor inclinación a la mecánica, y no toca las máquinas cuando se descomponen, con lo cual disminuye el riesgo de dañar el equipo o de retardar el proceso productivo. Con esto se supone que al limitar los conocimientos de mecánica a un supervisor, se centraliza más el control sobre la máquina y el proceso de la mano de obra, lo que en este caso sugiere que en el proceso de colocar mujeres en lugar de hombres hay un elemento de degradación de la destreza, y que la nueva obrera es preferida porque no ejerce el mismo grado de control mecánico sobre la máquina. Por lo tanto está ocurriendo un proceso de centralización de los conocimientos, muy en consonancia con lo descrito por Braverman, y la feminización de este tipo de tareas es resultado tanto de factores técnicos como de los supuestos formados por los patrones sobre las trabajadoras.

En cuarto lugar, aunque es pequeño el número de empresas que mencionaron la mayor productividad de la mujer, esta respuesta es de particular interés con vistas a romper los estereotipos de género. También puede explicar los casos en que la sustitución de hombres por mujeres no indicó, según la empresa, un menor salario.

Por último, se dice que la mujer causa menos molestias que el hombre en función de peticiones relativas a salarios y condiciones de trabajo y en su participación en actividades sindicales. Si bien fueron pocos los patrones que mencionaron este factor, es probable que haya parcialidad en la información recogida porque las preguntas referentes a los sindicatos fueron por lo general una fuente de tensión en la entrevista. En todo caso, este factor, sumado a la autodisciplina de la mujer y a su tendencia a obedecer órdenes, tiene mucho en común con el estereotipo de la mujer como "obrera sumisa y dócil".

Estas respuestas proporcionan, por un lado, la *explicación* de que la mujer sea preferida en general o se la tenga por especialmente apta para ciertos puestos. Por otro lado, las respuestas pueden verse como *justificación* para colocar a la mujer en tareas concretas y en grupos de puestos, siendo el inferior salario la verdadera razón para contratarlas. En ambos casos la respuesta refleja un estereotipo común sobre la mujer o "rasgos de género" que resultan de la interpretación social del género en una sociedad patriarcal. Las respuestas plantean la duda sobre si ésas son características *reales* o *percibidas*.

Queda una pregunta sobre el aumento de empleo de la mujer: ¿por qué ocurre en este preciso periodo del desarrollo de México? Aunque no cabe generalizar a partir de este estudio, en el lado de la demanda nuestros datos apuntan hacia dos razones. La primera es la necesidad de abrir nuevas fuentes de mano de obra barata para bajar los costos de mano de obra, sobre todo en un periodo de crisis económica. Esto se aplicaría, por supuesto, a la producción mediante maquila, de intensa mano de obra, que es típica de nuestras cadenas de subcontratación. En segundo lugar parece que actúa un efecto de goteo, resultante de la creciente ocupación de la mujer por empresas transnacionales en México y en otras partes. Como se dijo antes, los representantes de empresas señalaron el éxito del empleo de mujeres en otros lugares para explicar sus propias decisiones de contratarlas, lo que sugiere la existencia de un mecanismo de emulación.[10]

Del lado de la oferta parece que actúan por lo menos dos factores. Uno es que el trabajo de la mujer fuera del hogar se va volviendo más aceptable conforme se ha aplacado la tradicional oposición al trabajo femenino remunerado, sobre todo en el caso de la mujer casada. En palabras de la jefa de personal de una gran empresa de cosméticos, "el tabú de no dar empleo a mujeres casadas está punto menos que desaparecido".[11] El otro es que en un periodo de crisis económica y alto desempleo, el trabajo femenino remunerado se vuelve parte de la estrategia familiar de mancomunar los ingresos. Éste es sin duda el caso del trabajo a domicilio, como se sostiene en todo este libro, y no hay razón para creer que no se aplique la misma estrategia al trabajo fuera del hogar.

EL EMPLEO DE LA MUJER Y LA CONSTRUCCIÓN SOCIAL DEL GÉNERO

En esta sección exploramos el uso del género en el lugar de trabajo como fuente de diferenciación entre obreros y obreras. Hemos visto que los patrones señalan características atribuidas concretamente a la mujer para explicar o justificar la contratación de la mujer para determinados puestos. Estos rasgos de género pueden ser adquiridos mediante un largo proceso de socialización o formación del género, que van desde aprender a trabajar

[10] La elevada proporción de mujeres empleadas en las industrias de la frontera entre los Estados Unidos y México es un hecho bien documentado (Fernández-Kelly, 1983; Bustamante, 1983). Los representantes de las empresas la han mencionado a menudo como ejemplo de la nueva aceptación que tienen las obreras.

[11] Esto no quiere decir que hayan desaparecido por completo los viejos prejuicios. Se ha visto que la oposición del marido a que la mujer trabaje fuera del hogar es una de las razones de que la mujer se concentre en el trabajo a domicilio (véanse los capítulos IV, VI y VII). Por parte de los patronos, cuatro de las empresas de nuestra muestra —que van desde pequeñas hasta muy grandes— tenían la deliberada política de no dar ocupación a mujeres. Según explicó un gerente, "crean un nuevo conjunto de problemas: relaciones con los obreros varones —tensiones o demasiada amistad entre ellos— e incluso embarazos". Ésas, sin embargo, fueron excepciones que reflejaban actitudes tradicionales, más que tendencias recientes.

con los ágiles dedos cosiendo y bordando en casa hasta ser socializadas para complacer y servir, obedecer órdenes y aceptar posiciones subordinadas. Como esas características son adquiridas socialmente, no son naturales ni universales, sino específicas de determinada sociedad, raza o grupo étnico, y son afectadas por otros factores como la clase y el nivel de educación; se derivan de interpretaciones ideológicas y evidentemente pueden cambiar al paso del tiempo. Además, y según se ha sugerido anteriormente, los rasgos del género pueden ser reales o percibidos. La mujer que ha aprendido a usar en casa la máquina de coser como parte de su capacitación puede traducir este conocimiento en destrezas reales en el lugar de trabajo. La cuestión importante está en saber qué significa para la mujer, como trabajadora, el aprovechamiento de estas destrezas de género. Por otro lado, los rasgos de género pueden ser percibidos o falsamente supuestos, sin que correspondan a una real diferencia de destreza entre el hombre y la mujer. La afirmación de que la mujer es más disciplinada o da menos molestias que el hombre puede ser ejemplo de un rasgo supuesto. Como han sostenido otros autores, la docilidad de la mujer puede ser un espejismo que puede desaparecer incluso ante estructuras autoritarias (Heyzer, 1982).

Para ilustrar cómo se pueden utilizar en el lugar de trabajo los rasgos de género, el cuadro III.5 presenta un resumen de lo que nuestro análisis sugiere en función de correspondencia entre la formación de géneros y la asignación de la mujer a tareas y cargos concretos. Dada la fluidez de la formación de géneros y la continua reestructuración del proceso productivo, no cabe tener esta correspondencia por unidireccional ni estática. En primer lugar, los rasgos del género pueden servir de herramienta ideológica que actúa en sentidos opuestos: aquello que en determinadas circunstancias justifica llamar "puesto femenino" a una tarea dada u "ocupación femenina" a una ocupación dada, puede cambiar al paso del tiempo o entre culturas y condiciones económicas. La historia ha mostrado repetidas veces que un alto nivel de desempleo o el regreso de los hombres de la guerra, por ejemplo, pueden servir de justificación para el empleo masculino mientras se piense que la mujer tiene en el hogar su primordial zona de concentración.[12] En segundo lugar, el género se puede utilizar y reforzar en el lugar de trabajo, pero también, como han sostenido Elson y Pearson (1981), se puede descomponer o disociar. En el primer caso, el género sirve para intensificar

[12] En parecida forma, a lo largo de la frontera entre los Estados Unidos y México las plantas ensambladoras han empezado a ocupar varones, lo que es un claro apartamiento de prácticas anteriores. Esto se ha atribuido a una creciente demanda de mano de obra, pero también a una deliberada política de ocupar varones porque, según el presidente de la Asociación de Plantas Ensambladoras Fronterizas, la región se había vuelto un "matriarcado". El objetivo de la política es aumentar la proporción de obreros varones hasta un 60% para fines de la década (Meislin, 1984). Si bien este objetivo puede resultar difícil de alcanzar, ilustra la imposición de la ideología en las tendencias del mercado laboral.

CUADRO III.5. *Rasgos de género y puestos femeninos*

Rasgos de género adquiridos socialmente	*Uso de rasgos de género por las empresas*
1. Concentración de la mujer en actividades reproductivas; el trabajo fuera de la unidad doméstica es visto como secundario para la mujer, siendo la norma la dependencia de un varón que gane el ingreso.	*a)* El ingreso de la mujer es tenido por complementario, no primario; el salario inferior para la mujer es justificado por los patrones y se incorpora a las expectativas de la mujer. *b)* El empleo de tiempo parcial y el de corto plazo son más probables entre las mujeres.
2. Destreza manual pasada entre mujeres de generación en generación: costura, tejido de punto, bordado, artes y oficios.	Destreza manual aprovechada en puestos femeninos —montaje, pulido de plásticos, trabajo en prendas de vestir— y por muchas industrias: electrónica, textil, metálica, de cosméticos, del vestido.
3. Las actividades del hogar son tediosas, repetitivas y, en hogares pobres, se hacen en espacios apretujados; esto requiere disciplina, aptitud para habérselas con la frustración, compromiso y persistencia.	*a)* El montaje de pequeñas piezas es tedioso y repetitivo, y se hace en espacios apretujados. *b)* Se contratan mujeres porque son menos inquietas que los hombres: "pueden quedarse sentadas por ratos más largos".
4. El hogar y la escuela, de mentalidad patriarcal, enseñan a la mujer a ser obediente y a cumplir órdenes; la iniciativa y la firmeza se vuelven rasgos más masculinos que femeninos.	*a)* Se contrata a la mujer porque se supone que cumple órdenes mejor que el hombre. *b)* La mujer es colocada en puestos subordinados en un proceso jerárquico de mano de obra. *c)* Se supone que la mujer es menos activa en los sindicatos.
5. La socialización cultural y de género en México ha producido una mayor incidencia de la ebriedad entre los hombres.	Se prefiere a la mujer porque el índice de ausentismo del hombre en lunes es muy alto.

la asimetría o tratamiento discriminatorio entre los sexos —como cuando un puesto es feminizado a la vez que su salario relativo baja—. En el segundo, la asimetría del género disminuye o las categorías del género se disocian como en los casos de paga igual por trabajo igual o la penetración de la mujer en puestos masculinos. Es probable que este fenómeno, a su vez, afecte las relaciones de género en otras esferas, como la unidad doméstica; es decir, la acción recíproca entre las dos es dialéctica.

La siguiente cita de un economista de la sección de ventas de una empresa de aparatos domésticos con 250 obreros proporciona un conmovedor ejemplo de cómo se refuerza el género en el lugar de trabajo:

> En la producción la mujer se halla en niveles inferiores, y se le paga menos porque los patrones entienden que su salario se destina a cubrir sus necesidades individuales, al paso que el hombre ha de cubrir más gastos, sobre todo si está casado. Hay pocas mujeres que puedan salir del nivel de trabajo no calificado; la mujer tiene la carga de sus hijos y no tiene tiempo de obtener la educación que le permita el ascenso. Para los ascensos buscamos hombres. Se supone que la mujer es dependiente, aunque sólo sea desde el punto de vista psicológico. Puesto que no tiene tiempo para educarse y progresar, sabe que no puede aspirar a más. La oportunidad de la mujer de distinguirse depende también de su belleza; una joven hermosa que trabaje en una línea de transportador podría llegar a secretaria gracias a su aspecto. Una joven mejor preparada pero menos guapa encontrará más difícil ese ascenso y tendrá que buscar la compensación en una mayor eficiencia en el trabajo. En el hombre sólo buscamos eficiencia y lealtad.

Esta afirmación indica que rasgos de género como la belleza pueden adoptar formas materiales como un salario más alto y el ascenso. El género, por lo tanto, está encajado en el trabajo e integrado en la estructura jerárquica de la producción. Para decirlo de otro modo, ocurre una integración entre procesos ideológicos y materiales. En este sentido coincidimos con Cockburn (1981) en que las diferencias de género y sus correspondientes relaciones de dominio y subordinación se crean en el trabajo a la vez que en el hogar y en otras esferas de acción recíproca. Esto lleva a la conclusión sugerida en el capítulo I de que el hombre y la mujer no tienen idéntica relación con los medios de producción porque el género influye en las condiciones en que los obreros son incorporados al proceso laboral y estas condiciones, a su vez, influyen en el género.

En un proceso laboral jerárquico como el generado por una organización capitalista de la producción, hay que idear criterios para asignar a los obreros a los distintos escalones de la estructura laboral. Aunque es costumbre aceptar, sin ponerlos muy en duda, criterios tales como las credenciales de educación, la experiencia y la antigüedad en el empleo, en cambio se considera discriminatorio el empleo del género (o de la raza) a menos que vaya acompañado de cierta forma de justificación. Ésta es la función que puede desempeñar el empleo de rasgos de género; es decir, suministran la base para esta justificación al sugerir una asociación, aunque sólo sea socialmente construida, entre determinados puestos y las destrezas atribuidas al hombre y a la mujer. Esto, sin embargo, no quiere decir que la mujer desempeñe el papel de víctima pasiva ni que no surjan contradicciones; es probable, por ejemplo, que la "joven mejor preparada pero menos guapa" tenga conciencia del trato discriminatorio inherente al tipo de prácticas de ascenso que el citado texto pone al descubierto. El que esa conciencia se traduzca en acción o no, dependerá de una serie de factores que van desde la propia seguridad de la mujer como trabajadora hasta las convicciones políticas y mecanismos de apoyo con que pueda contar en el trabajo y fuera de él.

Conclusiones

Aunque es difícil sacar generalizaciones de nuestro estudio, parece que la subcontratación industrial iba en aumento en la ciudad de México en el momento en que se realizó el trabajo de campo; si bien casi la mitad de las empresas informaron de una creciente tendencia a encargar producción a la calle, ninguna informó de una tendencia general a la disminución del trabajo de maquila (a pesar de descensos temporales). Se requerirá mayor investigación para averiguar hasta qué punto hay también en México una dispersión geográfica de la producción así como subcontratación que afecte a pequeñas empresas artesanales. Desde luego es probable que la crisis económica de mediados de los ochenta haya tenido fuerte influencia en la reestructuración de estos procesos.

Hemos sostenido que la subcontratación hace uso de la segmentación del mercado y facilita el desplazamiento de la producción hacia segmentos de costo inferior. En particular proporciona un medio de desplazar el empleo hacia los sectores más informales y subterráneos de la economía. Desde una perspectiva económica, la más clara solución de continuidad se presenta cuando la producción se torna subterránea. Esto implica que una distinción conceptual que haga resaltar la división de la economía en legal/ilegal o en formal/subterránea puede establecer fronteras más nítidas que la descomposición por sectores formal/informal. Esto se debe a que la ilegalidad —y su correspondiente descenso agudo de salarios y otros costos, resultante de la ausencia de reglamentación— representa un fuerte cambio en las condiciones en que se realiza la producción. De todos modos, la subcontratación amplía las opciones de la empresa que envía producción a la calle y ofrece al capital el acceso a una oferta de mano de obra cada vez más flexible.

También se puede sostener que el desplazamiento de la producción hacia unidades informales y subterráneas da al sistema una abundante flexibilidad en función de la expansión y contratación de la capacidad productiva en el sector de pequeñas empresas. Además, y tal como lo han sugerido diversos autores, dada la elevada proporción de mano de obra activa en el sector informal de los países del Tercer Mundo, esta flexibilidad puede servir para levantar una infraestructura de empresas pequeñas que ofrecería la base para crecer.[13] El aspecto positivo de este sector está en que estimula el desarrollo de pequeños negocios más adaptables a las condiciones económicas reinantes en el Tercer Mundo, y en que crea la base para fomentar y canalizar las destrezas empresariales y desarrollar las fuerzas productivas en general.[14]

Existen límites, sin embargo, para esta visión optimista. Por lo menos para los pequeños negocios vinculados a la subcontratación, el desarrollo de un sector de pequeños negocios depende en buena medida de las grandes empresas en las que halla su origen; será autónomo sólo en la medida en que el desarrollo general del país lo sea. Además, la permanencia de los pequeños negocios en el mercado está continuamente amenazada por la competencia de empresas más grandes y la tendencia a la concentración económica. Desde la perspectiva obrera, la descentralización de la producción en las circunstancias descritas para nuestro estudio entraña una recomposición de la clase trabajadora industrial (o una nueva composición) hacia los trabajadores más marginados y con una importante dimensión de género. Esto sirve para intensificar los puntos débiles de la clase obrera y no los fuertes, que debían surgir de la aportación de la clase obrera a la acumulación. En los escalones inferiores de la subcontratación, esta intensificación se debe a las precarias condiciones en que tiene lugar la producción, entre ellas salarios que pueden caer bastante más abajo del mínimo de ley y un alto grado de inestabilidad del trabajo. La invisibilidad a que están sometidos los trabajadores los convierte en marginados en lo político, si no es que en lo económico. De hecho, el desarrollo de este sector se funda precisamente en la vulnerabilidad general del obrero.

[13] Una buena parte de la bibliografía sobre el sector informal ha adoptado esta postura; véase en el capítulo IV un tratamiento del significado de estos argumentos respecto al trabajo a domicilio.

[14] Según lo ha expresado, por ejemplo, Doeringer (1984, p. 122), los negocios pequeños tienen una "amplia gama de firmezas genéricas" tales como "la aptitud de expandir la capacidad productiva casi a voluntad; la flexibilidad de producción que proviene del sector de la pequeña empresa; la aptitud de funcionar con diversas clases de crédito a corto plazo, sistemas informales de crédito; la aptitud de conseguir materias primas y refacciones de segunda mano con muy poca antelación".

Respecto al empleo de la mujer en todos los niveles de la subcontratación, nuestro análisis apunta también a la necesidad de plantear y combatir el problema de cómo se definen y redefinen las destrezas para identificar el componente de género que pueda existir en la definición. Esto equivale a un argumento de valor comparable basado en la suposición de que la ubicación de la mujer en labores de baja paga no se debe tanto a la destreza de la mujer y a su preferencia por esas labores como a que los patrones colocan a trabajadoras.[15] Es decir, nuestro análisis indica que la colocación se rige fuertemente por las decisiones de los patrones, lo que da a entender que la balanza se inclina del lado de la demanda y no del de la oferta.

Las derivaciones de nuestro análisis van todavía más lejos. La política de valor comparable supone cierta jerarquía en la estructura de la producción y su correspondiente división del trabajo, independiente del género. Ésa es una política esencialmente liberal dirigida a eliminar las diferencias de género dentro de la estructura existente. Ahora bien, no hay necesidad de suponer una determinada estructura productiva jerárquica; puede ser reducida por la eliminación de la relación capital/trabajo o mediante el achatamiento de la pirámide laboral, producido por el cambio institucional y político y/o por cambios en el seno de las empresas y unidades productivas hacia formas de producción más cooperativas y democráticas. Una de las razones de la terca persistencia en la brecha salarial entre el hombre y la mujer es que, si bien esa brecha se va angostando en ciertas ocupaciones, el proceso laboral se reestructura y se crean nuevas labores, de modo que la mujer es colocada en el fondo de una jerarquía laboral en continua creación. Para volver al andamiaje de Braverman, esta nueva creación cede a dos dimensiones básicas en el proceso capitalista de trabajo; a saber, la necesidad de controlar al trabajador desde arriba hacia abajo y la tendencia a reducir al mínimo la cuenta de los salarios. La introducción de nuevas tecnologías y la reestructuración de la producción facilitan el proceso de, según lo expresa Braverman, "dividir la artesanía" para abaratar sus partes aisladas. El empleo de la mujer facilita este proceso. En este sentido, nuestro

[15] Algunos economistas han aducido que el bajo salario de la mujer se debe a su preferencia por determinados empleos, lo que provoca una gran oferta en relación con la demanda y por lo tanto un abatimiento de los salarios (Killingsworth, 1984). En vista de ello, se manifiestan en contra de la puesta en vigor de principios de valores comparables, sosteniendo que van contra las fuerzas del mercado. Ese argumento de echar la culpa a la víctima da por sentado que la oferta femenina es autónoma y se basa en un conjunto de "preferencias", y no en que perciben la demanda patronal de mano de obra femenina. Sin embargo, según indica nuestro análisis, hay razones para creer que el peso de la asignación de la mujer a los empleos cae sobre las decisiones de los patronos, es decir, sobre el lado de la demanda y no sobre el de la oferta. Además, este argumento da por hecho que los salarios son determinados *solamente* por las variables de demanda y oferta, suposición difícil de sostener en vista de las variadas críticas hechas al modelo neoclásico de la determinación del salario (Lester, 1942; Thurow, 1965; Doeringer, 1967; Blau y Jusenius, 1976; Treimann y Hartmann, 1981).

análisis sugiere la probabilidad de que la mujer se beneficie de una reducción de divisiones jerárquicas porque reduciría la necesidad de emplear rasgos de género para diferenciar a los trabajadores y justificar o racionalizar su ubicación dentro de esa jerarquía.

Es más, en la medida en que hay un aspecto social y político en la producción, como lo han sostenido muchos autores,[16] los arreglos productivos que aumentan el control de los trabajadores entre unidades de subcontratación medianas y pequeñas podrían dar una vía de entrada al aumento de la productividad y de los salarios. A pesar de que ello podría reducir el alcance de la subcontratación —dada la disminución del diferencial de salario—, representa una alternativa que tendría las ventajas de contar con un sector de pequeños negocios descentralizado y flexible sin los aspectos negativos bosquejados más arriba.

A esto se debe que las políticas que sólo se ocupan de las diferencias entre hombre y mujer sin poner en tela de juicio la estructura de la producción, si bien son muy importantes, están destinadas a obtener resultados limitados. Una vez que se pone en tela de juicio esa estructura, la política feminista dirigida a eliminar las desigualdades de género en el mercado laboral se convierte en parte íntegra de la meta general de eliminar la explotación de clases y establecer una división del trabajo más igualitaria.

[16] En particular, véanse Stone, 1973; Marglin, 1974; Gordon, Edwards y Reich, 1982; Bowles, Gordon y Weisskopf, 1984; Naples (en prensa).

IV. EL CARÁCTER DEL TRABAJO INDUSTRIAL A DOMICILIO

En los últimos años los investigadores han vuelto a descubrir el trabajo industrial a domicilio por una serie de razones. La primera es que la nueva descentralización de la producción ocurrida en el seno de los países más industrializados y el empuje de una economía subterránea, sobre todo desde los años setenta, han despertado un nuevo interés por el tema. Los estudios llevados a cabo en países como Italia (Garofoli, 1978 y 1983; Goddard, 1981; Murray, 1982), Inglaterra (Allen, 1981) y los Estados Unidos (Gutmann, 1977; Tauzi, 1982; Sassen-Koob, 1982) han planteado muchas preguntas sobre el alcance y la importancia de este tipo de descentralización para la economía en su conjunto. Además, este proceso tiene una dimensión transnacional y también afecta a los países de la periferia (Fröbel *et al.*, 1980; Nash y Fernández-Kelly, 1983; Portes y Benton, 1984). La segunda es que, dado el predominio de la mujer en el trabajo industrial a domicilio, no es una coincidencia que algunos de esos estudios se hayan realizado como resultado del interés por los temas del género. Éste es el caso de los países más industrializados así como del Tercer Mundo (Moser y Young, 1981; Banarjee, 1981; Alonso, 1981; Mies, 1982). Por lo tanto, el proceso afecta al centro y a la periferia, aunque existan diferencias entre los dos en función del alcance y la importancia del fenómeno.

Para comprender la importancia de este proceso hay que explorar una serie de preguntas teóricas y empíricas. ¿Hasta qué punto, por ejemplo, cabe afirmar que el trabajo a domicilio es una simple producción de artículos de consumo o, por lo contrario, una forma de trabajo asalariado con una "proletarización disfrazada" de la mano de obra empleada? ¿Qué clases de articulación existen entre la organización de producción de la economía mayor y el trabajo industrial dentro del hogar? ¿Qué deducciones ofrecen los estudios del trabajo a domicilio para el análisis del llamado sector informal? ¿Cabe establecer comparaciones entre el sistema de mandar trabajo a la calle que predominó durante la Revolución industrial y la variedad de escenarios en que se ejecuta hoy el trabajo a domicilio?

Al explorar estas preguntas vamos a analizar primero los datos sobre las condiciones en que se ejecuta el trabajo a domicilio. En segundo lugar nos ocuparemos de los problemas de género planteados por la circunstancia de que son principalmente mujeres las que se concentran en esta labor. Por último analizaremos cuestiones más teóricas relativas al carácter del trabajo a domicilio y su parte en el proceso general de producción. En particular nos ocuparemos de la importancia de nuestro análisis para la bibliografía que se ha dedicado al sector informal. Este capítulo, por lo tanto, se centrará en los aspectos económicos del trabajo a domicilio, su importancia y sus vínculos con la economía mayor. El análisis de los datos se funda en las entrevistas con las 140 trabajadoras descritas en el capítulo II.

TRABAJO Y PAGA

La figura IV.1 comprende un desglose de los tipos de trabajo a domicilio analizados. Puede observarse que el mayor porcentaje de trabajadoras en nuestra muestra se concentró en el pulido de plásticos y en el armado. El trabajo se realizó para diversas industrias, como se describe en el capítulo II; abarcó una diversidad de productos, como envases de plástico para las industrias de cosméticos y farmacéutica en el caso de pulido de plásticos, o juguetes, cajas de cartón y flores en el caso del armado. Sólo un pequeño porcentaje de casos (11.4%) provienen de la industria del vestido, ya que, según se mencionó antes, el trabajo a domicilio del vestido es más tradicional y mejor conocido; estos casos se incluyeron más que nada con fines de comparación.

La labor se distribuye a las trabajadoras a domicilio por día, por semana o por cuota. Como se desprende de la figura IV.2a, el trabajo se recibe ya sea por medio de un destajista (en alrededor de 50% de los casos) o directamente de la fábrica o del taller. El porcentaje de casos en que el trabajo es proporcionado en forma directa por una fábrica es de hecho sorprendentemente alto (más de 27%). El taller desempeña una función intermedia porque es una unidad productiva y a la vez distribuidor de trabajo a domicilio; suele funcionar en el límite de la legalidad y en condiciones de trabajo muy deficientes.[1]

Los tipos de trabajo industrial a domicilio consistieron en su mayoría en tareas muy sencillas y no calificadas, de mucha mano de obra, con uso mínimo de capital o de herramientas de producción. Según muestra la figura IV.2b, en más de 25% de los casos la labor ejecutada no requirió herramienta alguna; así sucedió, por ejemplo, al clasificar piezas de metal para acumuladores o en el armado de cajas de cartón. En otros casos, como el pulido de plástico, la herramienta (una clase especial de cuchillo para cortar plástico) era muy sencilla. Excepto las máquinas de coser utilizadas por las trabajadoras del vestido, los más alambicados medios de producción

[1] También encontramos algunos casos en que el destajista administraba una unidad de producción a muy pequeña escala como empresa familiar; aunque los talleres suelen ser manejados como negocio familiar, se basan casi siempre en mano de obra asalariada.

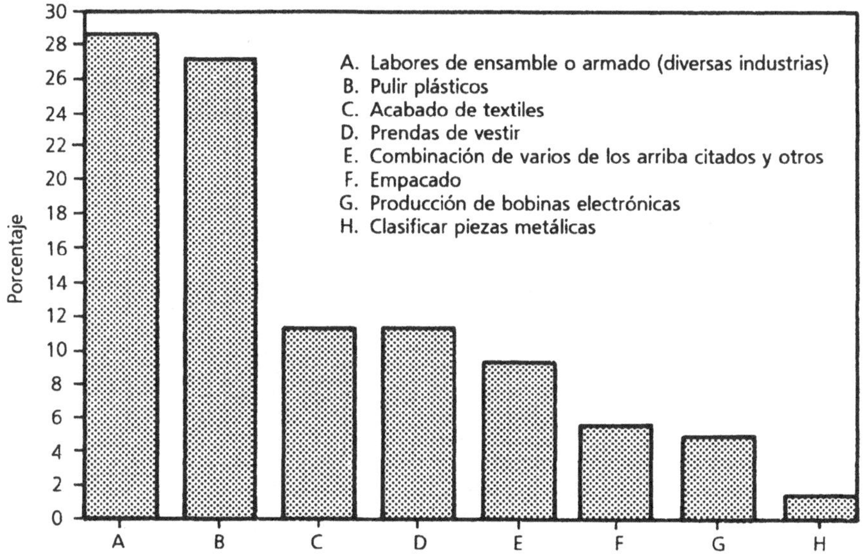

FIGURA IV.1. **Tipos de trabajo en el hogar.**

que se hallaron fueron los de bobinas electrónicas, y consistían ya sea en una máquina de pedal del tamaño de un abrelatas que las trabajadoras fijaban en la mesa de la cocina, o bien en una máquina manual un poco más grande que necesitaba electricidad para el alumbrado. El desglose de la figura IV.2b muestra además que las herramientas empleadas eran propiedad de la trabajadora o bien del destajista y, en un pequeño número de casos, eran de propiedad de ambos o bien eran alquiladas.

El número de horas trabajadas, los arreglos de trabajo y la forma y el monto de la paga variaban considerablemente de un caso a otro. Aunque en ciertos casos el transporte de materiales llevados y traídos al hogar de las trabajadoras corría a cargo de quien proporcionase el trabajo, la mayoría de las trabajadoras tenían que efectuar el transporte por sí mismas (véase la figura IV.2c), labor muy ardua porque muchas de ellas no poseían medio de transporte privado. En general, el material usado y los propios productos estaban protegidos por estrictas reglas. En uno de los casos no se pagaba el salario de la semana si la mercancía estaba dañada; en otro se descontaba del salario un importe estimado en cinco veces el valor de la mercancía. Estas clases de reglas se imponían a propósito del caso, sin que existiera contrato que las fijara por anticipado.

El trabajo era inestable y no ofrecía seguridad alguna, en un grado que la figura IV.3 no registra fielmente. Es cierto que esas cifras sugieren cierta

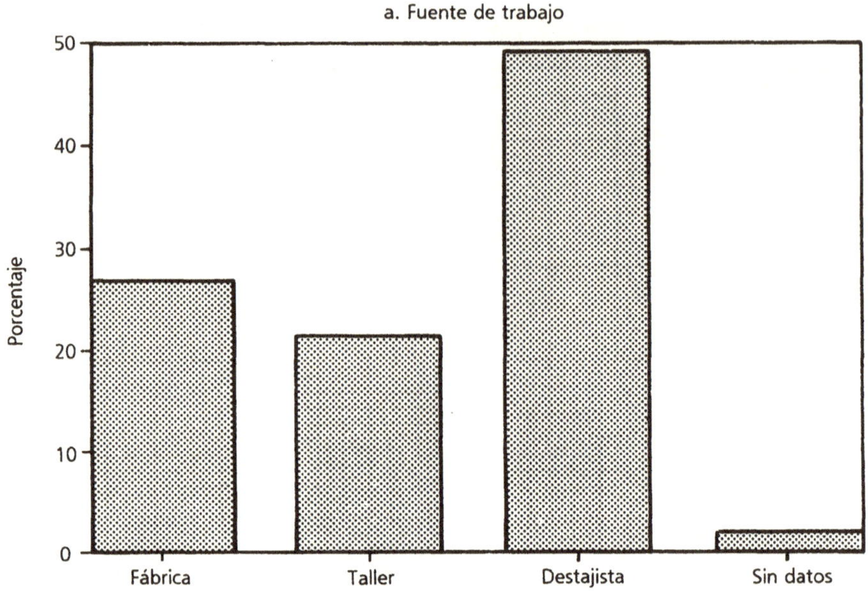

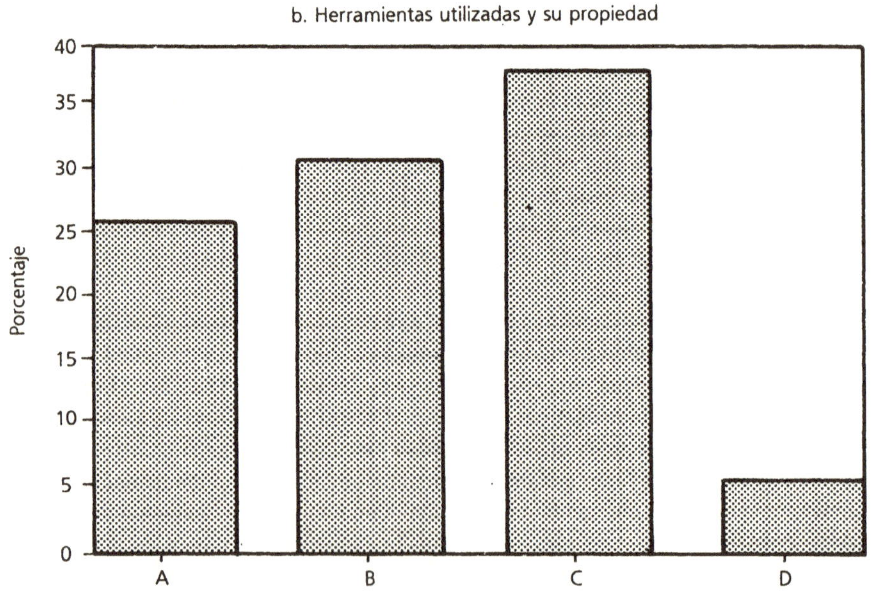

A. Trabajo manual sin herramientas
B. Herramientas propiedad de la trabajadora
C. Herramientas propiedad del destajista
D. Casos mixtos

FIGURA IV.2. Relaciones contractuales.

c. Recogida y reparto

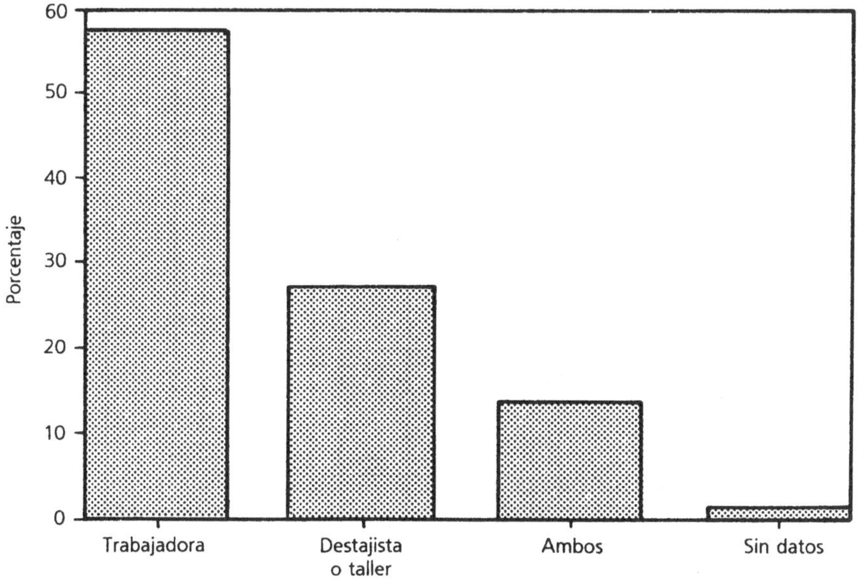

FIGURA IV.2 (Concluye)

inestabilidad, al señalar que en el año anterior la mayoría de las mujeres habían estado trabajando entre uno y cinco meses, y que casi 50% de ellas o no se dedicaban al trabajo domiciliario o trabajaron menos de seis meses. Pero la figura IV.3 también muestra que más de 30% de ellas llevaban dedicadas al mismo trabajo entre 1 y 5 años, y casi 8% más de 5 años. Pero la figura no señala que aun al trabajar en la misma clase de trabajo a domicilio durante determinado periodo, la inseguridad del trabajo seguía marcada por la inestabilidad de las cantidades encargadas y de los tiempos de entrega, y por falta de garantía de continuidad con una cantidad bastante para generar el ingreso requerido. Por ejemplo, era frecuente que las mujeres de esta categoría no supieran, en un día dado, si tendrían trabajo; habían de esperar a que les llevaran el trabajo por la mañana.

El trabajo se pagaba sin excepción a destajo, como 6.60 dólares por millar de bobinas electrónicas, 2.05 dólares por caja de láminas de metal para acumulador clasificadas como "acabadas" o como "defectuosas", o entre 4.35 y 15.22 dólares por millar de piezas de plástico pulidas (según tamaño y tipo de producto).[2] Son tarifas de pago sumamente bajas para lo acostum-

[2] Estas cifras se basan en un tipo de cambio de 23 pesos mexicanos por un dólar norteamericano, que era el tipo oficial cuando se reunieron los datos.

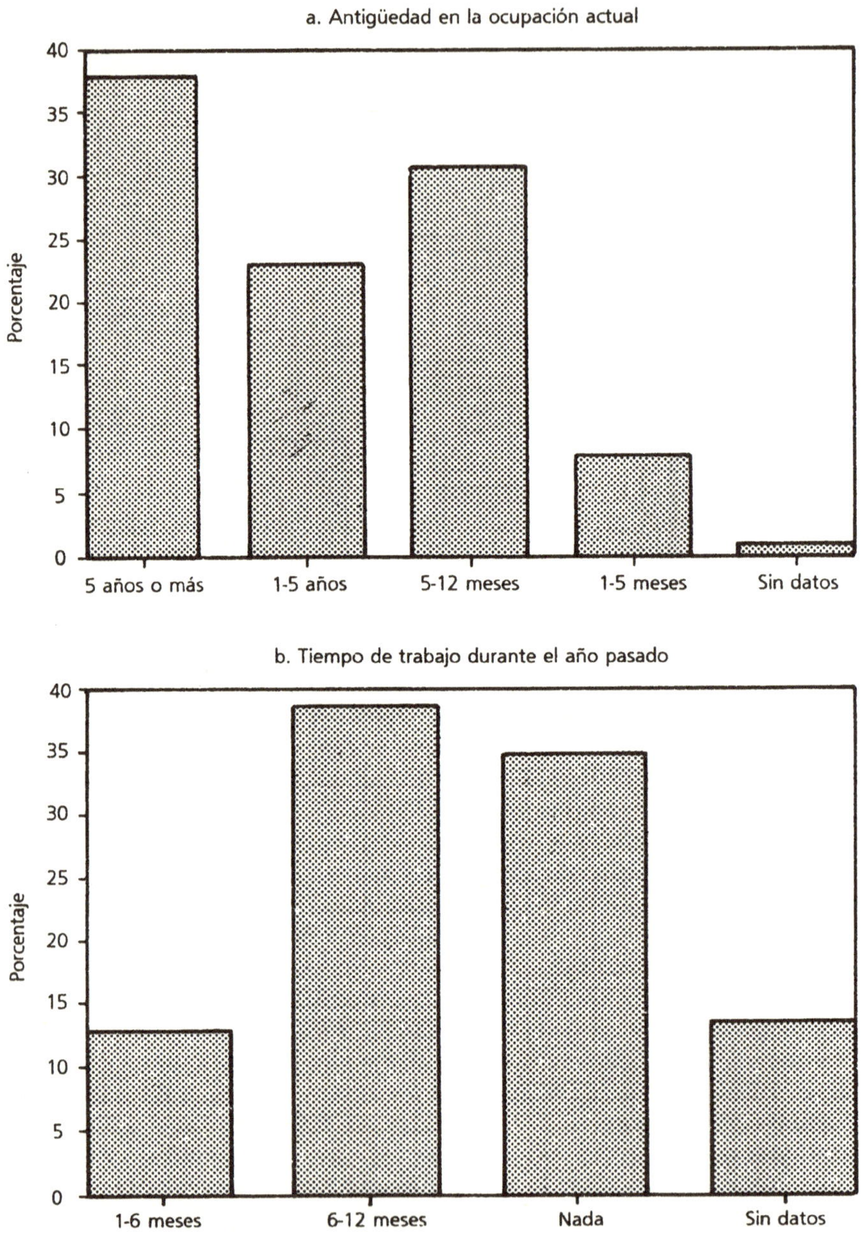

FIGURA IV.3. Indicadores de estabilidad del trabajo.

CUADRO IV.1. *Promedio de horas trabajadas y de ingresos*

1. Promedio de horas de trabajo por semana	
a) Principal trabajadora a domicilio	24
b) Otros miembros de la unidad doméstica (*N* = 100)*	22
2. Promedio de ingresos *equivalentes a semana de trabajo de 48 horas (pesos mexicanos)*	
a) Todas las trabajadoras a domicilio (*N* = 130)	444.00
b) Trabajadoras del vestido (*N* = 17)	1 010.00

* Sobre la base de 100 unidades domésticas en los que se proporcionaba esa ayuda. De las demás, hubo 30 casos en que la principal trabajadora a domicilio no obtenía ninguna ayuda y 10 sin suficiente información.

brado en México, aunque nuestras estimaciones revelan un alto nivel de variación en la paga por unidad de tiempo y en el número de horas trabajadas.

El cuadro IV.1 muestra que el promedio semanal de tiempo dedicado al trabajo a domicilio fue de 24 horas para la principal trabajadora a domicilio y de 22 horas para otros miembros de la unidad doméstica. La variación es enorme, pues va desde 5 hasta 72 horas por semana para la principal trabajadora a domicilio. Según nuestras estimaciones, el promedio de salario por trabajo a domicilio por el equivalente de la semana normal de trabajo de 48 horas fue de 444.00 pesos mexicanos o 19.30 dólares. Esto se halla muy por debajo del salario mínimo semanal de 1 470 pesos o sean 63.9 dólares, vigente en el momento del trabajo de campo, y representa menos de un tercio (30.2%) de ese valor, que además no está incrementado por ninguna otra clase de prestaciones. Sólo ciertas trabajadoras del vestido ganaban más del salario mínimo, si bien el promedio de ingresos en esa labor era de 1 010 pesos, esto es, 43.91 dólares, es decir, inferior al mínimo.

También fue muy grande la variación en el promedio de ingresos por trabajadora, según el tipo de trabajo a domicilio y el número de horas trabajadas. El promedio más bajo de ingreso semanal, de 145 pesos, es decir, 6.30 dólares, se encontró entre trabajadoras que ensamblan juguetes de plástico; el más alto (de 2 999.00 pesos, esto es, 130.4 dólares) fue el de una obrera del vestido. Esto hace pensar en un alto grado de imperfección del mercado, es decir, falta de información sobre disponibilidad de trabajo y tarifas vigentes en el mercado, a la vez que la existencia de una segmentación del mismo, lo cual impide que se dé una igualación de salarios. En realidad, 70% de las trabajadoras a domicilio entrevistadas habían encontrado el trabajo mediante contacto personal directo con conocidos, familiares o por medio de un destajista o jefe de un taller local; 22% de ellas lo había encontrado a escala de la comunidad: en el mercado, en las tiendas locales y en los centros de salud. Sólo en un caso se había encontrado trabajo mediante un anuncio en el periódico.[3]

Es evidente que el salario recibido por las trabajadoras a domicilio las coloca en el extremo inferior de la jerarquía del mercado laboral. Para toda la muestra, el porcentaje de ingreso familiar obtenido del trabajo a domicilio era en promedio de 25%.[4] Esto, no obstante, está sujeto a un alto grado de dispersión; la muestra únicamente comprende dos casos de mujeres cabeza de la unidad doméstica en los que el trabajo a domicilio es la única fuente de ingreso familiar, mientras que en 32 casos (22.8%) representa menos de 10% de ese ingreso. Además debe tenerse en cuenta que estos ingresos provienen del trabajo de la principal trabajadora a domicilio y de la ayuda recibida de otros miembros de la unidad doméstica.

El trabajo a domicilio y las relaciones de género

A pesar de la gran variación en función de las tareas y del tipo de trabajo industrial incluido en nuestra muestra, es posible formular ciertas generalizaciones respecto al trabajo realizado y a las condiciones en que se lleva a cabo. Dado el tamaño de nuestra muestra y su carencia de aleatoriedad, estas generalizaciones deben tomarse sólo a título sugerente y refiriéndose al trabajo a domicilio no tradicional.

En primer lugar, el trabajo a domicilio representa una producción de intensa mano de obra que hace uso de herramientas muy sencillas o de ninguna. Por ello exige una insignificante inversión de capital y puede montarse con facilidad en el hogar.

En segundo lugar, es trabajo industrial no calificado generado por la fragmentación del proceso laboral. Las tareas requeridas son sumamente sencillas, repetitivas y monótonas y representan un pequeño paso en el proceso general de producción. Por ello es una típica "maquila doméstica" o producción subcontratada en el ámbito del hogar, resultante de la búsqueda de costos de producción más bajos, en particular costos de mano de

[3] Debe señalarse que nuestras estimaciones de horas trabajadas están sujetas a error por las dificultades de calcular con exactitud, primero, el número de horas dedicadas al trabajo a domicilio, y segundo, las horas de ayuda proporcionada por los miembros de la familia. Se realizaron entrevistas teniendo presentes esas dificultades: nuestras estimaciones se basan en cifras a las que se llegó después del escrutinio permitido por un interrogatorio reiterado durante las entrevistas. (Véase además la nota 10 del capítulo VI.)

[4] Es probable una sobreestimación de este porcentaje por la dificultad de reunir información completa de todos los miembros de la unidad doméstica acerca de los ingresos; las mujeres entrevistadas no siempre conocían el ingreso exacto del marido, y los hijos y las hijas que entrevistamos no tenían los datos sobre sus padres.

obra.[5] Esto entraña que no se trata de producción de artículos de consumo ni de trabajo artesanal, lo cual abarcaría todos los pasos de la producción: desde las materias primas hasta el producto terminado y la venta en el mercado.

En tercer lugar, el trabajo a domicilio es una ocupación inestable sin ninguna clase de seguridad; hace que el obrero dependa en forma precaria del destajista o de la empresa que asigna el trabajo, sin ninguna garantía de que va a fluir el trabajo. Esta dependencia se robustece gracias a que la oferta de mano de obra ansiosa de hacer el trabajo (incluyendo mujeres y otros miembros de la familia) está muy por encima de la demanda existente.

En cuarto lugar, como se mostró en el capítulo III, el trabajo se realiza al borde de la ilegalidad y por tanto forma parte de la economía subterránea, no porque el trabajo doméstico a destajo esté fuera de la ley en México, sino porque no se cumple con los requisitos legales de la producción. Entre ellos figuran no sólo el pago de salarios mínimos sino además las prestaciones sociales, los impuestos y la observancia de los demás reglamentos de trabajo legislados. En igualdad de las demás condiciones, esta disminución de los costos de producción significa mayores utilidades y un más alto índice de explotación. En algunos casos se le trasladan al trabajador otros costos que no son de mano de obra, como el gasto de electricidad, de servicios que normalmente se proporcionan en el sitio de la producción y, para los obreros dueños de su propia herramienta, de los recursos productivos.

Por último, gran parte de los trabajadores domésticos a destajo son mujeres; nuestra muestra incluyó sólo dos excepciones. Sin embargo, como se ha señalado, la mujer recibe considerable ayuda de otros miembros de la unidad doméstica. En su mayor parte, esa ayuda viene de miembros femeninos de la unidad doméstica, mientras que los esposos, hijos y otros familiares varones ayudan en forma esporádica y temporal. En los hogares más pobres suele necesitarse la ayuda de los niños, mientras que la ayuda de mujeres adultas se encuentra comúnmente en unidades domésticas extendidas. En este sentido la principal trabajadora a domicilio ejerce la función de administrar la fuerza laboral con que se cuenta dentro de la unidad doméstica.

Hay varias razones para el predominio de la mujer en esta labor. Algunas tienen que ver con las características de la demanda de mano de obra, lo cual

[5] Según se explicó en el capítulo III, la palabra "maquila" en México se emplea para representar con toda precisión el proceso de fragmentación de la producción moderna mediante el cual es posible separar con facilidad, en el tiempo y en el espacio, tareas específicas. El concepto se refiere a la subcontratación vertical, es decir, a producción efectuada bajo contrato de otro productor que proporciona materias primas y da instrucciones concretas sobre lo que se espera.

CUADRO IV.2. *Razones dadas para hacer trabajo a domicilio*

Razones	*Porcentaje*
1. Exigencias de atención y tareas domésticas	37.9
2. Oposición del marido a que trabaje fuera de la unidad doméstica	5.0
3. Falta de alternativas	15.7
4. Combinación de lo que antecede	24.3
5. Otras razones, incluyendo la edad y la salud	12.8
6. Sin datos	4.3
Total	*100.0*

limita las opciones de que dispone la mujer; en muchos casos, por ejemplo, mujeres analfabetas mencionaron su imposibilidad de conseguir trabajo en alguna fábrica porque éstas exigen un nivel mínimo de alfabetización. Como indica el cuadro IV.2, más de 15% de mujeres citaron la falta de posibilidades como razón para concentrarse en el trabajo a domicilio. La mayoría de las razones, sin embargo, tienen que ver con el papel de la mujer en la reproducción y con la correspondiente construcción de funciones de género que atribuyen a la mujer el cuidado de los niños y el trabajo doméstico como responsabilidad primordial, lo que se utiliza para justificar la oposición del marido a que la mujer trabaje fuera de la unidad doméstica. El resultado es una división del trabajo y de las relaciones sociales en el seno del hogar, división basada en el género que limita las posibilidades u opciones de la mujer. Esto no significa que, dadas las posibilidades disponibles, la propia mujer no vaya a escoger la combinación de trabajo a domicilio y tareas domésticas como la mejor opción. Esas opciones están determinadas además por el historial de su ocupación, según lo analizaremos en el capítulo V. Por lo tanto, en esas opciones existe un componente ideológico y otro material, ambos altamente integrados y difícilmente separables.

EL CARÁCTER DEL TRABAJO A DOMICILIO

En el nivel conceptual, el trabajo a domicilio requiere una organización mixta de producción en la que el capital se aprovecha de las relaciones sociales y económicas reinantes en el seno de la unidad doméstica. El destajista, el taller o la fábrica entrega los materiales a la trabajadora, a la cual se le paga un salario por pieza trabajada, sin que tenga ningún control sobre el producto, puesto que éste regresa al destajista. Éste se adueña del trabajo, muy en consonancia con las relaciones capitalistas de producción. Como observó Marx, el trabajo industrial hecho en el hogar se convierte en "un departamento externo de la fábrica, del taller fabril o del almacén" (p. 461).

El obrero, sin embargo, tiene cierto dominio sobre el proceso laboral, en función del horario y la combinación del trabajo doméstico e industrial, utilizando a otros miembros de la familia y la intensidad del trabajo. Es claro que este dominio es limitado; el destajista, el taller o la fábrica ejercen un control indirecto mediante la fijación de cuotas de trabajo y fechas tope, así como a través de diversas formas de control de calidad. Un nivel ínfimo de salario tiende además a dar un efecto acelerador, en la medida en que los obreros tienen un objetivo de ingreso que alcanzar. Además, la aptitud de la mujer para controlar su propio paso y su horario está limitada por sus responsabilidades hogareñas. Sin embargo, cuando la producción se saca del taller o de la fábrica, es evidente que la empresa pierde cierto grado de control en función de la supervisión y organización del proceso productivo. Por esta razón parece adecuado considerar esta forma o trabajo como producción capitalista basada en una proletarización parcial de la mano de obra y basada también en las relaciones sociales de subordinación/dominio que rigen en el seno de la unidad doméstica.

Un caso especial es el trabajo en la industria del vestido porque presenta una mayor complejidad conceptual. Aunque era pequeña nuestra submuestra de trabajadoras con tareas en la industria del vestido, las pautas observadas son parecidas a las encontradas por J. A. Alonso (1979) en su amplio estudio de la zona de Nezahualcóyotl en la ciudad de México. Algunos aspectos del trabajo del vestido hecho en casa son comparables con lo descrito para otras industrias; las tareas representan una pequeña parte del proceso laboral fragmentado que conduce al producto final (coser botones, dar puntadas, poner ojales y lo demás). En muchos casos, sin embargo, hay una importante diferencia: consiste en que la trabajadora principal es dueña de las máquinas de coser. Éstas son máquinas relativamente costosas, sobre todo si se comparan con las herramientas empleadas en otros tipos de trabajo a domicilio.[6] Otra diferencia es que el nivel de destreza exigido por el trabajo del vestido es superior al de otros tipos de trabajo a domicilio; éste es de hecho uno de los casos típicos en que la industria, como anrman Elson y Pearson (1981), utiliza las destrezas tradicionales de la mujer, transmitidas de madres a hijas sin ninguna capacitación formal.

De aquí se derivan dos consecuencias. Una es que el trabajo a domicilio en el ramo del vestido es más estable y está mejor pagado, si bien en nuestra

[6] En ciertos casos la compra se realiza normalmente después de un periodo inicial en que las máquinas son alquiladas por el destajista; implica una decisión de la familia de destinar a ese fin ingresos mancomunados; los pagos se hacen en abonos. En otros casos las mujeres generan sus propios ahorros para adquirir su propia máquina o máquinas.

muestra la paga sigue siendo sólo 68.7% del mínimo legal. La otra es que ciertas costureras, propietarias de sus máquinas, tienden a emplear a jóvenes a las que les pagan un salario por tiempo o por destajo. Así las costureras pueden ejercer un control directo sobre sus "empleadas", en contraste con el dominio de control indirecto por parte del destajista.[7] Tenemos entonces una situación en que la obrera, de condición semiproletaria ante el destajista, el taller o la fábrica, establece relaciones de producción de carácter semicapitalista con otras obreras. Aunque el control del producto y del suministro de materias primas queda en manos del destajista, la propiedad de las máquinas permite a la principal obrera acumular un superávit, sin importar lo mal pagado que esté el destajo. Entonces hay dos niveles de apoderamiento de la mano de obra: el nivel del destajista y el nivel de la obrera dueña de las máquinas.

En suma, deben considerarse varios factores para fijar el concepto de estos procesos productivos en función de sus similitudes y diferencias respecto a la producción de mercancías:

a) propiedad de los instrumentos de producción,

b) control sobre el proceso laboral,

c) control sobre el producto y la apropiación del proceso laboral,

d) contacto directo con el mercado, ya sea para adquirir insumos o bien para vender el producto,

e) utilización de trabajo asalariado o familiar,

f) modo no contractual de remuneración, es decir, uso de salario por tiempo o por destajo.

La simple producción de artículos de consumo o la tradicional del artesano, por ejemplo, presuponen la propiedad de los medios de producción, control sobre el proceso laboral a la vez que el trabajo cooperativo y un grado mínimo de fragmentación del trabajo, control sobre el producto unido al contacto directo con los insumos y los mercados de los productos y la utilización de mano de obra no asalariada. En ningún caso podemos aducir que todos esos factores se apliquen al trabajo a domicilio. Éste, en cambio, tiene las siguientes características: *a)* propiedad de los medios de producción en ciertos casos pero no en otros; *b)* un grado relativamente elevado de control sobre el proceso laboral; *c)* ningún control sobre el producto y ningún contacto directo con el mercado; *d)* uso de salario a destajo como forma de remuneración. Análogamente, a pesar de las diferentes caracte-

[7] Alonso distingue cuatro categorías de trabajadoras del vestido: *a)* las que trabajan solas (talleres unipersonales) o *b)* con otros miembros de la familia (talleres multipersonales); *c)* costureras que contratan a mujeres jóvenes, y *d)* la costurera en jefe como gerente de tiempo completo del taller. En el último caso son mayores el número y la diversidad de las máquinas de coser, y se tiende a colocar a las jóvenes en una habitación aparte de tal modo que se parece a "una pequeña fábrica de vestidos" (p. 28).

rísticas del trabajo a domicilio del vestido, ni puede clasificarse como simple producción de artículos de consumo ni tampoco es probable que las obreras pudieran convertirse en productores independientes, dada su dependencia del destajista y su falta de contacto directo con el mercado.

Muy al contrario, todos los tipos analizados de trabajo a domicilio presentan el rasgo común de ser los escalones más bajos de un mercado segmentado y de un proceso laboral fragmentado. Según se mostró en el capítulo III, el trabajo a domicilio suele estar conectado, directa o indirectamente, con empresas de diversos tamaños que representan capital nacional y transnacional. Así, las bobinas electrónicas producidas por algunas mujeres en la mesa de su propia cocina se convierten en una parte de varios productos —desde micrófonos hasta radios y antenas de televisor— que pasan hasta por tres o cuatro niveles de subcontratación. En forma parecida, pulir plásticos para un taller local no es más que un paso en la producción de ventiladores y otros aparatos eléctricos por una gran empresa transnacional. Visto desde esta perspectiva, el trabajo a domicilio se convierte en parte íntegra de los procesos generales de producción aunque esté oculto tras los telones de la ilegalidad y bajo formas mixtas de producción. Esto tiene claras derivaciones para la importancia del llamado sector informal, que se examinará más abajo.

Cuestión distinta es ver cómo se compara este tipo de trabajo industrial doméstico con el sistema de sacar a la calle del antiguo capitalismo europeo que representó un sistema intermedio entre el gremio y la producción capitalista. Cabe señalar ciertas similitudes, como la concentración en el seno de la unidad doméstica, el empleo de mano de obra predominantemente femenina y las condiciones en que tiene lugar el trabajo (por ejemplo, el papel de los destajistas y el predominio de los salarios a destajo). Sin embargo existen claramente ciertas diferencias entre ambos.

En primer lugar, el sistema de sacar el trabajo a la calle era controlado por el capital comercial, mientras que el trabajo doméstico a destajo en el México de hoy es controlado por el capital industrial. Aun dentro de la industria del vestido, en la que muchos talleres han desplazado prácticamente toda su producción a hogares sueltos, el papel de las empresas no es puramente comercial; siguen concentrando unos cuantos niveles productivos clave, como el corte y el acabado de productos.

En segundo lugar, el proceso de acumulación iniciado por el capitalismo comercial en Europa facilitó el desarrollo del capital industrial nacional. En el caso de México, estos procesos de producción contribuyen a la acumulación del capital tanto nacional como transnacional; hay una nueva dimensión importante que relaciona el trabajo industrial a domicilio con la acumulación que está en marcha a escala mundial. Puede seguir persistiendo esta diferencia entre ciertos tipos de trabajo a domicilio en el Tercer Mundo y en los países más industrializados. Pero el proceso de internacionalización de capital que afecta a los dos grupos de países puede borrar paulatinamente esta diferencia, puesto que los países más industrializados también están sujetos a una actividad industrial no controlada por el capital nacional.

En tercer lugar, el sistema de sacar el trabajo a la calle dio ocupación a productores independientes que, al menos inicialmente, fueron dueños de los medios de producción. Era algo más cercano a un sistema de simple producción de artículos de consumo pero con pérdida del control sobre el producto. Cuando evolucionó el sistema, también se perdió paulatinamente el contacto directo de los productores independientes con el mercado de insumos, lo cual acercó más el sistema a las características observadas en el México de hoy. Esta transformación ya había ocurrido cuando escribió Marx que "Esta moderna industria, llamada doméstica, no tiene nada en común, salvo el nombre, con la industria doméstica a la antigua, cuya existencia presupone un artesanado urbano independiente, una labranza por campesinos independientes y, sobre todo, una vivienda para el trabajador y su familia" (1967, p. 461). Lo que observamos hoy en la ciudad de México también es resultado de esta transformación, aunque con base en lo específico de un país del Tercer Mundo que se industrializa.

EL TRABAJO A DOMICILIO Y EL SECTOR INFORMAL

Dadas las características descritas del trabajo a domicilio, el análisis que antecede es pertinente en función de la bibliografía que ha formado el concepto de la economía siguiendo líneas dualistas relacionadas con las diferencias entre los sectores formal e informal o dominante y marginado (Singer, 1970; OIT, 1972; SPP/UCECA, 1976). Las formulaciones iniciales del sector informal destacaban su relación con la marginación de los pobres de la ciudad, sus actividades económicas y su precaria ubicación dentro de la economía en su conjunto. El estudio de SPP/UCECA lo definió en función de factores tales como nivel de ingresos, el carácter de un contrato de obra, el acceso a servicios médicos, la clase de servicios sociales recibidos y la afiliación a organizaciones laborales. También definió como parte del sector informal a todas las unidades productivas de cinco trabajadores o menos. Posteriores estudios han destacado los problemas y defectos conceptuales derivados de esas divisiones dualistas (Bromley y Gerry, 1979; Connolly, 1982). Por ejemplo, han hecho notar el alto nivel de integración e interdependencia entre los dos sectores y el importante papel que desempeña el sector marginal en el funcionamiento de la economía global. Otros autores han incluido estas críticas en sus análisis y han ampliado o modificado el concepto en consonancia (Portes, 1983 y 1984).

Conforme a estas definiciones, el trabajo a domicilio debe ser visto como parte del sector informal. Sin embargo, nuestro análisis refuerza los argumentos de aquellos que han señalado lo artificial de la división entre formal e informal; los tipos de trabajo a domicilio analizados en nuestro estudio representan producción *integrada directamente* al sector formal a través de eslabones de subcontratación. Como se probó en el capítulo III, lo que se produce en el ámbito del hogar es un fragmento de la producción final terminada y vendida en el sector formal.

Esta división puede llevar a confusiones conceptuales, como lo señaló Scott (1979), y a derivaciones contradictorias para política y acción. Así, en nuestro estudio el sector informal abarcaría los diversos tipos descritos de trabajo doméstico a destajo, pero también a los destajistas que utilizan la mano de obra familiar en el hogar y los talleres que contratan mano de obra asalariada y funcionan ilegalmente. Todos ellos se clasificarían como parte del sector informal, paralelamente al trabajo artesanal o a la simple producción de artículos de consumo. La confusión conceptual tiene varias dimensiones. Un aspecto es que cuando estos diversos agentes de la producción son incluidos dentro del concepto general de sector informal, no se establece distinción entre sus diversas categorías de clase. Sin embargo, es importante distinguir entre el dueño o la dueña de un taller y sus trabajadores asalariados, y entre éstos y la mano de obra familiar y cada una de las categorías de trabajadores domésticos a destajo. La distinción es fundamental para comprender el proceso de asignación de mano de obra y la dinámica creada por intereses de clase en conflicto. La distinción también ayuda a aclarar el enigma de ciertos estudios empíricos en los que se ha descubierto en trabajadores del sector informal un promedio de ingresos superior al de sus correspondientes en el empleo formal (López *et al.*, 1982). Según ha señalado Portes (1983), este efecto se debe a la parcialidad en sentido ascendente que se registra en los ingresos al incluir en el sector informal a empresarios, comerciantes y artesanos que se emplean a sí mismos.

Otro aspecto de esta confusión conceptual tiene que ver con la *naturaleza* de la clasificación entre informal y formal. Benarjee (1981), por ejemplo, ha manifestado que la división en sectores formal e informal es una manera de clasificar el mercado laboral, no la economía. Nuestro estudio indica que esa clasificación también se refiere tácitamente a dimensiones distintas del mercado laboral, tales como la estructura del proceso laboral total (niveles de subcontratación) y la aptitud del capital para rebajar otros costos de producción (no de mano de obra) desplazando ciertos pasos de la producción a la economía subterránea. Es decir, si hemos de conservar la fijación de este concepto, debe ser evidente que se refiere a una diversidad de factores económicos y sociales en acción recíproca con el mercado laboral; al limitar a este último su pertinencia sólo se logra oscurecer su significación total.

Esto no quiere decir que no sea útil la fijación del concepto de la división en sectores formal e informal. Tiene especial significado para recalcar la naturaleza subterránea o no reglamentada de muchas actividades, y probablemente a eso se deba la persistencia de su uso en la bibliografía. Sin embargo, es preciso subrayar la relación y los vínculos de dependencia recíproca entre los dos sectores.

Desde la perspectiva de la política económica, nuestro estudio sugiere que sería ingenuo esperar que alguna de las unidades de producción dedicadas al trabajo a domicilio pudiera constituir la base para un ulterior desarrollo hacia el fomento de la pequeña empresa, como se ha sugerido para el sector informal en su conjunto (OIT, 1972). En el nivel general coincidimos con Gerry (1979) en que semejante desarrollo es dudoso debido al grado de dependencia del sector informal respecto al formal y a la tendencia del primero a dejarse absorber por el proceso de la concentración económica. En particular, el trabajo industrial a domicilio representa un caso extremo en el que todo desarrollo autónomo es muy difícil por el carácter mismo de este tipo de trabajo cuyo centro de gravedad está ubicado en otros niveles de la producción.

Un aspecto distinto en el material publicado sobre el sector informal es que se han pasado por alto importantes dimensiones de género. No debe causar sorpresa que la mujer tenga una fuerte representación en el trabajo industrial a domicilio. Su papel en la reproducción y su primordial concentración en el trabajo doméstico hacen de ella un lógico candidato a tareas que puedan ejecutarse en el seno de la unidad doméstica. Además, la idea en que es tenida por la sociedad y por ella misma como aportadora secundaria de ingreso la prepara para participar en trabajos inestables y de baja paga. Esto recorta las opciones de la mujer, hecho que no ha sido bien analizado en la bibliografía.

Por ejemplo, Davies (1979), aunque señala que muchos trabajadores del sector informal son "jornaleros en espera" (es decir, en espera de convertirse en asalariados en cuanto puedan obtener un trabajo), recalca que un gran número de ellos (50% en su muestra) no están realmente "en espera"; antes bien, afirma, escogieron deliberadamente trabajar en el sector informal. Sin embargo, Davies no establece diferencias entre hombres y mujeres ni entre distintos tipos de trabajo dentro del propio sector informal. Nuestros datos indican que muchos trabajadores a domicilio preferirían laborar en el sector formal para tener un trabajo más estable, mejor pagado y con prestaciones sociales. Pero también dejan en claro que eligieron dedicarse al trabajo a domicilio como resultado de su estrategia de combinar papeles y objetivos distintos. Es decir, las opciones de la mujer están sumamente limitadas y condicionadas por su papel doméstico, el cual, como se mostrará en el capítulo V, la afecta de diversa manera según su lugar en el ciclo vital de la familia. En este contexto es difícil tenerla por "jornalero en espera".[8] Como indica el cuadro IV.2, las razones de la carencia de opciones tenían que ver, ya fuese con limitaciones *directas* —que iban desde la objeción del marido al trabajo fuera de casa hasta el cuidado de los hijos—, o bien con limitaciones *indirectas*, tales como la carencia de alternativas de empleo, resultante de rasgos de clase y género. Los apremios altamente restrictivos impuestos a esas mujeres fueron de hecho la base de nuestra abrumadora conclusión sobre la carencia de opciones.

Dada esa realidad, la pregunta inmediata tiene que ver con las posibilidades de acción y protección legal en favor de las trabajadoras. Sin llegar a cambios radicales relativos a la propiedad, control y contactos con el mercado, ¿qué cabe recomendar para remediar la aflicción de las trabajadoras a domicilio? Probablemente están condenados al fracaso los intentos de hacer cumplir las leyes existentes que afectan el trabajo industrial a domicilio. Además de las dificultades de hacerlas cumplir por la dispersión de los destajistas y de las unidades domésticas, toda puesta en práctica de salarios mínimos o de otros requisitos legales que provocaran un aumento en el costo de producción correría el probable riesgo de suprimir el trabajo a domicilio. Esto sucedería porque esas medidas borrarían las ventajas de costo diferencial de la producción doméstica en que su existencia se funda. Por otro lado, todo intento de acción conjunta por parte de las trabajadoras es del todo inconcebible en tanto que su trabajo sea ilegal; tienen la tendencia a permanecer invisibles por miedo a perder el trabajo. Paradójicamente, hacer cumplir la ley equivaldría a la pérdida de la única fuente de ingresos con que cuentan muchas de las trabajadoras.

La sombría perspectiva derivada de estos objetivos contradictorios se

[8] Esto tiene derivaciones para la teoría de la oferta de mano de obra. Se ha señalado que la teoría convencional de oferta de mano de obra basada en decisiones individuales sobre la asignación de tiempo de trabajo no es aplicable a situaciones en las que hay mancomunamiento de ingresos dentro del hogar (García *et al.*, 1982). Se afirma que en este caso la base de análisis debería ser la unidad doméstica y no el individuo. Si bien este modelo es más apropiado para describir la realidad empírica de los pobres de la ciudad, no toma en cuenta el hecho de que la dinámica familiar implícita no afecta por igual a todos los miembros de la familia. Para la mujer suele significar la subordinación de las preferencias individuales ya sea a los miembros varones de la familia o a la ideología de la domesticidad. Desde la perspectiva femenina, el modelo es insuficiente porque no captura la especificidad de las relaciones de género, importante objetivo en el señalamiento de vías para el cambio.

refuerza porque el trabajo industrial a domicilio, en última instancia, no ofrece a la mujer ninguna apropiada solución a su subordinación, dependencia económica ni posibilidades de progreso. El trabajo no sólo se basa en las relaciones sociales existentes y en la división sexual del trabajo en el seno familiar, sino que las fortalece. Y si bien es importante por proporcionar a la mujer cierto ingreso propio —y la posibilidad de renegociar parcialmente el contrato matrimonial—, su insuficiencia y falta de seguridad no ofrecen ninguna solución satisfactoria a largo plazo.

Conclusiones

La existencia del trabajo industrial a domicilio en la ciudad de México y en otros países del Tercer Mundo muestra tendencias semejantes a las que han generado el crecimiento de la economía subterránea en el mundo industrializado. En la raíz del trabajo a domicilio está la búsqueda de procesos de producción más baratos, sobre todo para las tareas de mano de obra intensiva que generan considerables ahorros en tales costos. Además, el trabajo a domicilio contribuye a aumentar la flexibilidad en la oferta de mano de obra al utilizar un agrupamiento de mano de obra que se ajusta a las exigencias de la demanda sin reglamentación de horas ni de la duración del periodo trabajado. Este proceso puede tener dos dimensiones que representan: una, un desplazamiento de la producción de unidades grandes hacia otras más pequeñas, y la otra, un desplazamiento de los grandes centros industriales a los de menos concentración industrial, incluyendo zonas rurales, como en el caso de Italia (Garofoli, 1983).

En el Tercer Mundo esas tendencias se levantan sobre grandes reservas de mano de obra ya existentes con anterioridad y generadas por la dinámica del desarrollo y los procesos de migración y proletarización de la fuerza laboral. Como los salarios son inferiores a los de los países más industrializados, parecería que las empresas tendrían menor incentivo para sacar producción afuera. Sin embargo, en la medida en que las utilidades menguan y la presión del mercado se hace sentir, es probable que las empresas hagan uso de los mecanismos existentes ofrecidos por el sector informal para bajar los costos de producción. Ahora bien, al paso que la actual conversión de la producción a lo informal en los países más industrializados es nueva y se asienta en las reservas de fuerza laboral creadas por el alto nivel de desempleo, en cambio en el Tercer Mundo esa conversión a lo informal representa una continuación de viejos problemas generados por la incapacidad del desarrollo capitalista para absorber las reservas existentes de mano de obra.

En cualquiera de los casos, el trabajo a domicilio responde a una estrategia de *acumulación* para el capital y a una estrategia de *generación de ingreso* para los trabajadores. En este capítulo hemos afirmado que el género desempeña un importante papel en esas estrategias. En función de la acumulación, las mujeres que trabajan a domicilio representan la fuente de mano de obra más barata; en la ciudad de México constituyen una ilimitada reserva de mano de obra a consecuencia de su primordial concentración en el trabajo doméstico y en el cuidado de los hijos. Esta concentración proviene de una poderosa "ideología de la domesticidad" que afecta el desarrollo y las metas individuales, lo cual provoca una limitación de sus posibilidades de trabajo y capacidad para elegir, y proviene además de las estrategias económicas individuales y de las unidades domésticas para sobrevivir. Todos esos factores convergen en la creación de condiciones que producen el nivel extraordinariamente bajo de salarios que se encuentra entre las trabajadoras a domicilio. Aun dándose cuenta de que son explotadas, su disposición a dedicarse a esta clase de trabajo proviene de la fuerte necesidad de la unidad doméstica de generar nuevas fuentes de ingreso. Para la mujer representa el acceso a un ingreso sobre el cual tiene pleno dominio. Además representa una estrategia de generación de ingreso, así como la búsqueda de un menor grado de dependencia respecto a otros miembros de la unidad doméstica.

V. LAS TRAYECTORIAS DE CLASE, DE GÉNERO Y DE TRABAJO

En los capítulos precedentes hemos analizado cómo el capital integra y vuelve a crear los rasgos del género a través de todo el proceso de trabajo, los mecanismos de subcontratación y el propio trabajo industrial a domicilio. Esto significa que la expansión del capital representa, simultáneamente, la formación de una clase obrera fragmentada según líneas de género y una nueva fase en la construcción social del género producida por el propio proceso de proletarización.

En este capítulo se explorarán ciertas características de esa construcción entrelazada de las relaciones de clase y género al centrarse en las experiencias de familia, clase y género en busca de hitos históricos para ayudar a explicar la actual inserción de la mujer en el trabajo industrial a domicilio. Estos antecedentes resultarán útiles, además, para comprender cómo la mujer, en su vida cotidiana, vive y define la articulación de esas relaciones y cómo, en su calidad de actora humana intencionada (aunque restringida), idea el trabajo y otras estrategias para renegociar aspectos de las relaciones de género en el seno de la unidad doméstica. El análisis se centrará en dos zonas clave: primera, las relaciones que existen entre la clase de origen y el nivel educativo, por un lado, y las trayectorias premaritales de ocupación y de clase, por el otro; y segunda, las relaciones entre el matrimonio formal, la unión libre y la separación (donde proceda), la maternidad y las historias posmaritales de ocupación y de clase.[1]

Por lo general, las numerosas decisiones que afectan la vida de la mujer (tales como la escolaridad, el inicio del trabajo asalariado o el regreso a éste, el matrimonio, así como la primera experiencia sexual, la separación y las uniones posteriores, la maternidad y la subsiguiente reincorporación al mercado laboral) se interpretan como correspondientes al dominio individual o familiar, sin ningún reconocimiento de sus dimensiones de clase y género. Nuestro objetivo aquí consistirá, primero, en explorar si esas decisiones, que marcan hitos aparentemente "personales" en la vida de la mujer que trabaja a domicilio, han influido en su patrón de empleo a largo

[1] Debemos a Harold Benenson (1983) su noción de "etapas de transición en la vida de la mujer" y su influencia en la ubicación futura de la mujer en la estructura de clases. Ahora bien, hemos dado una nueva interpretación a esa comprensión conforme al marco teórico y conceptual desarrollado en el capítulo I.

plazo, y, de ser así, qué consecuencias han tenido. En segundo lugar, nuestra intención es señalar, con base en las historias de familia, clase y género de la mujer, ciertas características del proletariado y subproletariado de la ciudad de México, clases que experimentan un fluido proceso de formación y recomposición.

Fase premarital

Clase de origen

Los sociólogos y politólogos suelen dar especial importancia a la clase de origen del individuo en su explicación de una serie de variables, entre ellas el nivel educativo alcanzado, el tipo de socialización recibido, las opciones de vida y las aspiraciones. La determinación de esa clase no se considera problemática: está implícita la suposición de que la persona entrevistada viene de un núcleo familiar (tomado como sinónimo de hogar) que es estable, con un solo procurador del sustento —el marido o padre—, el cual, como jefe, es quien ha de determinar la posición de clase de la familia conforme a la ocupación de sus miembros y un medio cultural que permanecerá sin cambios fundamentales durante toda su existencia. Es plausible que esta visión estática, etnocéntrica y androcéntrica de las clases sociales tuviera una mayor sustentación empírica en los países capitalistas centrales, Inglaterra por ejemplo, durante la etapa histórica en que la clase obrera industrial se estaba consolidando. Junto al aumento en el salario real y al otorgamiento de un "sueldo familiar" al marido, este proceso permitió a la esposa retirarse a la vida doméstica, con periodos sólo esporádicos de trabajo pagado. El desenlace de este proceso fue el sistema de economía doméstica que Tilly y Scott (1978) llaman "Economía familiar del consumidor".

En un país capitalista periférico como México, en cambio, en que el proletariado industrial masculino está todavía en proceso de formación, parece adecuado volver a examinar estas premisas.

La definición de clases sociales/determinador de clase y etapa vital de origen. En la búsqueda de la clase de origen de las mujeres entrevistadas, salieron a la luz una serie de problemas conceptuales y empíricos interrelacionados: qué definición de clases sociales se debía aplicar; a quién se debía señalar como determinador de la posición de clase de la joven mujer, y qué periodo de su vida se debía escoger como aquel en que se estableció la clase de origen.

Todos los temas de este estudio pertenecen a las clases subordinadas de la sociedad capitalista: el proletariado, el subproletariado, la pequeña burguesía y el campesinado, ya sea en términos "puros" o en articulación simultánea de varias posiciones de clase.

El proletariado y el subproletariado se parecen en su carencia de propiedad económica y posesión de los medios de producción. Difieren, sin embargo, en la forma de ser remunerados. La característica distintiva del proletario o de la proletaria es que el salario que recibe es establecido por un contrato y está sujeto a leyes laborales existentes. En México, el proletariado es el sector compuesto por obreros que tienen un trabajo permanente (planta), ganan un salario mínimo legal, tienen acceso al sistema de seguridad social y suelen pertenecer al movimiento laboral organizado.

La distinción entre el empleo de reglamentación legal y el de salario ocasional es sumamente importante en términos socioeconómicos y políticos. Entrar en una relación laboral formal protege a los obreros contra el despido arbitrario, y la cobertura del seguro social representa un "salario indirecto" compuesto de programas de salud, pensiones de jubilación y otros diversos programas de seguro establecidos por la ley (Portes, 1984). Pertenecer al proletariado y no al subproletariado significa, por lo tanto, una sustancial diferencia en función de seguridad y estabilidad de la subsistencia familiar. Cuando esta diferencia de clase se combina además con el género (como en el caso de nuestra muestra), la dinámica familiar se afecta en consecuencia. La relación formal también tiene derivaciones políticas porque proporciona a los obreros condiciones sociales y económicas mínimas: estabilidad en el trabajo, sueldos relativamente altos, tiempo libre (en el caso de los varones) para dedicarse a luchas sindicales y políticas que son tradicionales para el proletariado.

El subproletariado, por el contrario, obtiene salarios ocasionales y no protegidos, no se beneficia de una relación contractual con el patrón y tampoco tiene acceso a la cobertura del seguro social. Las formas de remuneración son múltiples, pues comprenden no sólo una compensación en efectivo convenida de modo informal sino también formas distintas del efectivo, como alimentación y alojamiento. Como los salarios son inestables y suelen caer por debajo del mínimo legal, los miembros de esta clase se dedican por lo general a una diversidad de otras actividades generadoras de efectivo (como lo hacen las mujeres de nuestra muestra) y también pueden participar en la economía de subsistencia como campesinos en el proceso de proletarización. Para los fines de este estudio, y para poder aclarar la incorporación de la mujer al subproletariado,[2] encontramos de utilidad distinguir entre

[2] Esta conceptualización del subproletariado se funda en Singer (1981) y Portes (1983). Los sectores que distinguimos dentro de esta clase son de nuestra cosecha, puesto que la mayoría de los autores no distinguen entre servicios personales, trabajo hogareño y sectores autónomos. A nuestro modo de ver es importante esta distinción, porque en los dos primeros predomina la mujer (lo que no puede decirse del sector autónomo), y nos interesa saber cuántas

diversos sectores: 1) *subproletariado de salario general*: aquellos con empleo en empresas privadas o en el sector público y que por ello tienen mejor oportunidad de ascender a las filas del proletariado;[3] 2) *subproletariado que ofrece servicios personales*: quienes trabajan para el consumidor privado como sirvientes, lavanderas, choferes, jardineros, planchadoras; 3) *subproletariado autónomo:* compuesto por aquellos que ofrecen servicios o venden en el mercado artículos de consumo por su cuenta (buhoneros callejeros, cargadores, boleros, vendedores de alimentos, tejedores); 4) *subproletariado en trabajo industrial a domicilio,* los que tienen control, aunque parcial, sobre el proceso laboral y la propiedad de los instrumentos de producción en el caso de trabajo a domicilio en la industria del vestido. Esto sugiere la presencia de posiciones de clase mixtas o intermedias dentro de un continuo que abarca desde la proletarización completa hasta la simple producción de artículos de consumo.

La tercera clase subordinada es la pequeña burguesía: productores directos de artículos de consumo o proveedores de servicios que tienen la propiedad o la posesión de ciertos medios de producción, los cuales utilizan con ayuda de mano de obra familiar no pagada o de unos pocos trabajadores asalariados conseguidos mediante arreglos sin contrato. En el sector no agrícola, la pequeña burguesía se compone de pequeños tenderos, dueños y subcontratistas de talleres; y en el sector agrícola, contratistas que alquilan pandillas migratorias a empresas agrícolas o, lo que es más común, a granjeros comerciales.

En nuestra muestra no hay casos de la pequeña burguesía rural "pura". En cambio hay ejemplos del campesino que combina la agricultura de autoconsumo con la mano de obra ocasional en granjas mayores o en las ciudades y también puede aventurarse al cultivo comercial en diversas etapas de su vida. Cuando una mujer se refería a sus parientes masculinos o femeninos como "campesinos", por lo general quería decir *campesinos con tierra propia,* los cuales reunían esas otras características. En nuestro análisis, "campesino" tiene el significado de esa especial figura que articula la producción de autoconsumo o de subsistencia, la agricultura comercial

de las mujeres entrevistadas (y en qué etapas de su historia laboral) trabajaron en uno u otro de esos sectores. Por igual razón los cuadros V.3 y V.5 trazan, dentro del subproletariado de salario general, una distinción entre la mujer que trabaja en cualquier empresa privada (salvo en la industria del vestido) y la mujer que cose en talleres, y el cuadro V.6 distingue entre la mujer dedicada a una actividad autónoma y la que cose en casa.

[3] Según García, Muñoz y Oliveira (1982), las grandes empresas de la ciudad de México dan ocupación a obreros sobre base contractual (permanente), así como a trabajadores eventuales. Estos últimos pueden tener mejor oportunidad de acabar obteniendo la planta en determinada empresa que quienes carecen de experiencia anterior en la misma empresa o rama. Éste parece haber sido el caso de la mayoría de los maridos proletarios de nuestra muestra y de las pocas mujeres que también obtuvieron la planta.

y cierto grado de semiproletarización, y que parece ser típica de gran parte de la escena rural latinoamericana (Portes, 1984).

La determinación empírica de estas definiciones es especialmente compleja porque hemos de recurrir a una sección transversal de procesos históricos y confiar en los recuerdos de las mujeres entrevistadas como única fuente de información para el periodo escogido. Esta última advertencia se aplica también a nuestro siguiente problema conceptual y empírico: la identificación del determinador de clase de la joven mujer y la etapa de su vida que debe definirse como "de origen". En nuestra opinión no hay una solución sencilla a esos problemas.[4]

Para explorar la relación entre la clase de origen y el nivel de instrucción formal (y puesto que este último suele guardar relación con el acceso a recursos económicos y con el nivel de éstos) hubimos de adoptar el criterio del sostén económico. La persona que determine la clase de origen de la joven mujer será, por tanto, la fundamentalmente responsable de su sostén durante el periodo escogido como pertinente. Por igual razón hemos escogido como periodo crucial de origen la fase tardía de la niñez (de los 11 a los 12 años). La importancia de esta etapa reside en que, para la mayoría de las mujeres entrevistadas, en ese momento ha sido decidido el futuro educativo. Si la mujer ya ha iniciado una educación formal, en este periodo se decide si va a terminar la escuela primaria, si va a empezar su trayectoria de ocupación pagada (si no la ha empezado ya)[5] o si va a dedicar su tiempo a tareas hogareñas para que sea más fácil a otros miembros de la familia trabajar fuera de casa. La adopción de un criterio económico para la persona que fija la clase y la selección de la última fase de la niñez como periodo

[4] Si la investigación se centra en los aspectos "culturales" de la clase, y si la mujer entrevistada vive, durante su periodo de origen, en un grupo hogareño de medio cultural diferente del que habría tenido viviendo con la persona que la mantuvo económicamente, podría sostenerse que su clase de origen es la del jefe del hogar en que vivió, desdeñando un estricto criterio económico. Ésta es una situación frecuente cuando la mujer proviene de un hogar deshecho o que no llegó a constituirse con efectividad (hija de madre soltera) y es criada por parientes en zonas rurales de "cultura campesina", pero su principal apoyo económico proviene del ingreso de la madre y se deriva del trabajo doméstico o eventual de ésta en la ciudad. Una tercera parte de las mujeres con origen en el subproletariado de servicios personales fueron criadas por la abuela materna, y unas cuantas de otros sectores lo fueron por hermanas, tías y madrinas.

[5] También es posible que la mujer entrevistada tuviera su propia posición de clase cuando tenía 11 años, si empezó el trabajo de paga a temprana edad. En el caso de hijas de campesinos, en su mayoría habían participado en alguna clase de actividad agrícola cuando tenían 6 o 7 años. Algunas, además, acompañaban a sus padres en la misma región o viajaban a lugares más lejanos, y participaban en tareas de la recolección como miembros sin paga de un grupo familiar que trabajaba. Lo mismo puede decirse de hijas de jornaleros agrícolas. Como se dijo antes, otras mujeres se empleaban de modo intermitente como sirvientas domésticas en la ciudad cuando su salario hacía falta para el mantenimiento del hogar. Sin embargo, y según los historiales laborales, en el periodo que se consideró "de origen" las mujeres entrevistadas habían dependido en lo económico de otra persona o grupo familiar.

de origen, sin embargo, ponen límites a la posibilidad de que una persona sea el determinador de la clase, puesto que esta responsabilidad puede recaer en diversas personas según el periodo elegido: nacimiento, infancia, primera o segunda niñez, adolescencia. Además, el determinador o la determinadora de la clase puede cambiar por enfermedad, desempleo, abandono, incumplimiento de obligaciones o fallecimiento. Por otro lado, cabe en lo posible que no sea el determinador sino su situación la que cambie entre el nacimiento de la mujer entrevistada y el periodo de origen que se escogió.

Un modelo común en nuestra muestra es el de un padre que era campesino o jornalero agrícola cuando nació la mujer entrevistada, pero que después emigró a la ciudad de México y consiguió trabajo en una fábrica, abrió una tiendita o, lo que es más frecuente, ingresó en el subproletariado de la capital. Por lo general estos cambios de ocupación entrañan también cambios de situación de clase; éstos, a su vez, pueden significar distintas oportunidades de educación para las hijas, aunque esto, como es natural, depende además de la posición de la hija en las jerarquías de edad y género del hogar de origen.

Otro modelo muy frecuente se presentó cuando el mismo determinador de clase tuvo durante el periodo de origen múltiples inserciones de clase en forma simultánea o sucesiva. El padre podía ser campesino y dueño de una tiendita de abarrotes en la ciudad, o podía ser un campesino que se proletarizaba como jornalero agrícola durante la temporada de la cosecha, y obrero de la construcción en la ciudad de México durante el resto del año. En estos casos escogimos la situación de clase considerada más importante por la mujer entrevistada. Por último, cuando ambos progenitores trabajaban por un salario al mismo tiempo, tuvimos que decidir cuál era el determinador de clase. Por lo general se suponía que el ingreso de la madre era sencillamente un complemento del ingreso del padre, con lo cual éste se convertía en determinador de clase. Suponer *a priori* que la responsabilidad del sustento del hogar descansa en el padre, sin averiguar la importancia de la aportación de la madre (o la de otros miembros de la familia) nos haría culpables de androcentrismo. Pero la determinación empírica de una situación de tanta fluidez es una tarea compleja, y la historia de la señora Cuca es un ejemplo a la mano.

A la madre de Cuca se la "robó" el padre (la tomó por la fuerza); según cree Cuca, su padre fue un campesino que ya estaba casado y tenía hijos en otra ciudad. Cuca es el fruto de ese "robo", y su niñez se desenvuelve en medio de sucesivos cambios de residencia resultantes de las mudanzas de ocupación de su padre. Por último la madre se cansa de esta situación, abandona al padre, se lleva a la niña a vivir con la abuela materna y consigue trabajo como empleada doméstica en la ciudad de México; desde allí sigue sosteniendo a la hija hasta su propia muerte a consecuencia de un parto. La propia abuela, viuda muy pobre de un campesino con dos hijos que mantener, empieza a trabajar de jornalera. Cuca se queda en casa, cuidando de su hermanito y diciendo "ojalá que alguien me diera pechos para dar de comer a mi hermano, porque mi abuelita no tiene dinero para comprar qué comer". Cuando Cuca llega a los 10 años, su abuela la saca de la escuela y la manda a trabajar como sirvienta en la ciudad: "Era muy vieja y ya no podía mantener a mi hermano, de modo que necesitaba mi salario." Se quedó en la ciudad otro año hasta que fue llamada a casa para ayudar a la abuelita. ¿Cuál es la clase de origen de Cuca? Llegamos a diferentes determinaciones según la etapa de su vida (primer año, primera o segunda fase de la niñez) a que se le dé prioridad: su padre fue primero campesino y después se supone que fue miembro del subproletariado autónomo urbano; su madre y la propia Cuca pertenecieron a la misma clase, pero en el sector de servicios personales; su abuela era una campesina semiproletarizada. Cada una de esas posiciones de clase corresponde a realidades urbanas y rurales objetivamente diferentes y puede haber ejercido una diferente influencia respectiva sobre la educación de las mujeres entrevistadas. Conforme a los criterios que escogimos, consideramos que la abuela fue la determinadora de clase campesina, aunque tenemos en cuenta una vez más la fluidez de los procesos de formación y recomposición de clase y la dificultad de discernir sus características específicas.

Determinación empírica de la clase de origen. Este tipo de complejidad es normativo de la información presentada en el cuadro V.1, que muestra la distribución de las mujeres entrevistadas por clase de origen y determinador de clase.

El cuadro V.1 muestra que sólo 11% de las mujeres pertenecen al proletariado; en el sector no agrícola predomina el subproletariado (26.2%), mientras que los campesinos (31.7%) predominan en el sector agrícola. La mayoría de los determinadores de clase son padres (88%), pero también hay 10 madres y 3 parientes de otro tipo (un padrastro y dos abuelas). Entre los varones determinadores de clase encontramos una diversidad de clases y ocupaciones. En cambio, de las 12 mujeres determinadoras de clase, 80% pertenecen al subproletariado en servicios personales, el sector más pobre y más inestable de la clase obrera. También es digno de observar que cerca de 30% de las madres de las mujeres entrevistadas, aun sin ser cabezas de unidad doméstica, trabajaron por un salario durante el periodo de origen. Dentro del subproletariado, la posición de clase de las madres revela una concentración en las ramas autónoma y de servicios personales igual a la que, una generación más tarde, exhibirán sus hijas, y durante

CUADRO V.1. *Distribución de esposas por clase de origen, individuo determinante de la clase y número de madres con trabajo remunerado (%)*

		Individuo determinante de la clase			
Clase de origen	*%*	*Padre*	*Madre*	*Otros*	*Madres no determinantes de la clase*
Sector no agrícola					
Proletariado	11.2	12	10	—	7
Subproletariado					
Asalariado general	17.8	20	—	—	34
Servicios personales	8.4	—	80	33.33	—
Pequeña burguesía	15.9	15	10	33.33	21
Sector agrícola					
Subproletariado					
Asalariado general	13.1	16	—	—	28
Campesinos	31.7	35	—	33.33	7
Otros: fuerzas armadas	1.9	2	—	—	3
Total (N = 107)	*100*	*100*	*100*	*99.99*	*100*
% del total		*87.9*	*9.3*	*2.8*	*29.8*

una fase idéntica en la expansión del ciclo de vida familiar. La mayoría de esas madres son vendedoras de ropa, alimentos y artículos para el hogar, o criadas y lavanderas; una minoría son trabajadoras domésticas de entrada por salida, jornaleras agrícolas y empleadas en fondas y restaurantes.

Resumiendo: en el sector no agrícola, el origen de clase de la mayoría de las mujeres entrevistadas es el subproletariado asalariado general (si el determinador de clase fue el padre) o el subproletariado en servicios personales (si el determinador de clase fue la madre). Dentro del sector agrícola, la mayoría son campesinos muy pobres que están en el proceso de semiproletarización como obreros de la construcción en las ciudades o como jornaleros. Podemos concluir, pues, que sólo un pequeño número de mujeres —aquellas cuya clase de origen es el proletariado, la pequeña burguesía urbana o el campesinado medio— proceden de hogares modestos que, sin embargo, tienen un nivel de ingresos relativamente estable. Lo económicamente precario del resto de los hogares se refleja en el nivel educativo alcanzado por la mayoría de las mujeres entrevistadas.

Nivel educativo. Conforme a nuestra hipótesis inicial, esperábamos que, dentro del sector no agrícola, las trabajadoras a domicilio cuya clase de origen era el proletariado o la pequeña burguesía tendrían un nivel más alto de educación formal, dada la estabilidad y el mayor nivel de ingresos que suele acompañar a esas posiciones de clase.[6] Esperábamos que esa relación se mantuviera también dentro del sector agrícola, al comparar el nivel educativo de las mujeres de las anteriores clases con el de las mujeres del subproletariado agrícola o del campesinado. Esta hipótesis se confirma con los datos del cuadro V.2.

Según muestra el cuadro V.2, 92% de las mujeres de origen proletario y 71% entre la pequeña burguesía terminaron la educación primaria; es en estas clases donde hallamos la mayoría de las trabajadoras industriales a domicilio: las que han tenido estudios técnicos y vocacionales (especialmente cursos de comercio, de secretaria y de salones de belleza) o tienen educación de escuela secundaria. La única estudiante universitaria de la muestra proviene también de la pequeña burguesía. El nivel educativo más bajo se observa entre las mujeres cuya clase de origen es el subproletariado en servicios personales (de las cuales cerca de 90% no terminaron la primaria), el subproletariado agrícola y el campesinado.

No debe suponerse, sin embargo, que exista siempre una relación directa entre la clase de origen y el nivel educativo. La hipótesis supone que cuanto más alto sea el nivel de ingresos y la estabilidad en el trabajo del varón cabeza de la unidad doméstica, tanto mayor será su aportación al fondo

[6] Para la ciudad de México esta relación fue confirmada por García, Muñoz y Oliveira (1982).

CUADRO V.2. *Distribución de esposas por clase de origen y nivel de instrucción (%)*

Clase de origen	*Sin haber terminado la escuela primaria*				*Con la primaria terminada o más*						
	Analfa-betas	*1-3 años*	*4-5 años*	*Subtotal*	*Sin secun-daria*	*Primaria y escuela técnica*	*Secunda-ria**	*Secunda-ria y escuela técnica*	*Prepara-toria***	*Subtotal*	*Total*
Sector no agrícola											
Proletariado	—	8	—	8	52	8	16	16	—	92	100
Subproletariado											
Asalariado general	5	32	21	58	32	—	—	5	5	42	100
Servicios personales	22	45	22	89	—	11	—	—	—	11	100
Pequeña burguesía	—	23	6	29	29	18	18	—	6	71	100
Sector agrícola											
Subproletariado											
Asalariado general	14	43	29	86	14	—	—	—	—	14	100
Campesinos	18	41	20	79	18	3	—	—	—	21	100
Otros: fuerzas armadas	—	—	—	—	50	—	50	—	—	100	100
% del total (N = *107*)				*60*						*40*	

* Incompleta en dos casos.
** Estudiantes en el momento del trabajo de campo

común de dicha unidad, lo que a su vez facilitará un más alto nivel educativo para su hija. Pero en muchos casos no se confirma esta suposición debido al incumplimiento de las obligaciones del padre, a su alcoholismo, ausencia y/o abandono temporal del hogar. Además, la posición de las mujeres en las jerarquías de edad de la unidad doméstica relaciona su futuro nivel educativo con los cambios de ocupación del cabeza de la unidad doméstica y con la posible aportación económica de otros miembros del grupo familiar. También es importante el contexto histórico o geográfico del periodo de origen respecto al acceso a la escuela, lo cual afecta en especial a las mujeres de edad madura con antecedentes de campesino o de jornalero agrícola.

Carecemos de datos sistemáticos sobre la influencia del género en la relación entre la clase de origen y el nivel educativo, pero la investigación de Cohen (1983) sobre los modelos de socialización de género para una submuestra sobre trabajadores industriales a domicilio indica una estricta división sexual del trabajo en la familia de origen. A temprana edad se asignaban a las muchachas responsabilidades de labores domésticas y cuidado de los niños, y durante la niñez de la mujer se le inculcaban valores domésticos tradicionales. Estos hallazgos sugieren que muchas jóvenes son preteridas al escoger a los miembros del hogar que deban recibir una educación elemental. Al mismo tiempo, mediante una socialización diferenciada, las muchachas adquieren rasgos de género que influyen en el carácter de su proletarización adulta.

En suma, la relación entre la clase de origen y el nivel educativo es afectada por la naturaleza de la acción recíproca de la familia y sus jerarquías internas —en diversas etapas del ciclo de vida familiar— así como en su contexto histórico y geográfico. Así, el nivel educativo de las mujeres entrevistadas forma parte de un juego sumamente complejo de decisiones que también abarca su ingreso inmediato o futuro en el mercado laboral y su posible papel de madre sustituta para los hermanos y hermanas más chicos. Todas las decisiones vitales para su futuro fueron tomadas durante su niñez, y casi siempre estuvieron fuera de su control. Es posible que la penuria económica no haya sido siempre tan urgente como para sacar a las niñas de la escuela inmediatamente, pero sobre todo en las zonas rurales no parece que la educación de la mujer haya sido tenida en gran valor por los padres, ni en muchos casos por la propia muchacha. Unida a la penuria económica, esta actitud alienta su temprano ingreso en el mercado laboral y la interrupción definitiva de su escolaridad formal.[7]

Trayectorias de trabajo antes del matrimonio. Según puede observarse

[7] El papel de la madre de la mujer entrevistada parece haber sido fundamental en la decisión sobre la forma y calidad de organización del trabajo doméstico, cuáles de las hijas trabajarían fuera del hogar o seguirían en la escuela, cómo se articularía la relación del trabajo doméstico, especialmente respecto al cuidado de los hermanitos y hermanitas. Esta esfera de

en el cuadro V.3, 75% de la muestra de mujeres se dedicaban al trabajo remunerado antes de casarse. Dado el encadenamiento entre la clase de origen de la mujer y su nivel educativo, ¿es posible descubrir alguna relación entre las dos cosas y sus historias típicas de ocupación y de clase en la etapa premarital?

El cuadro V.3 muestra la posición de clase de las 75 esposas que trabajaban de solteras en el "momento" prenupcial; la época de la primera unión libre o matrimonio religioso o civil. Sólo 11% de esas mujeres pertenecían al proletariado, mientras que cerca de 90% pertenecían al subproletariado urbano, principalmente en los sectores de asalariados generales (45%) y servicios personales (36%).

Salvo dos excepciones, el resto de las mujeres con trabajo permanente tenían educación elemental y, en el caso de la cultora de belleza y de la secretaria, habían terminado un curso técnico. La propietaria del salón de belleza, única mujer de la pequeña burguesía en la muestra, había terminado un curso de belleza y una educación formal de escuela superior.

El subproletariado, en cambio, muestra mayor heterogeneidad respecto al nivel educativo de la mujer. Veamos primero el subproletariado de asalariados generales. Su categoría no manual se compone de cuatro trabajadoras: una mecanógrafa, una secretaria, una enfermera y una telefonista. Las cuatro habían terminado la primaria o la secundaria y habían tomado cursos de comercio, de secretaria o de primeros auxilios. En las categorías manuales encontramos que alrededor de la mitad de las mujeres habían vivido cambios de ocupación entre diversos sectores del subproletariado urbano —en particular de servicios personales a actividades de asalariado general—, modelo de movilidad que las mujeres tuvieron por progreso profesional. Esto es comprensible si tenemos en cuenta que 56% de las mujeres de este sector no habían acabado la primaria.

El subproletariado en servicios personales se caracteriza por su bajo nivel educativo (sólo 15% de las mujeres acabaron la primaria) y por su antecedente de clase; casi todas ellas tienen su origen en el subproletariado agrícola o en la clase campesina. Además son mujeres que empezaron a trabajar en forma intermitente a temprana edad de sirvientas o jornaleras

decisión femenina subsiste en el hogar actual de las trabajadoras industriales a domicilio (véase el capítulo VI).

También queremos señalar que esta imagen es distinta de los hallazgos de Benenson (1983) sobre los Estados Unidos, donde un embarazo precoz o un matrimonio de adolescentes suele significar la cesación de la educación formal y descarta la posibilidad de adquirir destreza y experiencia laborales siendo solteras. Dentro de nuestra muestra, las decisiones giran en torno a saber si la joven va a seguir yendo a la escuela, si va a trabajar por un salario con mayor o menor regularidad o si va a sustituir a la madre en el hogar. El matrimonio o el acostarse por primera vez con un hombre no detienen la educación tan imperiosamente como lo hace un historial de rudo y decepcionante trabajo durante la soltería.

agrícolas antes de emigrar a la ciudad de México. La mudanza entre trabajos temporales y responsabilidades hogareñas entrañaba que la mayoría de esas mujeres tuviera poca escolaridad o ninguna (fuesen en realidad analfabetas) o asistieran a la escuela con poca frecuencia al hallarse de vuelta en el hogar antes de entrar en casa de una nueva patrona, la cual, por regla general, no volvía a mandar a la escuela a las jovencitas. (Este modelo halla su ejemplo en la historia de trabajo tempranero de doña Soledad; véase el apéndice.)

A manera de síntesis podemos decir que en el seno de determinada clase de origen las decisiones relativas al nivel de escolaridad de la mujer parecen haber desempeñado un papel fundamental en sus trayectorias premaritales de ocupación y de clase. Las mujeres analfabetas o que sólo han terminado dos o tres años de escuela permanecen en las filas del subproletariado en servicios personales. Las que fueron un poco más allá de este mínimo podrían tener una oportunidad de movilidad ascendente hacia el subproletariado de asalariados generales como costureras en talleres, meseras o cocineras en restaurantes o fondas. Para trabajar en las fábricas y en general para llegar a miembro del proletariado se ha venido exigiendo cada vez más el certificado de primaria. Las actividades no manuales requieren mayor comprobación de competencia: educación secundaria o títulos de escuelas técnicas especializadas. Nuestros hallazgos coinciden, pues, con los reportados en un nivel general para la ciudad de México por García, Muñoz y Oliveira (1982).

¿Qué consecuencias tienen estos procesos para la repetición de las relaciones de clase y género? Puesto que el nivel educativo está íntimamente ligado a la clase de origen y a sus divisiones internas, actúa como mecanismo para que se repitan las diferencias dentro de una clase y entre una clase y otra de una generación a la siguiente,[8] mientras a la vez separa a unas mujeres de otras. En nuestra muestra las hijas del proletariado o de la pequeña burguesía con educación primaria o secundaria tuvieron más acceso al proletariado no manual o manual que sus congéneres del subproletariado en servicios personales, el subproletariado agrícola o el campesinado. El nivel de escolaridad y las trayectorias laborales no sólo repiten las desigualdades de clase sino también las jerarquías de género, a través de la división sexual del trabajo que reina en los diversos procesos de incorporación a la fuerza de trabajo asalariada.

Esto se muestra primero en la división horizontal del trabajo producida por la concentración de la mujer en actividades "femeninas" que refuerzan

[8] Es indudable que la educación formal afecta no sólo elementos de clase sino también de género (y tal vez de etnia y raza); pero este problema se sale de los límites de nuestra investigación.

CUADRO V.3. *Posición de clase de esposas que trabajaban de solteras: al momento de casarse, por clase de origen y nivel de instrucción*

	Posición de clase al momento de casarse									
	Proletariado		*Subproletariado*							
			Asalariado general							
Clase de origen y nivel de instrucción	*(1)**	*(2)*	*(3)*	*(4)*	*(5)*	*(6)*	*(7)*	*(8)*	*(9)*	*Total*
Sector no agrícola										
Proletariado										
Menos de primaria	—	—	—	—	—	—	1	—	—	1
Primaria o más	1	1	3	2	—	—	—	—	1	8
Subproletariado										
Asalariado general										
Menos de primaria	—	—	4	—	—	—	3	1	—	8
Primaria o más	2	—	3	—	—	1	1	—	—	7
Servicios personales										
Menos de primaria	—	—	3	—	2	—	1	—	—	6
Primaria o más	—	—	—	1	—	—	—	—	—	1
Pequeña burguesía										
Menos de primaria	1	—	1	—	—	—	2	—	—	4
Primaria o más	2	—	2	1	1	—	—	1	—	7
Sector agrícola										
Subproletariado										
Asalariado general										
Menos de primaria	1	—	2	—	1	—	6	1	—	11
Primaria o más	—	—	—	—	1	—	1	—	—	2

	(1)	(2)	(3)	(4)	(5)	(6)	(7)	(8)	(9)	Total
Campesinos										
Menos de primaria	—	—	6	—	—	1	10	—	—	17
Primaria o más	—	—	—	—	1	—	2	—	—	3
Total	*7*	*1*	*24*	*4*	*6*	*2*	*27*	*3*	*1*	*75*
% del total	*11*		*37*		*8*	*3*	*36*	*4*	*1*	*(100)*

NOTA: "Casarse" indica matrimonio civil o religioso o unión libre.

* (1) = proletariado manual; (2) = proletariado no manual; (3) = subproletariado manual; (4) = subproletariado no manual; (5) = costureras en talleres; (6) = trabajo a domicilio; (7) = servicios personales; (8) = autónomo; (9) = pequeña burguesía.

el género y suelen ser de categoría inferior y peor pagadas que las ocupaciones masculinas. La relación de trabajos desempeñados por mujeres jóvenes las hizo aparecer en ramas tradicionalmente vinculadas a la mujer o que constituían una ampliación de su papel doméstico: costureras, servicios personales, cultoras de belleza y mujeres que preparan y sirven alimentos en los restaurantes. En la industria estaban concentradas en las ramas que requerían destreza manual y la paciencia comúnmente atribuida a la "naturaleza" femenina (fabricación de ropa, armado de juguetes, condensadores y televisores y otros componentes de máquinas).

En segundo lugar, la división vertical del trabajo por sexos también contribuye al proceso de nueva creación o refuerzo del género. Ninguna asalariada de nuestra muestra, manual o no, tenía un puesto de supervisión ni había avanzado más allá del estrato más bajo de la pirámide ocupacional. De esta manera el ingreso de la mujer en el proletariado o en el subproletariado repite en forma típica las jerarquías de género en el corazón de la propia clase obrera.

Las mujeres de nuestra muestra, pues, participaron sólo indirectamente en la creación y consolidación del proletariado industrial de la ciudad de México —posición de clase monopolizada por los varones— en las décadas de 1960 y 1970. Es más, puesto que el ingreso de las jóvenes solteras suele ser confiscado por el hogar de origen, cabe preguntarse con toda justicia hasta qué grado contribuyó su subproletarización premarital a la proletarización del padre y de los hermanos o a la reproducción de la economía campesina. No tenemos datos para aclarar este punto. Nuestros datos, empero, sugieren que mediante la subproletarización de la mujer en servicios personales y como asalariada general durante un periodo de creciente proletarización masculina, la brecha entre géneros se fue ensanchando a la vez que la fragmentación de la clase trabajadora se robustecía siguiendo las mismas líneas de género.

Fase posmarital

Matrimonios y maridos

Hay una serie de razones para que las jóvenes provenientes de hogares desposeídos en lo económico y en lo emocional busquen una salida a las limitaciones de su vida mediante la cohabitación o el matrimonio.[9] Por un

[9] En el momento de nuestro trabajo de campo, sólo 15% de las mujeres entrevistadas vivían en unión libre: en la mitad de los casos, sin embargo, el matrimonio civil o el religioso se habían celebrado después de la unión libre, incluso meses o años después de establecida la relación.

lado hay factores relacionados con la dinámica familiar que están encajados en las historias de clase y género descritas más arriba: la realidad de una vida familiar cotidiana que la mayoría de las mujeres describen como carente de afecto, compañía y comunicación con los progenitores, vivida en una atmósfera de violencia verbal y a menudo física en el hogar; las jóvenes han querido forjarse un espacio mínimo en el que pudieran controlar mejor su vida. Confiaban en hallar eso como esposa y madre en su nuevo hogar. Algunas de ellas buscaron seguridad económica y protección masculina, otras afecto, si no es que amor. Por otro lado, los rasgos de la mayoría de las trayectorias de trabajo hacían pensar en ocupaciones de callejón sin salida, sin atractivo intrínseco ni seguridad contractual ni social; esto ayuda a explicar por qué la disyuntiva ante tales faenas —el matrimonio o el concubinato— les ha parecido más lógica y atractiva a la vista.

La edad a la que esas mujeres se juntan o se casan por primera vez oscila entre los 14 y los 23 años. En cada clase social y nivel educativo, las mujeres que habían trabajado de solteras se casaron, por término medio, a una edad mayor que quienes no lo habían hecho.[10] Para las que trabajaron de solteras, el promedio de edad va desde los 16 años 6 meses en las de origen subproletario de salario general hasta los 23 años en las de origen campesino. Para las mujeres que no trabajaron de solteras, el promedio es de 15 años 6 meses en las del subproletariado en servicios personales y 19 años 6 meses en las de origen campesino.

¿Quiénes son los maridos de las mujeres entrevistadas? El cuadro V.4 muestra su distribución según nivel educativo y posición de clase al empezar el periodo de unión libre o de matrimonio.

Se puede ver que 25% de los maridos pertenecían al proletariado, en comparación con sólo 11% de las mujeres que trabajaron de solteras (como se ve en el cuadro V.3). Además, cuatro de los maridos (en comparación con sólo una de las mujeres) tenían ocupaciones no manuales: un ingeniero, un tenedor de libros, un empleado administrativo y el encargado de una tortillería.[11] Un 52% de los hombres pertenecían al subproletariado no agrí-

[10] El "estilo" de la interacción hogareña premarital puede contribuir a que sean "expulsadas" con mayor rapidez de la unidad doméstica de origen las trabajadoras que de solteras estuvieron insatisfechas con su trabajo o que por su bajo nivel educativo tuvieron menor posibilidad de futuro progreso en su ocupación.

[11] Tanto el proletariado como el subproletariado están lejos de ser homogéneos, y ha surgido un animado debate sobre sus distintos sectores. Es de particular importancia el relativo al carácter de los sectores profesional, técnico, gerencial y administrativo. Estos asalariados no manuales conforman una "nueva pequeña burguesía", según Poulantzas (1973, 1975); pertenecen a una "clase profesionista-gerencial", según Ehrenreich y Ehrenreich (1979); y a la "clase profesionista-técnica" (Portes, 1984); u ocupan "puestos contradictorios dentro de las relaciones de clase" (Wright, 1978). Las esposas no pudieron describir con precisión si el marido tenía o no tenía control sobre el poder laboral de otros, criterio básico para considerarse miembro

CUADRO V.4. *Distribución de los maridos en el momento del matrimonio, por posición de clase y nivel de escolaridad (%)*

	Sector no agrícola					*Sector agrícola*				
	Proletariado		*Subproletariado*		*Pequeña burguesía*	*Subproletariado*	*Campesino*			
Nivel de escolaridad	*Manual*	*No Manual*	*Asalariado general*	*Autónomo*		*Asalariado general*		*Otros: fuerzas armadas*	*Desempleados*	*Total*
Menos de primaria	4.6	—	30	1.9	—	3.7	3.7	—	—	43.9
Primaria	11.0	—	15	1.9	0.9	—	0.9	4.7	0.9	35.3
Secundaria o técnica	5.6	1.9	2.8	—	2.8	—	—	4.9	0.9	18.9
Preparatoria	—	1.9	—	—	—	—	—	—	—	1.9
Total (N = *107)*										*100.00*
% total	*25*		*51.6*		*3.7*	*3.7*	*4.6*	*9.6*	*1.8*	

cola (en comparación con 88% de las mujeres); sin embargo, pertenecían a sectores distintos que las mujeres. Entre los hombres del subproletariado, la mayoría (93%) son obreros de salario general, entre los que existe mayor posibilidad de alcanzar la estabilidad ocupacional. En contraste, 52% de las mujeres pertenecen a este sector, pero el sector de servicios personales —que no existe entre los hombres y que no ofrece oportunidad de progreso profesional— compone 41% del subproletariado femenino (cuadro V.3).

En cuanto al nivel educativo de los hombres: 44% de ellos no han terminado la primaria (en comparación con 60% de las mujeres, según puede verse en el cuadro V.2). Dentro del más amplio sector de los que terminaron la primaria o tienen mayor instrucción, en el momento de las entrevistas 52% de ellos habían alcanzado un nivel intermedio —secundaria o nivel técnico— y dos habían asistido a una universidad: un ingeniero electrónico y un estudiante avanzado de leyes. El nivel educativo general es, pues, marcadamente superior al de las mujeres.

Por último, en cuanto a la edad, los hombres (con una excepción) son mayores que las mujeres, y las diferencias de edad van desde unos cuantos meses hasta 15 años, siendo en promedio de 4 años.

En resumen, los hombres, en función de indicadores tales como el nivel educativo y la posición de clase, estaban en mejor posición que sus respectivas mujeres. Desde luego, la mitad de ellos no tenían estabilidad en el trabajo, pero ocupaban puestos que les permitirían alcanzarla más adelante. Ése no fue el caso entre las mujeres de la muestra. Los hombres eran de mayor edad y tenían mayores recursos educativos y económicos en el momento de casarse, situación que influyó en la resultante acción recíproca marital. Volveremos sobre esto en los capítulos VI y VII.

Historias de trabajo posmaritales

El comienzo de la unión libre o del matrimonio o el de la maternidad (y ésta, en todas las esposas que además eran madres, se presentó en el primer año del matrimonio o cohabitación) marca la interrupción del trabajo remunerado en 80% de las mujeres que habían trabajado de solteras.[12] Si incluimos además a las que no habían tenido actividad prenupcial remu-

de esa clase. Creemos que los cuatro maridos eran empleados subalternos de oficina, fracción no manual del proletariado, y los hemos registrado como tales.

[12] Quince trabajadoras no interrumpieron su actividad laboral remunerada ni al casarse ni ante la inminencia de la maternidad, pero la mayoría de estas mujeres cambiaron desde luego de clase de trabajo, prefiriendo actividades en los sectores autónomo y de servicios personales o cierta clase de trabajo industrial a domicilio. Cuarenta por ciento de esas mujeres viven en unión libre, lo cual sugiere que las mujeres con esta clase de relación se sienten menos seguras y le dan más importancia a un ingreso independiente.

nerada, encontramos que el matrimonio o la inminencia de la maternidad saca del mercado laboral a 87% de las mujeres entrevistadas.

Esta situación no debe interpretarse como prueba de que el hombre, en todos los casos, quisiera o pudiera sustentar a su esposa; en cambio debe considerarse como expresión inicial de algunas de las reciprocidades entendidas entre cónyuges: abastecimiento económico por parte del esposo, trabajo doméstico gratuito por parte de su esposa. En el caso de los hombres con un trabajo estable, y especialmente en las relaciones de una mayor diferencia de edades, la nueva pareja podía rentar un cuarto en una vecindad y vivir con independencia. Éste no era el caso de la mayoría, pues la pareja se veía obligada a traer una cama o un petate y a dormir en el hogar de los padres. Por lo menos para la mitad de las esposas, el dejar de trabajar no significó independencia económica en el nuevo núcleo familiar, sino más bien la posibilidad de unir fuerzas con otra unidad doméstica o grupo familiar ya existente y de compartir los gastos. Por lo tanto, en el inicio del periodo de unión libre o matrimonio, la formación de una unidad doméstica extendida representaba una forma de lucha por la sobrevivencia económica que facilitaba el retiro temporal de la esposa del mercado laboral. Esta interrupción era generalmente de corta duración; en 71.7% de los casos el reingreso al trabajo remunerado ocurrió en plena formación o expansión del nuevo núcleo familiar. Este hallazgo choca con la premisa de que el retiro de la mujer del mercado laboral es supuestamente mayor en esta etapa (sin contar el trabajo agrícola gratuito efectuado por las mujeres de los campesinos). Así pues, el matrimonio, y en especial la maternidad, no han impedido la reincorporación de la mujer al trabajo remunerado, pero han influido en las pautas del empleo.[13]

Deben distinguirse dos diferentes trayectorias de trabajo, cada una correspondiente a la mitad de las mujeres entrevistadas, como lo señala el cuadro V.5.

La primera trayectoria de trabajo se compone de 54 mujeres que empezaron su trabajo posterior al matrimonio en cierto tipo de trabajo industrial a domicilio,[14] y en el momento de nuestro trabajo de campo seguían

[13] Nos hubiera gustado comparar a las mujeres de alta y baja fecundidad comprendidas en la muestra para ver hasta qué punto divide la reproducción a las mujeres dentro de la misma clase (Petchesky, 1983), pero esto no fue posible porque nuestra muestra abarca mujeres situadas en diversas etapas del ciclo familiar y, en general, estamos tratando con mujeres de alta fecundidad. Lo que sí hacemos es considerar la influencia divisiva de la reproducción desde otra perspectiva, comparando las diversas inserciones en clase de las mismas mujeres en diversas etapas del mismo ciclo.

[14] Si bien empiezan con trabajo industrial a domicilio su carrera posterior al matrimonio, cinco de estas mujeres ingresan más adelante a otro campo de actividad remunerada (como sirvientas pagadas por hora, una obrera eventual de fábrica y una trabajadora autónoma) y temporalmente dejan de realizar trabajo industrial a domicilio durante emergencias o cuando se presenta una marcada mengua en la posibilidad de conseguir trabajo industrial a domicilio. Cuando se ha superado esa situación, regresan; en el momento de este estudio estaban rea-

trabajando en casa; en algunos casos el trabajo industrial a domicilio se combinaba con otras actividades remuneradas (véase cuadro V.6).

La segunda trayectoria de trabajo abarca mujeres con una historia de ocupación precedente al trabajo a domicilio. El cuadro V.5 muestra la posición de clase correspondiente a la primera inserción en la fuerza laboral después del matrimonio y antes del trabajo a domicilio. Esto abarca las mujeres que al casarse no interrumpieron su trabajo remunerado, si bien pudieron haber cambiado de tipo de actividad (véase la nota 12).

Sólo dos trabajadoras (3.5%) pertenecen al proletariado manual y llevan trabajando respectivamente 11 y 15 años en una fábrica de artículos de cuero y en una de pantallas para lámparas. Dos costureras, de la pequeña burguesía, son dueñas de un taller de costura, que posteriormente cerraron para seguir trabajando vestidos a domicilio.

Las demás mujeres pertenecen al subproletariado urbano, en el que se concentran 93% de las mujeres con trayectoria laboral posterior al matrimonio antes de dedicarse al trabajo industrial a domicilio. Dentro del subproletariado, el sector más importante es el de servicios personales, seguido por las trabajadoras de salario general y las autónomas (43, 31 y 26%, respectivamente). Examinaremos algunos ejemplos de las actividades de estas mujeres para aclarar la naturaleza de las trayectorias posteriores al matrimonio.

El subproletariado en servicios personales incluye sirvientas pagadas por hora y lavanderas. El subproletariado autónomo comprende mujeres que venden productos de belleza, cobijas, fruta, alimentos, dulces y ropa en el propio zaguán, verduras en su casa; que preparan y venden quesadillas y paletas de nieve, ponen inyecciones y sirven comidas, tejen tapetitos y muñecas, son costureras independientes y, en un caso, una peluquera sin salón. Por último, el subproletariado de salario general incluye obreras manuales en una tortillería, en una imprenta, en el metro, en fondas y mercados, además de 4 trabajadoras en fábricas de dulces, de ropa de punto, de navajas de rasurar y 4 costureras en talleres.

Cabe señalar que 40% de las mujeres con historia de una ocupación anterior al trabajo a domicilio tuvieron otras inserciones laborales después de las detalladas más arriba y antes del trabajo a domicilio. En tres casos esas inserciones entrañaron un cambio de posición de clase, del proletariado en una fábrica al subproletariado en servicios personales, del subproletariado autónomo a posiciones en la pequeña burguesía (dueñas respectivamente de una ferretería y de una tienda de abarrotes).

En los restantes casos, los cambios de empleo se limitaron a desplaza-

lizando trabajo industrial a domicilio, ya fuera en forma exclusiva o combinado con alguna otra actividad (véase el cuadro V.6).

CUADRO V.5. *Posición de clase de las esposas después del matrimonio, por clase de origen y nivel de escolaridad*

	Subproletariado	*Proletariado*	*Subproletariado*					
			Asalariado general					
Clase de origen y nivel de escolaridad	*Trabajo industrial a domicilio*	*(1)*	*(2)*	*(3)*	*Servicios personales*	*Autónomo*	*Pequeña burguesía*	*Total*
Sector no agrícola								
Proletariado								
Menos de primaria	—	1	—	—	—	—	—	1
Primaria o más	10	—	—	—	—	1	—	11
Subproletariado								
Asalariado general								
Menos de primaria	5	1	—	1	4	—	—	11
Primaria o más	5	—	1	—	1	1	—	8
Servicios personales								
Menos de primaria	2	—	2	—	3	1	—	8
Primaria o más	—	—	1	—	—	—	—	1
Pequeña burguesía								
Menos de primaria	2	—	2	—	—	1	—	5
Primaria o más	5	—	1	—	1	4	1	12
Sector agrícola								
Subproletariado								
Asalariado general								
Menos de primaria	4	—	2	2	1	3	—	12

Primaria o más	1	—	—	—	—	—	1	2
Campesinos								
Menos de primaria	14	—	1	—	11	1	—	27
Primaria o más	5	—	—	1	—	1	—	7
Otros: fuerzas armadas								
Primaria o más	1	—	1	—	—	—	—	2
Total	*54*	*2*	*11*	*4*	*21*	*13*	*2*	*107 (100%)*
Total de esposas con trayectoria ocupacional anterior al trabajo a domicilio								*53 (100%)*
% del total		*3.5*	*21*	*7.5*	*40*	*24.5*	*3.5*	

NOTA: La posición de clase es la de la primera inserción en la fuerza laboral después del matrimonio y antes del trabajo a domicilio. (1) = proletariado manual; (2) = subproletariado manual; (3) = costureras en talleres.

mientos entre sectores dentro del mismo subproletariado. La trayectoria de doña Lucía ilustra estos diversos desplazamientos antes de que emprendiera el trabajo industrial a domicilio. Primero fue obrera eventual en una fábrica de dulces; este puesto fue seguido de actividades autónomas (vender tortillas en la calle); otra vez trabajo asalariado eventual (en una fábrica de cacahuates); servicios personales (lavandera en varios periodos); y otra actividad autónoma más, esta vez vendiendo elotes.

Los dos tipos de trayectorias laborales posteriores al matrimonio mencionadas más arriba, es decir, el trabajo industrial a domicilio como primer trabajo (aunque en la actualidad pueda aparecer combinado con otros) y una historia de ocupación precedente al trabajo a domicilio, contribuyen a la creación del subproletariado en el trabajo industrial a domicilio como se origina en las redes de subcontratación estudiadas en el capítulo III.

El cuadro V.6 muestra la posición de clase y el ingreso total de las esposas en el momento de la investigación. Se observará que 65.4% son trabajadoras a domicilio solamente. El resto de las mujeres (con excepción de dos que articulan una doble inserción de clase como dueñas de una ferretería y una tienda de abarrotes y como trabajadoras a domicilio) combinan varias actividades dentro de distintos sectores del subproletariado urbano, en particular las categorías de servicios personales y autónoma descritas más arriba.

Los ingresos producidos por estas múltiples actividades son muy pequeños, a la vez que inestables. Casi 90% de las mujeres de nuestra muestra ganaban un ingreso inferior al salario mínimo legal.[15] Debe observarse que un ingreso más alto sale, ya sea de especies de trabajo a domicilio mejor remuneradas, como costura, adornos de encaje o selección de piezas de metal, o de inserciones laborales múltiples. La cultora de belleza, por ejemplo, ahora se dedica a pulir plásticos durante las vacaciones de sus hijos, va a casas particulares como peluquera de señoras, trabaja como costurera independiente y lava ropa ajena dos veces por semana.

La inestabilidad de ingresos se explica en parte por el carácter del trabajo a domicilio y las demás actividades a que se dedican las mujeres. La inestabilidad también proviene de la frecuencia con que las mujeres deseaban o podían dedicarse a esas actividades, según sus cambiantes estrategias laborales en diversas fases del ciclo familiar.

Los dos aspectos, el contexto macrosocial y la realidad concreta del microcosmos de la unidad doméstica, ayudan a explicar el carácter efímero del subproletariado de trabajo industrial a domicilio. Entre las mujeres

[15] Obsérvese que éstos son ingresos totales, al paso que en el capítulo IV nos referimos a ingresos derivados exclusivamente del trabajo industrial a domicilio para la muestra total de 140 mujeres. En los casos en que los ingresos igualan o superan al mínimo, las mujeres trabajan más de las 48 horas semanales requeridas para el mínimo de ley.

cuya trayectoria laboral posterior al matrimonio empieza con cierta clase de trabajo a domicilio, cerca de 90% llevan en el trabajo ya sea menos de un año o bien entre uno y cinco años. Entre las mujeres con una trayectoria de ocupación que precede al trabajo industrial a domicilio, encontramos prácticamente la misma distribución.[16]

Para recapitular sobre la influencia del matrimonio y la maternidad en las trayectorias de trabajo de las mujeres entrevistadas, empecemos por señalar ciertos rasgos comunes. Primero, con excepción de los trabajos permanentes que otorgan y exigen continuidad y estricto cumplimiento de horarios y las del subproletariado de salario general, en particular el trabajo temporal en las fábricas, la mayoría de las ocupaciones se caracterizan por la flexibilidad del horario de modo que se adapten a las contingencias cotidianas, al nacimiento de los hijos y a repentinos cambios causados por emergencias familiares. Así se facilita la conciliación entre el trabajo remunerado y las demandas maternales y domésticas. Las actividades de servicio personal abarcan trabajo doméstico por hora (no de pie) y el trabajo de lavanderas que, si bien han de salir de casa, no han de observar el estricto horario de una fábrica o de un taller. Las actividades autónomas ofrecen la misma ventaja y en muchos casos se ejecutan en casa, en el zaguán o, si mal va, en la esquina; esto se aplica a las mujeres que sirven comidas, venden dulces, fruta y helados; que tejen, confeccionan arreglos florales, etc. o trabajan de costureras independientes y en sus propios talleres.

En estos casos parece actuar un mecanismo de retroalimentación. Los dueños de fábricas tienden a preferir jóvenes solteras, mientras que las casadas con hijos, salvo que las necesidades económicas las apremien (por ejemplo en los periodos en que son cabezas de la unidad doméstica), prefieren horarios más flexibles en esa etapa de su vida.

Un segundo rasgo que guarda estrecha relación tiene que ver con el carácter intermitente de las inserciones en el trabajo remunerado por parte de la mujer. Las esposas o madres entran en el mercado laboral por cortos periodos o ejecutan a la vez varias actividades remuneradas.[17] Lo que hagan

[16] Si bien es cierto que todo trabajo industrial a domicilio es inestable, en ciertas zonas sí existe una relativa estabilidad; por ejemplo, en costura, encaje, dulces y juguetes, en el sentido de que aun pudiendo variar o interrumpirse el abasto semanal o mensual, éste dura todo el año. Al considerar el número total de años empleados en el trabajo industrial a domicilio, se tomaron en cuenta tanto esta clase de continuidad como todas las clases de trabajo industrial a domicilio y el tiempo trabajado al año (aunque se interrumpiera por periodos de actividad no remunerada). Por estas razones, y porque nos estamos refiriendo sólo a las esposas y no al número total de mujeres de la muestra, no es posible comparar estos datos con los analizados en el capítulo IV.

[17] Dentro del subproletariado de asalariados generales, el tiempo empleado como trabajadoras en tiendas y restaurantes varía de dos a nueve meses. En las actividades autónoma y de servicios personales no fue posible registrar todas las entradas y salidas del mercado laboral, porque las propias mujeres no las recordaban. En servicios personales pudimos re-

CUADRO V.6. *Posición actual de clase de las esposas y nivel de ingresos, por clase de origen y nivel de escolaridad*

	Subproletariado					*Pequeña burguesía*		*Ingresos**				
Clase de origen y nivel de escolaridad	*Trabajo a domicilio*	*Trabajo a domicilio, asalariado*	*Trabajo a domicilio, servicios personales*	*Trabajo a domicilio, autónomo*	*Trabajo a domicilio, costura autónoma*	*Trabajo a domicilio, otros*	*Trabajo a domicilio*	*(1)*	*(2)*	*(3)*	*(4)*	*Total*
Sector no agrícola												
Proletariado												
Menos de primaria	1	—	—	—	—	—	—	1	—	—	—	1
Primaria o más	10	—	—	—	—	—	1	10	1	—	—	11
Subproletariado												
Asalariado general												
Menos de primaria	6	—	4	—	1	—	—	10	—	1	—	11
Primaria o más	4	—	1	2	1	—	—	8	—	—	—	8
Servicios personales												
Menos de primaria	4	—	2	1	1	—	—	7	—	1	—	8
Primaria o más	1	—	—	—	—	—	—	—	1	—	—	1
Pequeña burguesía												
Menos de primaria	3	—	—	2	—	—	—	5	—	—	—	5
Primaria o más	6	—	2	2	—	2	—	10	1	1	—	12

Sector agrícola												
Subproletariado												
Asalariado general												
Menos de primaria	9	1	1	—	—	1	—	11	1	—	—	12
Primaria o más	2	—	—	—	—	—	—	2	—	—	—	2
Campesinos												
Menos de primaria	17	—	3	4	—	2	1	25	1	1	—	27
Primaria o más	6	—	—	—	—	1	—	7	—	—	—	7
Otros: fuerzas armadas												
Primaria o más	1	—	1	—	—	—	—	—	1	1	—	2
Total	*70*	*1*	*14*	*11*	*3*	*6*	*2*	*96*	*6*	*5*	—	*107 (100%)*
% del total	*65.4*	*0.9*	*13.1*	*10.3*	*2.8*	*5.6*	*1.9*	*89.7*	*5.6*	*4.7*		

* Ingresos: (1) = menor del salario mínimo en 1981; (2) = igual al salario mínimo en 1981; (3) = hasta el doble del salario mínimo en 1981; (4) = más del doble del salario mínimo en 1981.

dependerá de su definición de las necesidades familiares, de la calidad de las relaciones conyugales (incluyendo una separación temporal o prolongada de la pareja) y de la multiplicidad de circunstancias que caracterizan la acción recíproca de la familia en cada etapa de su ciclo vital.

La relación entre el trabajo remunerado y el apremio de los problemas de la familia se menciona en prácticamente la totalidad de los casos de mujeres con historia ocupacional anterior al trabajo industrial a domicilio. El apremio económico se siente durante la enfermedad o el desempleo del marido, o en virtud de que el marido no cumple con sus obligaciones o tiene una ausencia más o menos prolongada (por ejemplo, en los Estados Unidos en el caso de antiguos jornaleros agrícolas o campesinos). Por lo tanto la esposa tiene que asumir el puesto de cabeza de la unidad doméstica. Un aumento de gastos hogareños debido a la presencia de más dependientes —padres ancianos a quienes ayudar o hijos cuya escolaridad exige aumentar los desembolsos— no sólo hace necesaria sino que justifica esta manera de trabajar anterior al trabajo industrial a domicilio y en trabajos fuera del hogar.

Es importante hacer resaltar que esa necesidad económica más o menos apremiante no puede, en un momento dado, deducirse simplemente de la posición de clase y del ingreso del marido. Por ejemplo, el incumplimiento de obligaciones por parte de dos maridos del proletariado propició el reingreso en el mercado laboral de sus respectivas esposas (una de ellas en avanzado estado de embarazo) durante el primer año del matrimonio, aunque uno de los maridos era un trabajador no manual con un ingreso superior al mínimo legal. En fin de cuentas, la necesidad de que la esposa o madre de clase obrera tenga sucesivos reingresos en el trabajo y retiradas del mismo no puede derivarse del conocimiento de la posición de clase y del ingreso del marido ni de la fase del ciclo familiar, ni del número de hijos que ella tenga. Todos estos elementos son parte de una red concreta de intercambios familiares en los que desempeñan un papel fundamental los modelos intrahogareños de distribución y control del ingreso y las estrategias de trabajo de la propia mujer; hacen necesario un examen en el ámbito microsocial y en función de las jerarquías internas de las unidades domésticas.

En tercer lugar, en el caso de mujeres que han terminado la secundaria

gistrar bloques o periodos de "estar dentro y estar fuera" correspondientes a una etapa definida en la vida o ciclo familiar de la trabajadora a domicilio: algunos de ellos duraban hasta tres, cuatro e incluso ocho años, con interrupciones de semanas o meses. Un caso atípico lo presenta la más vieja de las trabajadoras industriales a domicilio (de 64 años) que estuvo lavando ropa durante 22 años antes de empezar el trabajo industrial a domicilio. Entre las trabajadoras autónomas los periodos eran más cortos, según el éxito comercial de la actividad emprendida; en general, la actividad se iniciaba y duraba unos meses, luego la abandonaban y la volvían a emprender, o la alternaban con alguna otra actividad autónoma. Una excepción es la cultora de belleza que iba de casa en casa y que en 14 años de matrimonio nunca abandonó por completo la profesión que tuvo de soltera.

o tienen una educación técnica, los trabajos realizados en el curso de sus trayectorias laborales posteriores al matrimonio borraron las diferencias de educación y de experiencia profesional anterior (con la posible excepción de las costureras y una de las cultoras de belleza). Este modelo de "degradación de la destreza", que sacrifica la posibilidad de progreso personal y recompensa económica, representa otro costo que el matrimonio y la maternidad imponen a las mujeres de mejor instrucción en nuestra muestra.

Debe observarse que en esta etapa no hay puestos asalariados no manuales, ni permanentes ni temporales, y en los sectores de servicios personales y autónomo del subproletariado hay el doble de mujeres que en el subproletariado de salario general. También en esta etapa empieza a surgir el subproletariado autónomo, prácticamente inexistente en la fase prenupcial.

El análisis de las trayectorias laborales posteriores al matrimonio aclara, por lo tanto, la influencia que la definición dada por la mujer a los papeles de cónyuge y madre ejerce sobre las opciones de ocupación que persigue. Las diferencias previas al matrimonio en cuanto a clase de origen, nivel de escolaridad e historia anterior de trabajo se desdibujan ante el género, que ha alentado sistemáticamente la participación posmatrimonial de la mujer en el trabajo industrial a domicilio y en los sectores peor pagados del subproletariado urbano. Las carreras anteriores al trabajo a domicilio y el ingreso al trabajo a domicilio por parte de mujeres sin historia anterior de ocupación, y de las de nivel educativo más elevado, demuestran que el trabajo a domicilio limita el potencial de trabajo de las mujeres entrevistadas a su más bajo denominador común (con la posible excepción de algunas costureras). Por otra parte, como fue el caso durante la etapa premarital, el género es reforzado además por la vigente división horizontal y vertical del trabajo por sexos, así como por la posibilidad de amoldar entre sí el trabajo remunerado y las exigencias domésticas.

Con todo, la influencia del género sobre las trayectorias posmaritales debe juzgarse conforme a su contexto de clase. Como se detallará en los capítulos siguientes, la mujer podrá hacer del trabajo a domicilio el componente único de su estrategia laboral sólo cuando la proletarización del marido, de mejor remuneración, y su consiguiente aportación monetaria son suficientemente altas para constituir la base de la reproducción de la unidad doméstica. En otras palabras, la brecha de clase y género surge no sólo en el nivel de sociedad, sino que aparece en forma concreta para configurar la dinámica familiar y la dependencia económica de la mujer en el seno del hogar. Para respaldar esta afirmación es útil examinar en este punto la diversa inserción de maridos y mujeres en el trabajo durante la etapa posmatrimonial.

Maridos proletarios y esposas subproletarias

El cuadro V.7 muestra la distribución de los maridos según la actual posición de clase y nivel de ingreso.[18]

La mitad son proletarios, incluyendo 6 en el sector no manual. Si consideramos que hay además 5 maridos jubilados que pertenecieron al proletariado, entonces 55% de los maridos pertenecieron o pertenecen a esta clase, en comparación con 1.9% de las esposas en la misma etapa posmatrimonial (véase el cuadro V.5).

El subproletariado comprende 30.6% de los maridos, 72.7% de los cuales pertenecen al sector de asalariados generales, en comparación con 0.9% de las esposas (véase el cuadro V.6). De los restantes maridos, 7.4% pertenecen a la pequeña burguesía, siendo dueños de taxis, ferreterías, mueblerías y hojalaterías; 5.5% son miembros de baja graduación del ejército o de la policía.

En cerca de las tres cuartas partes de los maridos, el ingreso se encuentra concentrado en un ámbito que va desde alrededor del doble del salario mínimo legal hasta un grupo de tan sólo 14% que perciben menos del mínimo legal.

Puede concluirse, pues, que si bien una minoría de los maridos ganan menos del salario mínimo de ley y no tienen estabilidad en el trabajo, para la mayoría de ellos la etapa posmatrimonial ha significado un ascenso en función de pertenencia al proletariado y nivel de ingreso. La mitad de los maridos se han incorporado al proletariado de la ciudad de México de origen migratorio, siendo absorbidos por industrias o empresas que se ampliaron en los años sesenta y setenta. Otros, como por ejemplo los miembros de la pequeña burguesía y de las fuerzas armadas, perciben ingresos relativamente estables, altos en el primer caso y estables, aunque no tan altos, en el segundo. Si tenemos en cuenta que 86% de los maridos obtienen ingresos equivalentes o superiores al salario mínimo legal y que 90% de las mujeres, sin importar el número de actividades remuneradas que lleven a cabo, son incapaces de alcanzar ese mínimo legal, es evidente la superioridad económica de los maridos. El significado de este predominio económico y sus derivaciones para la dinámica familiar se analizarán en los capítulos VI y VII.

[18] Como la muestra abarca parejas en diversas fases del ciclo de vida, no cabe esperar la misma evolución en quienes sólo llevan pocos años de casados y en los que tienen 20 años de matrimonio o más cuando el marido está jubilado o próximo a jubilarse. Por lo tanto nos enfrentamos sólo a un "momento" aislado en la trayectoria de trabajo del marido. En dos casos de la muestra, este "momento" corresponde a la historia laboral del segundo compañero.

CUADRO V.7. *Distribución de maridos por posición de clase y nivel de ingresos (%)*

	Sector no agrícola									*Sector agrícola*			
	Proletariado			*Subproletariado*									
Nivel de ingresos	*(1)*	*(2)*	*(3)*	*Asala-riado general*	*Servicios perso-nales*	*Autó-nomo*	*(4)*	*(5)*	*Pequeña burgue-sía**	*Campe-sino*	*Retira-do***	*Otros: fuerzas armadas*	*Total*
Menos del salario mínimo***	—	—	—	8.4	—	1.9	—	0.9	—	0.9	1.9	—	14
Igual al salario mínimo	22.4	—	—	9.2	0.9	—	1.9	0.9	0.9	—	0.9	0.9	38
Hasta el doble del salario mínimo	18.3	0.9	3.7	2.8	—	—	0.9	—	2.8	—	0.9	3.7	34
Más del doble del salario mínimo	3.8	0.9	1.9	1.9	0.9	—	—	—	3.7	—	—	0.9	14
Total													*100*
% del total (N = 107)		*51.9*				*30.6*			*7.4*	*0.9*	*3.7*	*5.5*	

(1) = proletariado manual; (2) = hombres que articulan dos o más posiciones de clase; (3) = proletariado no manual; (4) = hombres que articulan dos o más posiciones de clase; (5) = otros.

* Comprende un caso de articulación con otra posición de clase.

** Comprende dos casos de hombres jubilados que actualmente tienen trabajo remunerado.

*** Salario mínimo: 1 260 pesos mexicanos o 57.27 dólares estadounidenses por 48 horas semanales en 1981.

Conclusiones

El análisis de las historias de trabajo antes y después del matrimonio de las mujeres entrevistadas subraya la enorme complejidad de los factores que influyen en los procesos de proletarización femenina. Esta complejidad no puede captarse adecuadamente si el análisis se limita exclusivamente a los inmediatos factores condicionantes de la incorporación de las esposas al trabajo remunerado. A nuestro juicio, es preciso regresar a los diversos hitos en la historia de la vida de una mujer, cada uno de los cuales, al ser definido dentro de un contexto especial de relaciones de clase, género y familia, va configurando paulatinamente la futura inserción en una clase. (Véase el apéndice "Tres historias de trabajo típicas" como ilustración de esos hitos.)

Durante la etapa anterior al matrimonio hay una acción recíproca entre la clase de origen, el nivel educativo y de experiencia en el trabajo y las habilidades, acción recíproca que fija los límites máximos que la mujer podrá alcanzar en cuanto a la clase y la pertenencia al proletariado manual o no manual. En la etapa posterior al matrimonio el género desempeña una influencia decisiva sobre la inserción de la mujer en las filas de los sectores peor pagados del subproletariado urbano. Sin embargo, la definición y la entrada en vigor del papel del género no son estáticas. Las estrategias laborales de la mujer también dependen de la inserción de clase de su propio marido y de la dinámica familiar, incluyendo la separación de los cónyuges. También son factores contribuyentes las destrezas anteriores y actuales de la mujer, su educación y su capacitación profesional (dependientes a su vez de la clase de origen).

Esta continua retroalimentación entre la construcción de clase y el género siguiendo una serie de dimensiones lleva en nuestra muestra al refuerzo o a la nueva creación de formas de subordinación de género en el lugar de trabajo, sobre todo en la etapa posterior al matrimonio. Los mecanismos de subordinación comprenden la división sexual vertical del trabajo y los tipos de subproletarización dentro de los sectores de servicios personales, autónomo y de trabajo a domicilio, todos los cuales utilizan y refuerzan los rasgos de género. Todos estos procesos dan a la mujer menos recursos socioeconómicos para renegociar las relaciones de género dentro del hogar y menos posibilidades que al hombre para la movilidad ocupacional y el ingreso en el proletariado.

Volvamos ahora la vista más concretamente a los procesos de construcción y recomposición de clase. En el capítulo IV se examinó el carácter del trabajo industrial a domicilio. Lo que importa recalcar aquí es que la gestación del subproletariado en el trabajo industrial a domicilio no está separada de otros procesos de proletarización femenina y masculina, sino vinculada a los mismos en forma bastante subordinada.

La expansión capitalista y el simultáneo fraguado de la clase obrera se presentan como proceso diferenciador siguiendo líneas de género según las fases del ciclo vital de la familia. En el mismo periodo histórico la proletarización tiende a absorber a las mujeres jóvenes, solteras y de mejores aptitudes, mientras que las esposas o madres y las mujeres de mayor edad componen el subproletariado que presta apoyo reproductor al género masculino proletarizado. En una etapa posterior, sin embargo, el capital desecha a estas mujeres que ya no son jóvenes o que renuncian en virtud del matrimonio o de la maternidad. El capital absorbe ahora a otras mujeres jóvenes y educadas, y las de mayor edad pueden engrosar las filas del subproletariado, tal vez en el campo del trabajo industrial a domicilio por medio de redes de subcontratación o en el sector de servicios personales o en el autónomo. En otras palabras, el estado de esposa o la maternidad contribuye a la división de la mujer dentro de la misma clase obrera. Desde otro punto de vista puede decirse que la mujer, por medio de sus trayectorias y estrategias de trabajo, proporciona mano de obra para diversos procesos de la expansión del capital y proletarización conforme al ciclo vital de la familia, factor condicionante que no corresponde al hombre. Tampoco el trabajo industrial a domicilio está separado de los procesos de proletarización masculina en general y de los maridos en particular.

La comparación entre el trabajo anterior y posterior al matrimonio del marido y de la mujer muestra que la subproletarización de la mujer —que en su carácter de hija soltera, esposa y madre es "expulsada o retenida" diferencialmente en la unidad doméstica a la que pertenece— facilita al marido una oportunidad de trabajo diferente y en general mejor pagado. *No se trata de dos procesos autónomos de incorporación de mano de obra, la del hombre en el proletariado y la de la mujer en el subproletariado.* Nuestro análisis sugiere que si la mujer que emigra a la ciudad de México se encuentra predominantemente en el subproletariado en servicios personales y en el sector autónomo (Leff, 1974 y 1976; Arizpe, 1975; García *et al.*, 1979), esta subproletarización no necesita ser independiente, sino que puede articularse mediante reciprocidades de unidad doméstica/familia en procesos de proletarización del varón, que así fortalece su consolidación en función tanto de clase como de género.

Por lo tanto, la conformación histórica del proletariado de la ciudad de México es un producto no solamente de oleadas migratorias de las tierras interiores, sino también de "oleadas" de género y generacionales de proletarización femenina y subproletarización de esposas, cabezas de la unidad doméstica e hijas que facilitan la proletarización de maridos, hijos o padres.

Puede alegarse, en consecuencia, que para el capital existe una especie de "funcionalidad" de la subordinación de género, no sólo a través de la reproducción barata de la fuerza laboral por medio del trabajo doméstico no remunerado del ama de casa, sino también a través de la subproletarización de las esposas en países como México (y puede suponerse que en otras sociedades periféricas) donde no existe un salario familiar que permita la reproducción del obrero y de su familia.

Estas consideraciones subrayan la heterogeneidad del proletariado de la ciudad de México, producto de los procesos de proletarización y subproletarización que integran jerarquías de género a diversas fases del ciclo familiar. ¿Cuáles serían las posibles ramificaciones de esa heterogeneidad y reforzamiento del género respecto a las formas de organización, conscientización y luchas? Creemos que esto constituye un aspecto teórico-político fundamental, con derivaciones aún inexploradas. Algunas, en lo que se refieren a las estrategias de renegociación de la mujer y a su lucha dentro del hogar, se recogerán en los siguientes capítulos.

APÉNDICE: TRES HISTORIAS DE TRABAJO TÍPICAS

1. Doña Soledad

Edad: 45 años. Nació en 1936 en Tulancingo, estado de Hidalgo.
Determinador de clase: la madre, lavandera toda la vida (subproletariado en servicios personales); el padre, fallecido cuando ella nació.
Escolaridad: sin escolaridad formal, pero sabe leer y escribir.
Historia de trabajo de soltera (subproletariado en servicios personales).
Edad:

6-8 Atendió a una paralítica, le lavaba la ropa y la cuidaba. Como pago recibía comida y vestido.

9-14 Trabajó de manera intermitente como sirvienta en varias casas. Aprendió a leer y escribir por sí sola porque quería trabajar en una fábrica para ganar más.

Historia de trabajo después de la primera unión libre (subproletariado en sectores de servicios personales y asalariado general).

14-16	Se fugó con el novio; siguió trabajando como sirvienta por horas.	*Primera pareja:* 19 años de edad. No había terminado la primaria. Obrero de la construcción (subproletariado asalariado general).

17-24	Trabajó 8 años en una fábrica de suéteres. Tuvo 2 hijos. Nunca le dieron la planta. (La despedían a fin de cada mes y firmaba un nuevo contrato a la semana siguiente.) Decidió dejar aquel trabajo y emigrar con sus hijos a la ciudad de México.	Empieza el incumplimiento de las obligaciones económicas. No se llevaban bien. La deja por otra mujer.

Historia de trabajo después de la segunda unión libre y como cabeza de hogar (subproletariado en los sectores de asalariado general, servicios personales y trabajo industrial a domicilio).

24-26	Llegó a la ciudad de México. Trabajó 10 años en un hospital como afanadora. Nunca le dieron la planta ("yo no tenía los papeles escolares que querían").	
26-34	Inició la segunda y actual unión libre. Sigue trabajando en el hospital. Tiene 4 hijos más. Soledad recuerda que en aquellos años ganaba buen dinero y que tenían mayor poder para tomar decisiones. ("No era como ahora, con el trabajo a domicilio. Entonces era algo distinto. Cuando yo quería algo me lo compraba. Y vestía a mis hijos como me daba la gana.")	*Segunda pareja:* 22 años de edad. Sin escolaridad formal. Sin calificaciones de trabajo. Hacía todo lo que se ofreciera (subproletariado autónomo). Alcohólico, violento, periódicamente dejaba de cumplir sus obligaciones económicas. Trabajó varias veces en California como bracero. Trae regalos a casa, pero durante su ausencia es Soledad la que mantiene el hogar.
35	El marido regresó de California y la hizo renunciar al trabajo del hospital para que pasara más tiempo en casa. Los hijos aún eran chicos y no había quién les diera de comer, y tampoco quién lo cuidara a él. ("Así es que, por respeto a él, dejé la chamba. Me prometió no volver más a los Estados Unidos y darme un buen *gasto*.")	Empieza a especializarse en electricidad pero siempre tiene trabajo temporal asalariado (subproletariado asalariado general).

35-40	Empieza a lavar ajeno. Nace la hija más pequeña. Soledad se enfermó del riñón y ya no pudo lavar ropa, porque era muy duro. ("Pero siempre he trabajado porque la chamba de mi marido es de temporada y no puedo cruzarme de brazos cuando mis hijos pasan necesidad.")	
41-45	Empezó el trabajo industrial a domicilio en plásticos, pero está mal pagada. Ahora se dedica a pulimentar juguetes. ("Siempre he trabajado por necesidad.")	Ahora trabaja él para subconstratistas. No está amparado por el seguro social, pero con horas extras gana cuatro veces el salario mínimo legal (subproletariado asalariado general).

2. Doña Goya

Edad: 33 años. Nació en 1947 en la ciudad de México.

Determinador de clase: el padre, obrero eventual en una compañía que transportaba productos al mercado (subproletariado asalariado general); la madre, lavandera toda la vida (subproletariado en servicios personales).

Escolaridad: segundo año de primaria.

Historia de trabajo de soltera (subproletariado en servicios personales).

Edad:

8-14 Trabajó en forma intermitente cuidando niños y como sirvienta en varias casas. También sustituía a su madre en la propia casa. El padre era alcohólico.

Historia de trabajo posterior al matrimonio (subproletariado en los sectores de servicios personales y trabajo industrial a domicilio).

15-24	Dejó el trabajo remunerado cuando se casó. La pareja vivía con los padres de ella y compartía los gastos. En ese periodo tuvo 6 hijos. La madre de ella les ayudaba en caso necesario, de modo que "no había motivos para trabajar afuera y los niños eran muy chicos".	*Marido:* 30 años de edad. Primer año de primaria. Obrero de fábrica (proletariado). La fábrica se cerró y se cambió a otros trabajos antes de conseguir su trabajo actual. Obrero de fábrica (proletariado).

25-29	Por aumento de los gastos escolares empezó a lavar ajeno. Además trabajaba como sirvienta en la misma vecindad. Tiene 4 hijos más: un total de 10.	
30-33	Empezó el trabajo industrial a domicilio (armado de juguetes) con ayuda de 8 de sus 10 hijos. Además sigue trabajando de lavandera y de sirvienta. Los dos trabajos le dan ingresos más estables y más elevados que el trabajo a domicilio.	Él sigue trabajando en la misma fábrica.

3. Doña Rosa

Edad: 28 años. Nació en 1953 en el puerto de Veracruz, estado de Veracruz.
Determinador de clase: el padre poseía una tienda de abarrotes (pequeña burguesía); la madre ayudaba en la tienda de la familia.
Escolaridad: Secundaria y curso de secretaria.
Historia de trabajo de soltera (subproletariado no manual asalariado general).
Edad:

14-17	Trabajó primero de mecanógrafa y después de secretaria. Le gustaba muchísimo su trabajo.

Historia de trabajo posterior al matrimonio (subproletariado en los sectores de trabajo industrial a domicilio y autónomo).

18	Dejó el trabajo cuando se casó. Se mudaron de Veracruz a la ciudad de México. Su marido había prometido que la dejaría trabajar una vez casados, pero después le prohibió buscar trabajo de secretaria. Los parientes del marido, con los que vivían, también opinaban que una buena esposa y madre debe quedarse en casa, a menos que la pobreza la obligue a trabajar para ganarse la vidad.	*Marido:* 22 años de edad. Educación secundaria (proletariado no manual; encargado de una tortillería).
18-25	Dos hijos.	

25	Empezó el trabajo a domicilio; lo dejó al cabo de 3 meses por la oposición del marido y por lo exiguo de la paga. Pero disfrutaba al tener cierta autonomía económica. ("Me gusta tener lo mío.")	
26	Empezó a vender ropa y cobijas a los amigos y vecinos en forma intermitente.	Él ha conservado el mismo empleo todos estos años y ha sido ascendido dos veces.
28	Ella sigue vendiendo cobijas y ha empezado el trabajo a domicilio (montaje de bobinas). Una amiga le proporciona el trabajo. Lo acepta sólo 3 veces por semana, para mantener las normas adecuadas de las labores del hogar. Le gustaría obtener un trabajo de secretaria de medio tiempo, pero teme que el marido se oponga. Quiere volver a capacitarse porque ha perdido sus habilidades. Con los ingresos del trabajo a domicilio se compró una máquina de escribir para practicar la mecanografía en sus ratos de ocio.	

VI. LA CLASE, EL GÉNERO Y LOS INTERCAMBIOS ASIMÉTRICOS DENTRO DEL HOGAR

En los capítulos precedentes señalamos la retroalimentación que existe entre los procesos de conformación de clase y género según aparecen en nuestra muestra. Sin embargo nosotras no aseguramos que exista un ciclo perpetuo de nueva creación funcional y retroalimentación entre las dos relaciones de dominación. Las trabajadoras entrevistadas no son portadoras pasivas de relaciones de clase y género. Como trabajadora que se enfrenta a una situación de regateo especialmente desfavorable, la mujer resiste y lucha de vez en cuando en lo individual o en lo colectivo. Como sujeto dotado de género, también lleva a cabo estrategias para crear espacios mínimos de control sobre su vida. Pero ¿cuáles son los factores condicionantes, los límites y los vínculos entre las formas de lucha que la mujer desarrolla dentro del ámbito doméstico? ¿Cabe suponer sin riesgo de equivocación que el acceso de la esposa a un ingreso autónomo le va a proporcionar automáticamente las armas para el regateo de las relaciones de género dentro de la unidad doméstica? Y los cambios en la dinámica familiar ¿qué conexión tienen con las relaciones de clase y género en la sociedad en que la mujer está inmersa?

Estos temas serán materia de este capítulo y del siguiente.[1] Empezaremos a desentrañar los complejos vínculos entre esos procesos, empezando por la "descomposición" de la unidad doméstica en función de los patrones de asignación y control de ingresos. A continuación relacionaremos estos patrones con las estrategias laborales de las trabajadoras a domicilio y los intercambios de trabajo doméstico no pagado (según el nivel de reciprocidad marital), con la fase del ciclo vital familiar y con la composición de parentesco de diversas unidades domésticas. Por último nos referiremos a los lazos entre los procesos estudiados y la conformación y reproducción de las relaciones de clase en toda la extensión de la sociedad.

Descomposición de la unidad doméstica

En años recientes se ha enfocado cada vez más en América Latina el interés por la unidad doméstica o el hogar como entidad clave para la comprensión

[1] Estos capítulos se basan en entrevistas con 53 esposas, como se explicó en el capítulo II.

de una amplia gama de fenómenos, como se ha vuelto evidente en varias clases de análisis: la participación de hombres y mujeres en la fuerza laboral (García, Muñoz y Oliveira, 1982); comportamiento demográfico (Burch, Lira y López, compiladores, 1965); reproducción del poder laboral (Singer, 1977; Margulis, 1982); y estrategias de sobrevivencia de diversos grupos sociales (Bilac, 1978; Schmink, 1982). A nuestro juicio, y a despecho del contraste entre los paradigmas teóricos en cada una de las investigaciones, las muy diversas disciplinas interesadas en el hogar[2] (sociología, antropología, demografía, economía) coinciden todas en la visión del hogar como entidad única, con la suposición de que los papeles familiares que respaldan la visión son complementarios.[3] A manera de ejemplo, los estudios sobre estrategias de sobrevivencia (mencionados arriba) presentan la familia como grupo de interés, sin fisuras internas. Parecería que la familia es un agente social activo que escoge racionalmente mecanismos de sobrevivencia (entre los cuales figura la incorporación de miembros suyos al mercado laboral) para asegurar el nivel de vida y la reproducción de sus miembros y de su clase, mecanismos de sobrevivencia que elevan al máximo los intereses o los beneficios de todos y cada uno de los miembros de la familia.

Es innegable que esos estudios, en tanto que se centran en la familia de la unidad doméstica como entidad que condiciona la incorporación de hombres y mujeres al mercado laboral, representan un significativo avance sobre la conceptualización de la fuerza laboral masculina y femenina como conjuntos de individuos sueltos, cuyo ejemplo más típico es la información sacada de los informes censales. A la vez, desde una perspectiva femenina, adolecen de la misma parcialidad todos los análisis dados por la corriente general de la sociología marxista, de la antropología o de la economía: la adopción de la unidad doméstica o familia como unidad de análisis junto con el empleo de categorías clasificadoras; por ejemplo, conforme a sus elementos sociodemográficos (composición de parentesco, fase del ciclo vital familiar, sexo del cabeza del hogar) que, si bien esenciales, pasan por alto las jerarquías internas de género, clase y generación.

Tras la fachada del hogar o de la familia monolíticos deben distinguirse diversas suposiciones subyacentes:

a) El hogar o la familia, en su conjunto, toma decisiones sobre el ma-

[2] El interés por el análisis de la unidad doméstica ha sido una tendencia mundial y multidisciplinaria. En el campo de la ciencia económica del hogar, que también funciona con un modelo del hogar como unidad de consumo y de producción, véase Becker (1981) y Schultz (1974). Para una crítica de estas posiciones, véase Dwyer (1983).

[3] No todos los estudios se desentienden de la existencia de conflictos intrahogareños, siendo un ejemplo a la mano el de García, Muñoz y Oliveira (1982). Sin embargo, si estos conflictos no son entendidos como expresión de relaciones subyacentes de dominio, no es posible superar la noción de complementaridad de papeles.

trimonio, la fecundidad, la migración, los niveles de escolaridad y de consumo y la incorporación de sus miembros a los mercados laborales.

b) El hogar o la familia es una entidad corporativa y como tal tiene intereses compartidos y únicos en toda esfera de interacción familiar.

c) Si los intereses son compartidos y únicos, también lo son las necesidades que deben ser satisfechas por la línea de acción de sus miembros (incorporación al mercado laboral, labores domésticas, educación, etc.), que beneficia a todos de la misma manera.

d) Como corolario de esta interpretación, en un fondo común compuesto de aportaciones proporcionales entra todo ingreso personal, sueldo o ganancia de los miembros del hogar o familia. Las prioridades de asignación de los recursos hogareños son igualmente parecidas.

De los estudios antropológicos, sociológicos, históricos y económicos feministas hay crecientes testimonios para restringir o poner en duda esas suposiciones.[4] Aunque se sale de los límites de este capítulo una reseña, incluso parcial, de la bibliografía crítica contemporánea sobre el concepto hegemónico del hogar o de la familia, señalaremos dos dogmas principales. En primer lugar, esta bibliografía pone en tela de juicio la ideología de la "familia monolítica", consagrada en el modelo de la familia nuclear burguesa y su división del trabajo en géneros como única forma de familia, intemporal y funcional dentro del sistema capitalista. Además rechaza el concepto de la familia biológica o "natural". En cambio reivindica para un análisis social e histórico los multifacéticos arreglos de unidad doméstica o familia dominantes en determinada clase y raza: la división de trabajo por géneros, las jerarquías de género y de generación, la maternidad, la construcción de la sexualidad y de la identidad de género, por citar unos cuantos. En segundo lugar, se necesita la "descomposición" de la entidad unidad doméstica familia para descubrir sus estructuras subyacentes que abarcan jerarquías de clase, género y edad.

A la luz de este testimonio se hace necesario una vez más poner en duda la validez de estas suposiciones en el caso mexicano y, lógicamente, el modelo de familia u hogar en que descansa esa validez. Pero ¿cómo puede definirse y descomponerse la unidad doméstica/familia de modo que queden expuestas sus jerarquías internas, rescatando simultáneamente en lo individual al hombre y a la mujer como forzados forjadores de su propia historia? Además, ¿cómo se ha de superar el análisis exclusivamente microsocial para mostrar la relación entre los procesos de la unidad doméstica y la sociedad en su conjunto?

Ni la teoría ni la erudición feminista facilitan criterios uniformes para

[4] Véase en B. Thorne y M. Yalom (1982) una colección de artículos que tocan este tema, y los estudios citados por Dwyer (1983).

la "descomposición"; esos criterios variarán según la posición teórica y los fines perseguidos en cada investigación.[5] En nuestro caso, empezamos por adoptar la amplia definición de unidad doméstica dada en el capítulo II, es decir, un lugar geométrico o esfera social compuesta de una serie de personas que comparten un lugar común donde vivir y un presupuesto.

En consonancia con esta definición, nuestro punto de partida en la "descomposición" de las unidades domésticas consistió en establecer las relaciones que eslabonaban a los componentes del lugar geométrico. Todos los casos eran hogares o unidades domésticas basados en relaciones de parentesco. Por ello era fundamental establecer el papel de las mujeres entrevistadas dentro del sistema de reciprocidades familiares —el contrato matrimonial— y cómo se manejaba este sistema como "interpretación del mundo" en el marco más amplio de la toma de conciencia de las esposas. En segundo lugar establecimos los circuitos de flujo y distribución de recursos monetarios domésticos o base material de las interacciones familiares.

Ambos aspectos están relacionados dialécticamente, como pretendemos demostrar en el curso del análisis. En aras de la sencillez se presentará cada aspecto por separado. Este capítulo dará cuenta detallada de los patrones de asignación y sus enlaces con los intercambios de trabajo doméstico sin paga, y en el siguiente capítulo se verán esos enlaces y otras dimensiones de la dinámica conyugal a través de la lente del contrato matrimonial.

Desde el inicio de nuestra investigación, las trabajadoras industriales a domicilio habían señalado una y otra vez cuán importante era para ellas que el marido proveyera con regularidad y suficiencia el dinero necesario para cubrir las necesidades de la unidad doméstica. Hablaban de las consecuencias que su carencia acarreaba y del papel que desempeñaba en sus estrategias para una seguridad a largo plazo. Defendían el significado del matrimonio como apoyo económico para ellas y sus hijos, sintiendo que debían "respeto" o deferencia al marido responsable que cumple sus obligaciones económicas.

A sus ojos, los patrones de distribución y control monetarios constituían el punto esencial de un estilo de interacción conyugal y formaban los puntales básicos de los intercambios hogareños por medio de su articulación en toda una serie de reciprocidades. Éstas eran entre los propios cónyuges, sus padres y sus hijos; se expresaban mediante sexualidad, atención personalizada, crianza, trabajo doméstico gratuito, así como la oportunidad o la obligación de que diversos miembros del grupo familiar se dedicaran al trabajo remunerado.

[5] Para ilustrar la variedad de posibilidades de "descomposición" de la unidad doméstica, podemos mencionar: "estructura de la producción, de la reproducción, de la sexualidad y de la socialización" (Mitchell, 1971); un sistema de sexo-género (Rubin, 1975); las relaciones sociales de producción, reproducción y consumo (Rapp, 1982).

Es dentro de esta red de intercambios donde es posible entender la incorporación de la esposa al trabajo remunerado y los límites de su estrategia de renegociación. En efecto, sin importar la impresión de un observador externo sobre la presión de las necesidades económicas, contexto familiar conflictivo de por sí, o la falta de oportunidades de empleo en la gran sociedad, la mujer se veía a sí misma como sujeto forzado que ideaba trabajo y otras estrategias para alcanzar objetivos particulares y generales que incluían el regateo sobre determinadas zonas de la dinámica conyugal. Los circuitos de asignación y los puntos de control, sus tensiones y conflictos, pueden considerarse a esta luz no sólo como desenlace sino también como condición de renegociación de poder entre marido y esposa (y posiblemente otros miembros adultos de la unidad doméstica). Por ello proporcionan un adecuado punto de partida para descubrir las estrategias renegociadoras de la mujer, sus prioridades y sus límites. Esta discusión constituye la primera etapa en nuestra exploración de la relación concreta entre el control de la mujer sobre sus ingresos y la persistencia o el socavamiento de las formas de dominio masculino en el seno del hogar o unidad doméstica.[6]

PATRONES INTRAUNIDAD DOMÉSTICA DE FLUJO, ASIGNACIÓN Y CONTROL DEL DINERO

Antes de describir los propios patrones, es necesario señalar otras varias esferas de toma de decisiones que afectan esos circuitos de manera *indirecta*. En la mayoría de los casos en que intervienen esposas jóvenes procedentes de hogares más acomodados, la mujer se vio en la necesidad de superar la resistencia del marido y obtener permiso para participar en la producción remunerada en la casa y fuera de ella. Sin importar la edad, las mujeres declararon que decidían, conforme a la urgencia de las necesidades semanales, los horarios que observarían para el trabajo doméstico remunerado y no remunerado, a fin de no descuidar lo que ellas mismas definían como sus deberes de esposa y madre. También decidían la intensidad y el volumen de las obligaciones que podían exigir de sus hijos: si se les debía permitir que jugaran después de la escuela o si debían ayudar a las labores de la casa o al trabajo industrial a domicilio, si sólo debían asistir a la escuela o si debían combinar las clases con algún tipo de trabajo ligero remunerado. En el caso de hijos adolescentes, esa decisión incumbía también al padre y a los mu-

[6] Los patrones de asignación cambian históricamente y no pueden generalizarse para toda la clase obrera ni para toda la vida conyugal de las parejas entrevistadas. Han hecho estudios sobre asignación de ingresos en el seno de hogares de la clase obrera los siguientes autores: Hunt (1978) para los Estados Unidos, Pahl (1982) para Gran Bretaña y Zuluar (1982) para Brasil.

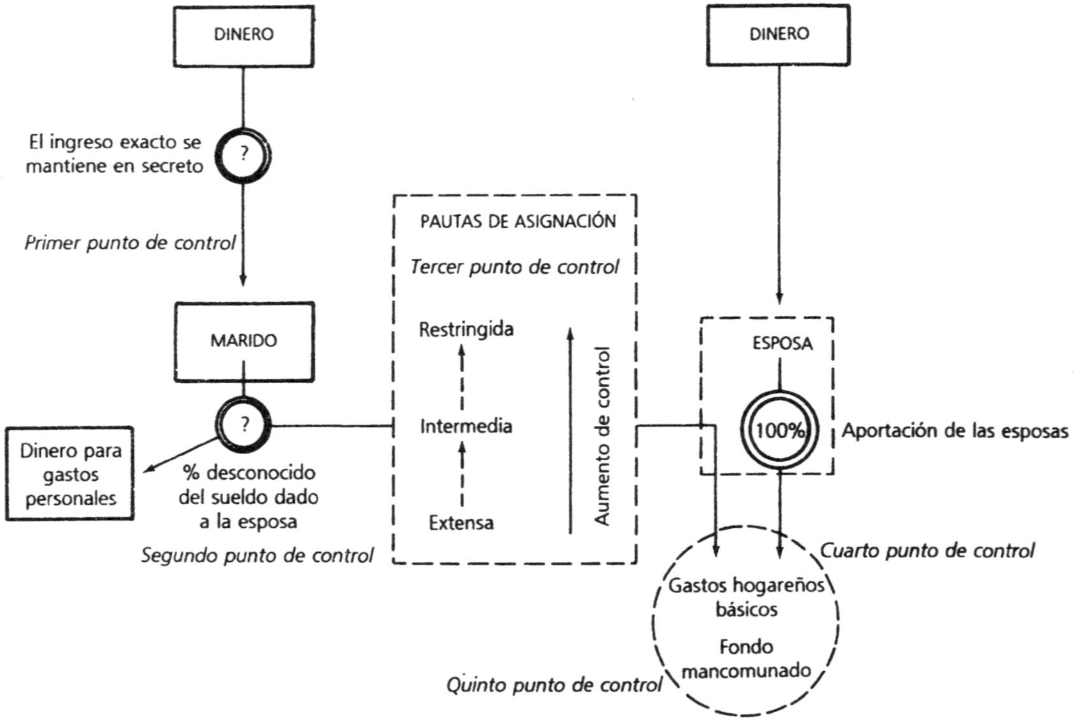

FIGURA VI.1. Pauta con fondo común.

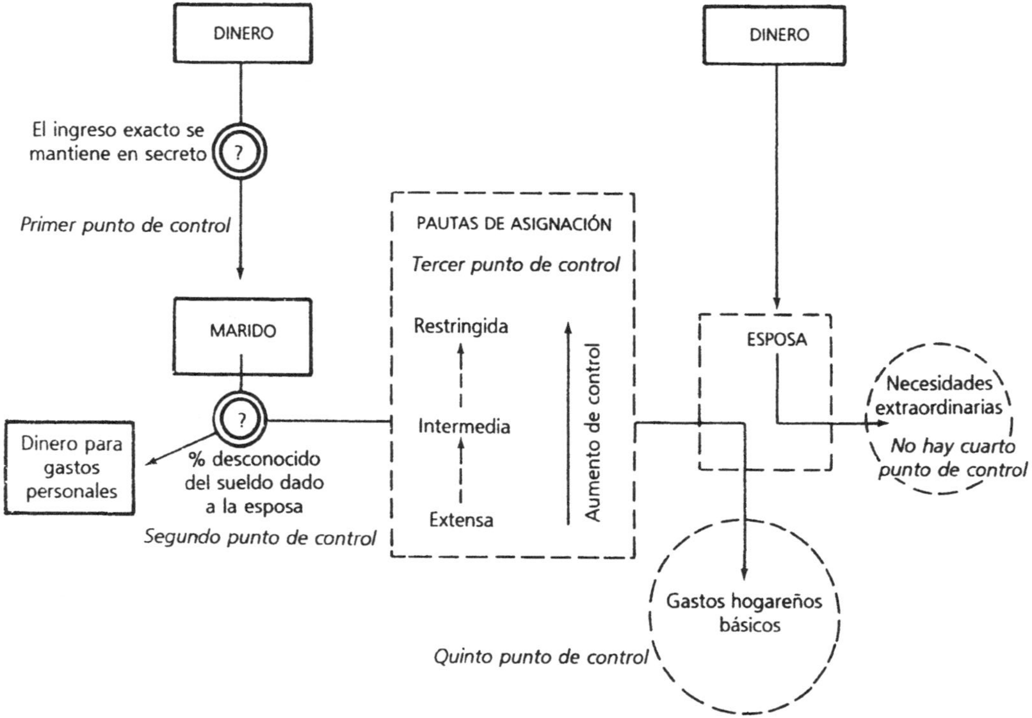

FIGURA VI.2. Pauta sin fondo común.

chachos interesados, sobre todo a los varones. Los márgenes de las decisiones que afectaban al circuito *directamente* eran mucho más estrechos, como se verá en la siguiente descripción de los patrones de asignación.

En todas las unidades doméstica estudiadas, el dinero entra en forma de salarios o de otros ingresos.[7] Sale de la unidad en efectivo, para pagar la amplia gama de desembolsos hogareños (y en unos pocos casos se apartan pequeñas sumas como ahorro a largo plazo).[8] Vamos a explorar primero los patrones de flujo y distribución de dinero entre los puntos de llegada y de salida, anotando los *principales puntos de control* a lo largo de este

[7] Aunque este estudio se centra en el flujo de salarios directos, conviene tener presentes los salarios indirectos del marido proletario, representados por la cobertura del seguro social para él y su familia. Estos salarios directos e indirectos, unidos al acceso a los servicios públicos, al conocimiento e información sobre la ubicación de éstos, redes informales de intercambios recíprocos de bienes y servicios (véase la nota 8), son parte de los recursos económicos sociales que los miembros de la familia intercambian en la interacción diaria.

[8] En un único hogar se ahorraba una cantidad fija del fondo común para liquidar un préstamo obtenido para terminar de edificar la casa. En los restantes casos los ahorros variaban según que los hiciera la esposa o el marido. Entre las mujeres había dos tipos de ahorro: *1)* dinero a corto plazo sobrante del fondo común o de la asignación hogareña semanal, que se utilizaba generalmente para pagar gastos mensuales, la renta o algún otro pago próximo a vencer en unos días; para pagar abonos de ropa o para devolver préstamos recibidos la semana anterior; y *2)* ahorros "a largo plazo" o ahorros propiamente dichos, sacados del fondo común o de la asignación, o de la porción de ingresos de la esposa dentro del conjunto de asignación para el manejo de casa, cuyo objeto es hacer frente a imprevistos, para hacer compras especiales (muebles, cortinas, utensilios para el hogar, fiestas de 15 años), y en el caso de una costurera, ahorro para la adquisición de las máquinas necesarias para montar un taller. Veintisiete por ciento de las esposas pertenecientes al grupo del fondo común y 45% del conjunto de asignación para el manejo de casa realizaban ahorros del segundo tipo.

La mayoría de las esposas del grupo de mancomunamiento ahorraban por medio de un método llamado "tanda": un grupo de mujeres de la vecindad se comprometían a pagar una pequeña suma semanal durante cierto número de semanas o meses, de conformidad con el compromiso total contraído. Una de las mujeres administra el fondo, y cada semana la suma total de las aportaciones es recibida por una mujer del grupo, conforme a un orden establecido de antemano.

Respecto al ahorro de los maridos, la información que nos dieron las esposas fue incompleta, porque la mayoría de ellas no estaban seguras de si el marido ahorraba en realidad una suma semanal o mensual, ni de cuánto era, ni de a qué uso se destinaba. Teniendo presentes estas reservas, encontramos que entre los maridos del grupo de mancomunamiento 21% tienen cuenta de ahorros en la unión de crédito de la fábrica donde trabajan, y tres tienen un arreglo de tanda con sus compañeros de trabajo. También ahorraba 30% de los maridos pertenecientes al conjunto de asignación para el manejo de casa.

Por último, quisiéramos señalar que la población entrevistada no suele tener acceso a los intercambios recíprocos informales (de bienes y servicios) entre iguales que son comunes entre las llamadas vecindades marginales. La excepción se encuentra entre una minoría de hogares en los que el ganador del sustento percibe menos del mínimo de ley, o entre maridos que no cumplen sus obligaciones económicas con la familia. En esos casos la mujer entrevistada recibía ayuda de parientes para comprar vestidos, zapatos y libros escolares, o recibía directamente artículos de segunda mano. Además, cuatro esposas pertenecientes al grupo de mancomunamiento recurrían incesantemente a préstamos de parientes o vecinos para estirar la asignación semanal. Estas deudas a corto plazo solían devolverse al cobrar la siguiente asignación.

flujo. Después vincularemos estos patrones a los intercambios de labores domésticas no remuneradas entre los miembros de la casa.

Las pruebas revelaron dos patrones distintos de asignación. Al *fondo de aportación mancomunada o fondo común* va una parte de los ingresos del marido, más el ingreso de la esposa que trabaja fuera. Este fondo (que se halló en un 62% de nuestra muestra de 53 hogares) se emplea para cubrir los gastos fundamentales de los hogares; en otras palabras, se convierte en base del sostenimiento del hogar. Este patrón era predominante en los hogares de ingreso bajo, en que el sueldo del marido o bien apenas alcanzaba el salario mínimo de ley o bien caía por debajo de esa línea. También se encontró ese patrón allí donde los ingresos del marido eran más altos pero sus aportaciones al fondo común no satisfacían las necesidades básicas de la casa, según la definición de la esposa. La mitad de las mujeres de este subgrupo tenían también uno o dos trabajos más aparte del de fuera de casa, siendo la combinación más frecuente con trabajo de lavado y planchado o como sirvienta remunerada de tiempo parcial (véase el cuadro VI.1, grupos A + B y C).

El segundo patrón encontrado es el del *gasto para el manejo de la casa*: el marido cumple el papel de principal proveedor económico o el que gana el pan. Le entrega a su esposa una porción de sus ingresos en calidad de gasto hogareño para cubrir los gastos básicos. La esposa, a su vez, emplea sus ingresos para cubrir los gastos que van más allá del nivel de vida mínimo garantizado por el gasto. Este patrón (38% de la muestra de hogares estudiada) se encontró sobre todo en el hogar de ingreso más alto, en que el proveedor principal ganaba tres o más veces el salario mínimo de ley; pero también en unos cuantos hogares (10%) en que el marido ganaba menos del triple del salario mínimo pero más del mínimo. Un 25% de las esposas de esta categoría tenían un trabajo aparte del de la casa, como vender ropa y artículos para el hogar o comerciar en pequeño. Algunas combinaban el trabajo de la casa con las salidas a lavar, coser, planchar o al servicio doméstico remunerado (véase el cuadro VI.1, grupo D).

El flujo del dinero que entraba en los dos grupos estaba sujeto a ciertos controles ejercidos por el hombre. En el patrón de aportación mancomunada, el *primer punto de control* era la capacidad del marido de retener o compartir información sobre el importe real de sus percepciones. Casi la mitad de las esposas de este grupo no estaban seguras de lo que el marido ganaba exactamente cada semana. Aun cuando la mujer conociera el ingreso del marido, por lo general sabía el salario semanal y no las cantidades obtenidas por tiempo extra, gratificaciones, propinas o mordidas. La esposa sentía que el marido ocultaba esta información para tenerla en una situación de dependencia, y se sentía ofendida. Al hablar de ello, muchas expresaron

CUADRO VI.1. *Distribución de las trabajadoras de la unidad doméstica de los grupos A + B, C y D, y posición de clase e ingreso de los maridos (%)*

	Composición de la unidad doméstica y fase del ciclo familiar				*Trabajo industrial a domicilio*		*Posición de clase de los maridos y nivel de sus ingresos**														
							Proletariado			*Subproletariado*				*Pequeña burguesía*		*Campesino*	*Retirado*	*Otros: fuerzas armadas*			
Grupos	*Hogar nuclear joven*	*Hogar extendido joven*	*Hogar nuclear adulto*	*Hogar extendido adulto*	*Solamente*	*Más otro de paga*	*(2)*	*(3)*	*(4)*	*(1)*	*(2)*	*(3)*	*(4)*	*(3)*	*(4)*	*(1)*	*(1)*	*(2)*	*(3)*	*(4)*
A + B (*N* = 14)	35.8	21.4	28.6	14.2	21.4	78.6	28.6	28.6	—	28.6	7.1	—	—	—	—	—	7.1	—	—	—
C (*N* = 19)	42.1	26.3	26.3	5.3	68.4	31.6	15.9	15.9	10.5	—	15.9	—	10.5	—	5.2	5.2	—	5.2	10.5	5.2
D (*N* = 20)	70.0	15.0	15.0	—	75.0	25.0	10.0	35.0	25.0	—	—	10.0	5.0	10.0	5.0	—	—	—	—	—

* Ingresos: (1) = menos del salario mínimo; (2) = igual al salario mínimo; (3) = hasta el doble del salario mínimo; (4) = más del doble del salario mínimo.

angustia y desvalimiento, otras cólera. La mayoría de ellas sospechaban que el marido no aportaba todo lo que podía para cubrir los gastos colectivos.

El *segundo punto de control* estaba íntimamente ligado al primero: la decisión del marido sobre qué parte de sus ingresos iba a conservar para gastos personales o para traer dinero en el bolsillo. Las mujeres no ponían reparos a que los maridos retuvieran cierta cantidad como dinero para gastos particulares; por el contrario, consideraban legítimo que los hombres hubieran de pagar el transporte de ida y vuelta al trabajo, la comida del mediodía, y también unos tragos con los "cuates" después de la jornada de trabajo, costumbre tenida por señal de masculinidad. En ciertos casos el dinero para gastos particulares se dedicaba a comprar ropa, zapatos, etc. que se necesitaban para el trabajo del marido o para su vida social. Con lo que no estuvieron de acuerdo las esposas era con la cantidad retenida para gastos personales; en realidad el desacuerdo al respecto es la principal fuente de disputa y de violencia física entre los esposos de este grupo. A pesar de la batalla conyugal, 75% de los maridos dijeron la última palabra sobre el asunto; sólo en 14% de los casos hubo una decisión conjunta. Según tres esposas, la decisión fue de ellas, es decir, calcularon la cantidad mínima de dinero que necesitaban para mantener la casa, y sus respectivos maridos convinieron en ello sin demasiada resistencia. En general el promedio de dinero retenido para gastos personales se acercaba a 25% de los ingresos declarados.

El *tercer punto de control* es la forma en que se le da a la esposa el gasto o aportación: como suma en bloque o en entregas parciales. Este punto de control es muy importante porque ejerce una influencia directa sobre la calidad de la relación marital. Encontramos tres patrones principales: el primero era el *gasto amplio*; es decir, la aportación semanal se entregaba completa y era una suma fija. Con la aportación de la esposa, este fondo mancomunado cubría todos los gastos del grupo doméstico: la renta, las cuentas de víveres normales, el combustible para cocinar, la luz, el agua, los gastos escolares, la ropa, etc. De todos modos la esposa tenía la responsabilidad de estirar este fondo y hacer que alcanzara para todo, sin pedir nuevas aportaciones, salvo en emergencias. La situación opuesta era el *gasto restringido*, que sólo cubría las cuentas normales de víveres, el gas para cocinar y los gastos cotidianos de la escuela. El tercer patrón era un *gasto intermedio*, que cubría esas partidas y además la ropa o la renta. Sólo 40% de las esposas del grupo de fondo mancomunado manifestaron no sentir la necesidad de pedir fondos para gastos no amparados por la aportación original. Un poco menos de 40% recibían el gasto intermedio, y alrededor de 10% el restringido. El patrón amplio era el preferido por la mayoría de las esposas, con todo y sus numerosos faltantes. Según las esposas defensoras del patrón amplio, éste significaba que no tenían que preocuparse tanto por la posible falta de aportación del marido porque el dinero retenido por éste, supuestamente para cubrir la renta, la electricidad o la ropa, no fuera de hecho a parar a borracheras, juegos de baraja, carreras de caballos u otras mujeres. El gasto amplio le ahorraba además a la esposa la repetida humillación de mendigar y machacar hasta conseguir la suma prometida. La esposa que no se ve obligada a mendigar, pelear ni enzarzarse en una conducta de manipulación —directamente o por medio de los hijos— es relativamente menos dependiente que la atenida a esas cosas. Por el lado negativo, y como el gasto amplio era bajo, las esposas que tenían toda la responsabilidad de estirar el gasto descubrieron que ello requería mucha inventiva y era fuente de una profunda tensión psicológica. Esa fue la razón que, según se dijo, estaba en el fondo de dos intentos de suicidio acaecidos durante el curso del trabajo de campo. Las esposas que recibían un gasto restringido o intermedio no lo veían como división del trabajo, con reparto de responsabilidades entre ellas y sus respectivos maridos, sino como medio de mantenerlas en un estado de incertidumbre, preocupación y dependencia hasta que quedara pagada la siguiente renta. Es importante hacer notar que el patrón de gasto elegido no parecía guardar relación con el nivel de ingresos del marido, sino más bien con su preferencia personal.

La aportación de la esposa al fondo común es un *cuarto punto de control.* En todos los casos metían en el fondo la totalidad de sus ingresos, sin quedarse con el equivalente del dinero masculino para gastos personales. La decisión de mancomunar ingresos, según se decía (teniéndolo a orgullo en muchos casos), había sido elección de la propia mujer prácticamente en todos los casos. En realidad no tienen mucho de dónde escoger, puesto que sus ingresos son muy reducidos, y la ideología del altruismo maternal (Whitehead, 1981) las alienta a dedicar su ingreso a satisfacer las necesidades colectivas y no las individuales. Entre las mujeres de mayor edad, con relaciones conyugales muy conflictivas y sin derecho a jubilación ni pensión, gastar en la alimentación y educación de los hijos también podría introducir una medida del interés personal en el altruismo de la mujer. Esta mezcla de ideología y cálculo racional no es cuantificable, pero se debe tener presente que, sin importar la subyacente exposición razonada (necesidades imperiosas, ideología, cálculo racional o una combinación de los tres), incluso al mancomunar la esposa la totalidad de sus ingresos, su aportación al fondo común es por lo general inferior a la del marido. Sólo en unos cuantos casos en que el marido ganaba menos del salario mínimo legal, llegó la aportación de la mujer, con su trabajo en la calle, a igualar y en ocasiones a exceder la participación del marido (53% del fondo común semanal).

Estos datos indican cómo la posición de clase del marido fuera del hogar, distinta y mejor pagada, se traduce en una posición de mando en el contexto de la familia y del hogar. La situación, además, robustece —entre las esposas jóvenes cuya aportación al fondo es la más baja— sentimientos de inseguridad y dependencia. Las esposas hablaban desdeñosamente del nivel de su aportación al fondo común. Es más, como en las mujeres no existe un equivalente al dinero masculino para gastos personales, la cantidad que puedan gastar en ellas mismas debe ahorrarse del manejo de la casa, compitiendo así con los desembolsos colectivos que tienen definidos como propios. En las raras ocasiones en que la mujer se compra algo para sí misma, el placer que pudiera experimentar suele quedar opacado por un sentimiento de culpabilidad y de despojo a los hijos.

Ya hemos insinuado que la función administrativa de la esposa está cuajada de problemas y de angustia. Lo cual plantea esta pregunta: ¿hasta qué punto debe tenerse por manifestación de control, si lo es, el papel de la esposa en el manejo de un fondo de dinero muy limitado, ya mayormente destinado a cubrir aspectos básicos necesarios? A nuestro juicio esta apariencia de control es ilusoria. En realidad la esposa no tiene autonomía financiera; el fondo mancomunado ha de cubrir desembolsos inevitables. Además, el esposo no se retira de la escena después de entregar su parte, sino que sigue ejerciendo control. Éste es el *quinto punto de control,* que tiene varios aspectos. Primeramente el hombre se asegura de que *su* dinero se gaste en necesidades familiares básicas así como en su propio nivel deseado de consumo personal de alimentos, ropa, etc. No es de extrañar, pues, que uno de los principales incentivos de la esposa para ganarse unos pocos pesos en calidad de trabajadora en la calle, lavandera o sirvienta vaya ligado al deseo de ensanchar su limitada esfera de manejo.

En segundo lugar, en el caso de fuertes bebedores o de alcohólicos (la mayoría de los esposos cayeron en la primera categoría), es frecuente que "tomen prestado" dinero del fondo mancomunado para cubrir los gastos de la bebida, sobre todo si su propio dinero para gastos ya se ha esfumado a mediados de la semana. Esto indica que la esposa no tiene en realidad ningún control sobre la disposición del fondo mancomunado. A lo sumo la mujer puede presupuestar,[9] es decir, decidir si va a alimentar a la familia con tortillas y frijoles o con un trozo de carne, si va a comprarle a la hija un vestido o al hijo algo de ropa interior. Esta pesadilla del presupuesto es especialmente aguda a fin de mes, cuando vienen a cobrar la renta. Cuando a la esposa se le entrega un gasto amplio, es responsabilidad suya haber apartado cada semana dinero para pagar la renta a fin de mes. En la mayoría

[9] Pahl (1982) establece la distinción entre "controlar" y "presupuestar", que encontramos útil, aunque no hemos utilizado esos términos de la misma manera.

de los hogares es raro alcanzar ese objetivo, de modo que la semana final del mes está marcada por una disminución del consumo de alimentos en cantidad y en calidad y, en algunos casos (véase la nota 8), por el intento de conseguir préstamos de parientes o vecinos. Doña Soledad se refiere a esta situación con las siguientes palabras:

> Me da el gasto, desde luego, pero he de atender a que todo esté bien, que no falte nada, buena comida para él, sí, los mejores trozos son para él. Tengo que guardarle lo mejor de lo que consigo, si quiere carne de res, o lo que sea. Casi siempre quiere cerveza, a veces le gusta el pulque. Me dice: "Vieja, ¿ya está ahí el pulque?" o "Tráeme cerveza. ¡Después te pago!" Nunca lo hace. El jueves estoy sin un centavo y tengo que pedirle a mi comadrita para completar la semana. Él cobra el sábado, y ese día recibo el gasto y empiezo a pagar lo que debo. Sabe usted, manejar el gasto está duro, los precios suben y tenemos que comprar comida, pase lo que pase. Y si algo sale mal o si se enoja conmigo, hasta me puede dejar de dar gasto esa semana.

En tercer lugar el marido decide en última instancia sobre los tipos de gastos. Todas las decisiones relativas a desembolsos fuertes, que suelen ser poco frecuentes y son importantes en el sentido de que fijan el estilo general de vida en el hogar —comprar un terrenito para edificarlo más adelante, aparatos eléctricos, muebles nuevos—, son tomadas por el marido o en unos pocos casos son asunto de toma conjunta de decisiones.

Ahora pasamos al otro patrón: la *asignación para el manejo de casa*. Algunas características son parecidas a las que ya se han mencionado: un poquito más de 50% de las esposas no conocían el importe exacto de los ingresos del marido; éste se quedaba con dinero para gastos, la esposa no; la asignación se entregaba como suma global en un tercio de la muestra; para las demás era restringida; en un caso era diaria. La reacción de las esposas fue parecida a la que tuvieron las del grupo de fondo mancomunado, prefiriendo en su mayoría una asignación amplia. Las esposas presupuestan diversos tipos de gastos en vez de administrarlos, y están sometidas a parecidas restricciones en cuanto a desembolsos fuertes. Ahora bien, como se trata de hogares de ingreso más elevado, se informó de menos disputas por asuntos estrictamente monetarios.

La diferencia fundamental está en que el ingreso del marido y el de la esposa están destinados a distintas clases de consumo. Las necesidades básicas —la renta, las cuentas de víveres, el gas, la ropa, la escuela— están amparadas por el gasto o asignación para el manejo de casa; a los llamados "gastos extra" se les hace frente con los ingresos de la esposa. En general esos desembolsos mejoran el nivel de vida de la familia en calidad o variedad de bienes; o son sencillamente agasajos: comprar fruta o una comida especial, o dar a los hijos dinero para salir los domingos. Es útil enlistar algunos de esos desembolsos; para los hijos: ropa interior, calcetines, pantalones, juguetes, agasajos como refrescos, dulces, fruta; transporte a la escuela de ida y venida; zapatos o ropa de mejor calidad para ocasiones especiales como bodas o fiestas de 15 años; para el hogar: cazos, sartenes, sábanas, cobijas, cortinas, licuadoras, máquinas de coser, muebles de cocina, una máquina de escribir. El dinero de la esposa también servía para el ahorro, urgencias médicas, salidas dominicales de la familia, llevar a los niños al cine; sus propios vestidos, zapatos o ropa íntima, o para ayudar a parientes pobres sin tener que pedir permiso al marido.

Los problemas surgen mayormente del choque de definiciones del marido y de la mujer sobre lo que constituyen desembolsos fundamentales o cuál es la pauta mínima aceptable para la ropa de los niños, la escuela, los paseos. En realidad, a ciertas partidas de las que paga la esposa difícilmente se les puede llamar extras; algunas asignaciones sólo permiten un descarnado nivel de sobrevivencia y no abarcan las partidas extras de ropa, juguetes o agasajos que pueden hacer la vida más llevadera. Pero es el marido el que decide la norma mínima, raramente compartida por la esposa. Es más, a menudo la pareja no concuerda en la urgencia de hacer determinado gasto, pero es el marido quien decide no sólo qué es lo fundamental sino cuándo se necesita. Como lo expresa doña Chela:

> Necesito este dinero [del trabajo en casa] para comprar zapatos o ropa a los niños. Él los compra cuando le da la gana, no cuando hacen falta. Por ejemplo, mi hija Lupita tiene los zapatos viejos, no tiene vestido que ponerse para la boda de su tía. Le dije que Lupita no tiene zapatos ni vestido. Él cree que no son necesarios, de modo que yo se los compraré con mi trabajo.

La descripción de los patrones de distribución explica que ninguna de las suposiciones respecto al monolítico hogar/familia es válida en nuestra muestra en un sentido estricto. Los maridos y las esposas difieren en la definición de las necesidades básicas del complejo familiar, sus prioridades de consumo, el modo en que debe distribuirse el ingreso y la proporción que habrá de asignarse al fondo común, si lo hay. No hallamos, pues, que la unidad doméstica sea una entidad colectiva que adopte decisiones sobre patrones de asignación conforme a un único interés corporativo; en vez de ello encontramos puntos de control *principales* a lo largo de todos los circuitos de asignación, y es por medio de esos mecanismos como la mayoría de los maridos imponen los rasgos fundamentales de la sobrevivencia del hogar. El control de la mujer sobre sus ingresos no le ha dado un control significativo sobre el flujo total de las entradas porque no está en condiciones de renegociar los principales puntos de control a lo largo de ese flujo.

La subproletarización de la esposa —elemento que le permite "completar" el fondo común semanal o bien contribuir sustancialmente a cubrir las necesidades básicas o compensar los gastos que el marido no quiere reconocer— sigue estando, por lo tanto, subordinada a un control masculino general. Lo que se debe examinar ahora, relacionando los circuitos de distribución con los intercambios intraunidad doméstica de trabajo doméstico no pagado, es el precio que la mujer paga al perseguir esas estrategias laborales.

LOS CIRCUITOS DE DISTRIBUCIÓN Y LOS INTERCAMBIOS DE TRABAJO DOMÉSTICO NO REMUNERADO

Tanto en el grupo de fondo mancomunado como en el de asignación para el manejo de casa, la trabajadora industrial a domicilio, en su carácter de esposa y madre, lleva a cabo habitualmente todas las tareas necesarias para la reproducción diaria y generacional de la fuerza de trabajo. La lista es larga y abarca tareas cuantificables y no cuantificables. Entre las primeras están limpiar la casa y lavar platos, coser, zurcir, lavar y planchar, comprar el mandado y cocinar, supervisar la tarea de los niños en casa, buscar agua en una fuente colectiva en los periodos de sequía, atender a los niños, a los enfermos y a los ancianos, llevar al médico a los niños y a los ancianos. En la enumeración no cuantificable encontramos las relaciones sexuales, el proporcionar afecto y el dar alimento emocional y psicológico a los miembros del hogar. Trataremos aquí exclusivamente de los intercambios de trabajo doméstico cuantificable no pagado.

Por las explicaciones de las esposas hemos distinguido en el conjunto de mancomunamiento un continuo de situaciones —que llamamos grupos A, B y C— conforme a dos ejes básicos; uno, la proporción existente entre la aportación que la mujer entrevistada hace al fondo semanal hogareño y la aportación de su marido y, tal vez, de otros miembros del hogar; y dos, el cumplimiento o incumplimiento, por parte del marido, de su papel de proveedor económico del hogar. En el siguiente capítulo se recogerá un tercer factor no cuantificable: la calidad de la interacción conyugal.

Dentro del continuo del mancomunamiento encontramos, por lo tanto, los siguientes subcomplejos:

Grupo A: esposas que aportan una cantidad sustancial del fondo mancomunado semanal (más de 40%) y cuyo marido es proveedor económico regular (20.8% de la submuestra de 53 esposas).

Grupo B: esposas que aportan más de 40% del fondo mancomunado semanal pero cuyo marido casi ha dejado de aportar, lo hace en forma esporádica o, en un caso y por razones de enfermedad, no suministra una asignación para el manejo de la casa (5.4 por ciento).

Grupo C: esposas que aportan menos de 40% del fondo mancomunado semanal y cuyo marido sigue siendo el principal proveedor económico (35.8 por ciento).

Estos ejes articulaban los intercambios de trabajo doméstico entre los miembros de la unidad doméstica, pero funcionaban de diversa manera según la fase del ciclo vital familiar y la composición de parentesco de las respectivas unidades domésticas.

Sin embargo, antes de emprender este análisis parece conveniente hacer una breve referencia a ciertas características de los hogares de los grupos A, B y C.

Según se dijo anteriormente, los hogares que forman el continuo de fondo mancomunado tienen, en general, menos acceso a los recursos económicos que los del grupo D (el conjunto con asignación para el manejo de casa), pero desde luego existen diferencias internas que deben señalarse.

Según indica el cuadro VI.1, los grupos A + B se componen de los hogares más modestos de la muestra: 35.7% de los maridos ganan salarios inferiores al mínimo legal. Cerca de 80% de las esposas combinan el trabajo industrial a domicilio con otras actividades en el subproletariado, en los sectores de servicios personales y autónomo. Estas tareas se realizan en una forma estable (véase la nota 16 del capítulo V) y constituyen la principal fuente de ingresos de las mujeres entrevistadas.

El grupo C ocupa una posición equidistante entre el extremo más pobre (grupo A + B) y el de la mejor posición relativa (grupo D, el conjunto con asignación para el manejo de casa). Sólo un marido campesino tiene entradas inferiores al mínimo legal, y cerca de 60% de los maridos ganan entre el doble y más del doble del mínimo de ley. Sólo 31.6% de las esposas tienen empleos además del trabajo industrial a domicilio, y casi sin excepción los desempeñan en el propio hogar. La dueña de la ferretería (mencionada en el capítulo V) constituye un ejemplo atípico en este conjunto, dada su estabilidad y su mayor nivel de ingresos respecto al resto del grupo C.

Ahora pasaremos a examinar los intercambios de trabajo doméstico en los grupos A + B y C (continuo de mancomunamiento) y D (conjunto con asignación para el manejo de casa) según la fase del ciclo vital familiar y la composición de parentesco de las respectivas unidades domésticas (consúltense las definiciones en el capítulo II).[10] Para simplificar la discusión,

[10] Si bien en el capítulo II desde luego caracterizamos diversos tipos de unidades domésticas extendidas, así como todos los hogares, según que pertenezcan a las fases tempranas o avanzadas del estilo de vida familiar, no podemos sostener esta distinción en nuestro análisis de 53 hogares que componen la submuestra, porque es demasiado pequeño el número de casos en ciertas células. Por ello hemos resumido las categorías distinguiendo cuatro encabezados

recalcaremos las diferencias entre los grupos. Los hallazgos relativos al nivel educativo y a la ayuda recibida de los descendientes y otros parientes y su inserción en el trabajo, por ejemplo, deben tenerse por semejantes, salvo indicación en contrario.

Hogares en las fases tempranas del ciclo familiar

En los hogares nucleares del ciclo joven llama la atención el mayor número de horas semanales trabajadas por las esposas pertenecientes al grupo A (111 horas) y B (105 horas), que representan respectivamente 231 y 219% del máximo legal para la semana de trabajo (48 horas). Las esposas que componen el grupo D trabajan 92 horas, que representan 192% de la semana legal de trabajo; el grupo C también ocupa una posición intermedia: 103 horas con 30 minutos, equivalentes a 216% del máximo legal para la semana de trabajo.

Si esas horas se descomponen en la porción dedicada al trabajo pagado y la dedicada a las labores del hogar, aparece una tendencia opuesta. En otras palabras, mientras las mujeres pertenecientes a los grupos A y B reducen sus labores domésticas respectivamente a 56 y 49 horas (117 y 102% de la semana laboral legal de 48 horas), las mujeres del grupo D dedican un máximo de 67 horas a las labores domésticas (140% de la semana laboral legal). Por el contrario, las esposas de los grupos A y B concentran sus esfuerzos en el trabajo pagado (55 y 56 horas por semana), lo cual representa respectivamente 115 y 117% de la semana laboral legal; por su parte, las del grupo D que realizan trabajo industrial a domicilio dedican 25 horas al trabajo remunerado, o sea 52% del máximo legal de la semana laboral.

generales: nuclear de las fases tempranas, extendido de las fases tempranas, nuclear de las fases avanzadas, y extendido de las fases avanzadas del ciclo familiar.

Además quisiéramos recalcar que el cálculo del plan de horas para las trabajadoras industriales a domicilio fue una de las tareas más difíciles de nuestra investigación (junto con la determinación de los circuitos de distribución), dada la naturaleza del trabajo industrial a domicilio y de las demás tareas remuneradas a que se dedicaban las mujeres (errática, inestable, etc.). El trabajo industrial a domicilio puede iniciarse, interrumpirse, proseguir, según lo que decida la trabajadora industrial a domicilio; puede llevarse a cabo al mismo tiempo que otras tareas, como la supervisión de las labores hogareñas y el juego de los niños, o en diversas fases en la preparación de la comida. Una urgencia médica, por ejemplo, llevar a los niños al médico del Seguro Social o a que los vacunen, pospondría el trabajo industrial a domicilio para después. También es cierto lo contrario: una orden urgente del intermediario puede aplazar el lavado (se hará en otro día) y reducir al mínimo el trabajo de la casa que se haga ese día, haciendo que se acumule para el fin de semana. El abasto más o menos regular de trabajo industrial a domicilio, y la necesidad que la mujer entrevistada pueda tener de aceptar una cantidad mayor (o la misma) de trabajo industrial a domicilio, se combinan con los factores ya mencionados para hacer que sean aproximados los promedios de los arduos días de trabajo total rendido por las mujeres entrevistadas.

CUADRO VI.2. *Promedio semanal de horas de trabajo por grupos A, B, C y D*

Fase del ciclo familiar	*Grupo A*			*Grupo B*			*Grupo C*			*Grupo D*		
	Trabajo doméstico no remunerado	*Trabajo remunerado*	*Total*	*Trabajo doméstico no remunerado*	*Trabajo remunerado*	*Total*	*Trabajo doméstico no remunerado*	*Trabajo remunerado*	*Total*	*Trabajo doméstico no remunerado*	*Trabajo remunerado*	*Total*
Nuclear joven (*N* = 27)	56	55	111	49	56	105	66	37½	103½	67	25	92
Extendido joven (*N* = 11)	49½	51½	101	—	—	—	54	37	91	61	29¾	90¾
Nuclear adulto (*N* = 12)	46	44½	90½	42	34	76	60	27½	87½	58	34	92

NOTA: No se han analizado los hogares extendidos en fases avanzadas debido al pequeño número de casos en cada grupo.

A ojos de las esposas de los grupos A y B (y de los maridos del grupo A), la necesidad económica justifica dedicar un número máximo de horas al trabajo pagado, con el consiguiente relativo descuido de las labores del hogar. El ritmo del trabajo desarrollado por esas mujeres era especialmente intenso —recuérdese que la mayoría de ellas realizaban alguna otra actividad remunerada además del trabajo industrial a domicilio— y las horas diarias podían variar según la urgencia de las necesidades de dinero de la familia: por ejemplo, podía ocurrir que las mujeres tomaran más lavado ajeno, dejando de lado el trabajo industrial a domicilio, o que trabajaran más intensamente en ambas actividades, difiriendo labores domésticas que pudieran aplazarse hasta el domingo (lavado y planchado, limpieza de la casa, costura y zurcido, etcétera).

En el caso de las esposas del grupo D (conjunto con asignación para el manejo de casa), la estabilidad del marido en el trabajo, el mayor ingreso y la regularidad del gasto semanal permitían a esas mujeres dedicar sus ingresos a "extras". Al mismo tiempo se les exigía (ya fuese por sus propias normas o por parte de un marido para el que era importante una casa bien llevada) mantener un nivel de labores domésticas y de atención a los integrantes del hogar que no se observó en el resto de la muestra. Sólo en el grupo D pudimos observar horarios diarios estables y días y horas dedicados a limpieza de la casa, limpieza de los closets, ir de compras, pasear con la familia. Las trabajadoras de este grupo también le daban una alta prioridad al tiempo dedicado a los hijos, vigilando ya fuese su tarea escolar o sus juegos. Por otro lado, la existencia de una infraestructura doméstica más completa —los hogares más amplios comprendían una estancia aparte, cocina, cuarto de baño y una diversidad de muebles y utensilios— exigía una gran dedicación a las labores domésticas, para sacarle partido a esas mismas comodidades. El trabajo remunerado aparecía entonces como actividad secundaria, que venía después de dar cumplimiento a las principales obligaciones de ama de casa, esposa y madre. No es de sorprender que en nuestra muestra los promedios semanales más altos de tiempo dedicado a labores domésticas se registraran en este grupo. Al mismo tiempo, todas esas mujeres manifestaron que descansaban el domingo, queriendo decir que realizaban un mínimo de labores domésticas, disfrutaban paseos por la tarde con el marido y los hijos, y ese día veían la televisión igual que durante la semana, etcétera.

Por último, la distribución interna de tiempos en el grupo C mostró una dedicación a las labores domésticas parecida a las del grupo D (66 horas por semana, o sea 138% del máximo legal semanal, pero alrededor de 12 horas más que el último para trabajo remunerado y unas 18 horas menos que el grupo A). Las esposas del grupo C, por lo tanto, cumplían primero sus obligaciones domésticas y luego dedicaban el resto de su tiempo al trabajo remunerado, sacrificando así horas de esparcimiento tanto durante los días hábiles como en los fines de semana para alcanzar ese objetivo.

Los largos días de trabajo total de todos los grupos se debían además en parte al tipo y al ciclo vital de los hogares estudiados. Eran jóvenes hogares nucleares en los que las mujeres entrevistadas tenían poca ayuda en labores domésticas y en trabajo industrial a domicilio por parte de hijos más bien pequeños, además de la exigua o nula colaboración del marido, característica común a todos los grupos de la muestra.

Como primer acercamiento a la ayuda recibida de hijos y de marido, hemos calculado el porcentaje de maridos y de hijos de edad suficiente para ayudar (6 años o más) que realmente ayudan en forma efectiva, ya sea con labores domésticas o con trabajo industrial a domicilio, a la mujer entrevistada. Véanse los cuadros VI.3a y VI.3b.

Cabe notar que la ayuda solicitada a los hijos en labores domésticas y en trabajo industrial a domicilio es mayor en el grupo A que en los grupos D y C. En el grupo A ayudan incluso niñas menores de 6 años, cosa que no ocurre en los demás grupos. El caso del hogar del grupo B es atípico, ya que la visita diaria de la abuela materna reemplaza la ayuda de los hijos en la ejecución de labores domésticas. También merece subrayarse la división por géneros de la ayuda en labores domésticas y trabajo industrial a domicilio: las hijas ayudan en mayor proporción que los hijos; esta característica, sin embargo, es menos pronunciada que en los hogares del ciclo avanzado. La diferenciación por géneros no es sólo cuantitativa sino fundamentalmente cualitativa. Según su edad, las hijas ayudan con tareas más ligeras, como llevar recados, hacer compras menores, sacar la basura o, si tienen más de 10 años, es posible que se encarguen parcial o totalmente de la compra de abarrotes, limpien la casa, laven los platos y la ropa, planchen, atiendan a los hermanitos y hermanitas llevándolos a la escuela o cuidándolos mientras juegan. Los hijos varones, sea cual fuere su edad, sólo realizan tareas menores y concentran sus actividades fuera del núcleo.

La ayuda que la mujer trabajadora puede exigir en el trabajo industrial a domicilio depende mucho del tipo de trabajo. Hay tareas que la madre considera demasiado peligrosas para delegarlas en los pequeñitos en virtud del riesgo físico, por ejemplo, pulir plásticos con una charrasca o cortar encaje con tijeras.

De todos modos necesitan ayuda en tareas más sencillas como la de envolver, pero no cortar, el rollo de encaje; llenar de pepitas los envases de celofán; o completar las fases menos complicadas del armado de plumas y juguetes, como meter las cuentas de madera en los alambres del ábaco.

¿Qué ayuda presta el marido? Aunque muchos de ellos ayudan en cierta

CUADRO VI.3a. *Porcentaje de maridos, hijas, hijos y otros familiares mayores de 6 años que ayudan en labores domésticas y trabajo a domicilio*

Fases del ciclo familiar	*Grupo A*										*Grupo B*									
	Maridos		*Hijas*		*Hijos*		*Otros parientes femeninos*		*Otros parientes masculinos*		*Maridos*		*Hijas*		*Hijos*		*Otros parientes femeninos*		*Otros parientes masculinos*	
	L	*T*	*L*	*T*	*L*	*T*	*L*	*T*	*L*	*T*	*L*	*T*	*L*	*T*	*L*	*T*	*L*	*T*	*L*	*T*
Nuclear joven	100	25	100[a]	100[a]	67	67	—	—	—	—	100	0	100	0	67	0	0	100	—	—
Extendido joven	100	33	0	0	0	50	100	50	—	—	—	—	—	—	—	—	—	—	—	—
Nuclear adulto	100	33	100	100	43	71	—	—	—	—	100	0	100	0	100	50	—	—	—	—

L = Labores domésticas
T = Trabajo a domicilio
[a] Además hubo cuatro hijas menores de 6 años de edad que ayudaban en labores domésticas no remuneradas y trabajo a domicilio.

CUADRO VI.3b. *Porcentaje de maridos, hijas, hijos y otros familiares mayores de 6 años que ayudan en labores domésticas y trabajo a domicilio*

Fases del ciclo familiar	*Grupo C*										*Grupo D*									
	Maridos		*Hijas*		*Hijos*		*Otros parientes femeninos*		*Otros parientes masculinos*		*Maridos*		*Hijas*		*Hijos*		*Otros parientes femeninos*		*Otros parientes masculinos*	
	L	*T*	*L*	*T*	*L*	*T*	*L*	*T*	*L*	*T*	*L*	*T*	*L*	*T*	*L*	*T*	*L*	*T*	*L*	*T*
Nuclear joven	63	13	42	29	78	62	—	—	—	—	71	14	64	73	20	53	—	—	—	—
Extendido joven	80	20	33	33	17	17	80	40	50	50	67	0	67	100	0	100	33	33	0	100
Nuclear adulto	80	20	92	31	20	40	—	—	—	—	67	33	83	67	20	53	—	—	—	—

L = Labores domésticas
T = Trabajo a domicilio

medida, sobre todo en los hogares más necesitados (grupos A y B), esa ayuda se centra casi exclusivamente en actividades fuera del hogar: pagar cuentas, realizar transacciones formales, a veces echar un viaje a la semana al mercado central. Dentro del hogar es posible que se encarguen de las reparaciones, y unos cuantos revisan la tarea escolar de los hijos o juegan con éstos. No hubo ningún caso de colaboración en la limpieza de la casa ni en la preparación de alimentos, salvo en un caso extremo de una mujer enferma en el que no se pudo contar con ninguna otra parienta. La ayuda del marido en el trabajo industrial a domicilio es, pues, ínfima. En ocasiones ocurre que amarre cajas de cartón o que envase pepitas con los niños o, en el caso de un marido con automóvil, que recoja de la fábrica las cobijas que su esposa pueda vender a sus conocidos.

Los intercambios de ingresos y labores domésticas y la ayuda con trabajo industrial a domicilio entre cónyuges e hijos deben verse en relación con el posible "lanzamiento" de los menores a la fuerza laboral, su retención en la escuela o una combinación de las dos posibilidades. Los siguientes hallazgos son semejantes en todos los grupos, cualquiera que sea la composición del hogar y la etapa del ciclo vital familiar. Todos los niños en edad escolar de primaria o secundaria van a la escuela. La participación en la fuerza laboral de los hijos en edad de trabajar (los que tienen 11 años o más) es baja en todos los grupos[11] y subraya la importancia de la aportación materna en hogares de bajo ingreso (grupos A y B y ciertos miembros del grupo C). Al ampliar al máximo su propia jornada total de trabajo, la madre evita el lanzamiento prematuro de sus retoños a la fuerza laboral. El alargamiento del tiempo dedicado a trabajar y la habilidad ejercida en el manejo del presupuesto, estirando el gasto hasta el límite, fueron los mecanismos subyacentes que permitían este alto nivel de asistencia a la escuela.

En los hogares *extendidos* en las fases tempranas del ciclo familiar, el sistema de contar con la ayuda de parientes adultos residentes para labores domésticas y trabajo industrial a domicilio fue fundamental en las estrategias de trabajo de la mayoría de las esposas. La eficacia de esta colaboración dependía de una serie de factores, tales como: el género del pariente de que se tratara, la razón de que estuviera en la casa, y si pertenecía a la rama familiar del marido o de la mujer. Los parientes masculinos, sobre todo los del marido, difícilmente ayudaban siquiera en ninguna tarea do-

[11] Sólo trabajan tres hijos; dos hijos varones asisten a la secundaria. La hija que trabaja ya terminó la secundaria y ahora es auxiliar en una farmacia. Los tres se quedan con parte de sus ingresos para comprar material escolar o para sus propios gastos y le dan el resto a la madre como aportación al fondo común.

Sale sobrando decir que toda inserción laboral de hijos de hogares nucleares jóvenes o de hogares extendidos los coloca en las filas del proliferante subproletariado de la ciudad de México.

méstica y eran vistos como una responsabilidad más en una semana de trabajo ya dura de por sí. En cambio las mujeres entrevistadas tenían la seguridad de contar con la ayuda de su madre, hermanas y tías que vivieran en la casa, sobre todo si estas últimas dependían del ingreso de la familia nuclear para su sustento actual o futuro, para pagar la escolaridad o periodos de "aclimatación" antes de salir a buscar trabajo en la ciudad de México.

La reducción de horas empleadas en labores domésticas lograda por la colaboración femenina osciló entre seis horas en el grupo D, seis horas y media en el grupo A y 12 en el grupo C (véase el cuadro VI.2). Al paso que el número de horas dedicadas a trabajo remunerado no cambió grandemente, la ayuda recibida en labores hogareñas permitió a las trabajadoras industriales a domicilio periodos más largos de esparcimiento durante la semana y (sobre todo a las mujeres de los grupos A y C) también en los fines de semana al reducir el número total de horas trabajadas a 101 y 91 horas, lo que representa respectivamente 210 y 190% de la semana legal de trabajo. Por otro lado, la colaboración de parientas significa la sustitución de niños pequeños o de adolescentes en el cumplimiento de responsabilidades domésticas (véanse los cuadros VI.3a y VI.3b).

Dos ejemplos ilustran la importancia de esta colaboración para las estrategias de trabajo de las mujeres entrevistadas. En el hogar de Betty son evidentes el conflicto y la tensión acarreados por la presencia de parientes y su influencia en la calidad de la relación marital. En nuestra primera entrevista vivía en la casa la hermana de Betty, soltera de 17 años, estudiante en una escuela de comercio, que ayudaba en las labores domésticas y en el trabajo industrial a domicilio. En posteriores visitas vimos que Betty, cansada de servir desayunos y comidas, había resuelto volver a trabajar como sirvienta por horas, dándole a su hermana dinero semanal para gastos a fin de que atendiera a los hijos. Su unión no duró mucho, porque Betty se negó a aceptar al perezoso novio de la hermana. Ésta se mudó a casa de su cuñada, y Betty llamó a su suegra, que era campesina, para que se hiciera cargo de los niños. Esa colaboración produjo todavía más conflictos porque la suegra empezó a consentir o "chiquear" al marido de Betty y a criticar a la nuera por ser "muy ambiciosa y descuidar a los hijos". En nuestra última entrevista Betty había conseguido que la suegra regresara a su casa, había metido a uno de los niños en una guardería y había dejado en manos de su cuñada al que gateaba, reduciendo al mínimo su trabajo industrial a domicilio y dedicando más horas a trabajar de sirvienta. Aunque el marido de Betty era obrero de una fábrica en la que ganaba el doble del salario mínimo de ley, su aportación al fondo de la unidad doméstica no alcanzaba para la ejecución de otros planes que Betty consideraba importantes: salirse de esa apiñada vecindad, comprar algunos muebles y mejorar la alimentación de los hijos. Como el marido era tacaño y había que mendigarle la asignación del gasto (situación que Betty encontraba humillante), a Betty le pareció que la única salida era aumentar la cantidad del trabajo remunerado fuera del hogar.

En nuestro segundo ejemplo, en cambio, vivía también con Chepa su hermana de 20 años, a la vez que trabajaba en un taller de costura y asistía a una escuela de comercio. Dadas sus numerosas ocupaciones, esta hermana sólo ayudaba en los fines de semana. A Chepa no le parecía bien pedirle más ayuda a su hermana, porque ésta trabajaba para ayudar a su familia en el campo. Esta concertación, aunque no "liberaba" a Chepa, le permitía dar a sus padres una ayuda indirecta (les había ayudado directamente de soltera, pero ahora su marido no le daba bastante dinero) y cuidar de sus hijitos mientras hacía trabajo industrial a domicilio.

La ayuda en labores domésticas no remuneradas y en trabajo industrial a domicilio por parte de mujeres que viven en la casa (véanse los cuadros VI.3a y VI.3b) no va acompañada, salvo en un caso, por una aportación en efectivo al fondo común existente, a pesar de que la mitad de esas familiares se dedican, ellas mismas, a trabajo remunerado.[12] Su ingreso se dedica a gastos personales, ahorros para casarse y, lo que es más frecuente, ayuda a progenitores pobres que viven en el campo. Parecida pauta se halla entre los parientes masculinos. Aunque todos se dedican a trabajo remunerado, sólo una minoría de ellos hacen aportaciones (muy bajas) al mancomunamiento familiar, y utilizan la mayor parte de su sueldo para sus propios gastos o en ciertos casos para ayudar a parientes del campo.

Hogares en las fases avanzadas del ciclo vital familiar

En los hogares nucleares de adultos[13] se reducen las diferencias entre los tres grupos de mujeres entrevistadas en cuanto al promedio del número de horas trabajadas a la semana. Así, en el cuadro VI.2 encontramos que el complejo A completa 90 horas con 30 minutos; el complejo D, 92 horas, y el complejo C, 87 horas con 30 minutos (189, 192 y 182% respectivamente del máximo legal de 48 horas para la semana de trabajo). La única traba-

[12] Con excepción de dos mujeres, el resto de los parientes de uno u otro sexo instalados en el hogar sin ser miembros de la familia pertenecen al subproletariado asalariado o autónomo de la ciudad de México.

[13] Sólo nos referiremos a las unidades domésticas nucleares en las fases avanzadas del ciclo familiar, puesto que nuestra muestra sólo comprende tres unidades domésticas extendidas en esta fase, mismas que corresponden a distintos grupos de mancomunamiento (A, B y C), lo cual descarta toda generalización.

jadora industrial a domicilio del grupo B completa 76 horas semanales (158% de la semana legal de trabajo). El grupo B completa 76 horas semanales (158% de la semana legal de trabajo).

Las esposas del grupo A (económicamente más necesitadas) siguen siendo el grupo que dedica más horas al trabajo remunerado: 44 horas con 30 minutos (93% de la semana legal de trabajo), y junto a las esposas del grupo B son las que dedican menos horas a las labores del hogar: 46 y 42 horas (respectivamente 96 y 88% del máximo legal para la semana de trabajo). Sin importar que los promedios semanales sean altos, asimismo son considerablemente inferiores a los de los grupos nucleares del ciclo joven, circunstancia que subraya la enorme ayuda recibida por la trabajadora industrial a domicilio en sus labores domésticas, sobre todo por parte de sus hijas. Véanse los cuadros VI.3a y VI.3b.

En esos hogares, que tienen hijos adolescentes o adultos o las dos cosas, se observa una división de género muy marcada en la ayuda con labores domésticas. La totalidad de las hijas de los grupos A y B, 92% de las del grupo C y 83% de las del grupo D ayudan a su madre con tareas que exigen una gran responsabilidad, y en algunos días casi sustituyen a la madre. Los hijos varones o no ayudan en las labores domésticas o ayudan sólo con tareas como recados y compras. En el único hogar sin hijas, los hijos varones adolescentes y adultos ayudaban en la limpieza de la casa y en las compras, pero no en el lavado de ropa ni en la preparación de las comidas. La ayuda en el trabajo industrial a domicilio es más igualitaria por parte de los dos géneros, si bien las hijas tienden a predominar una vez más (véanse los cuadros VI.3a y VI.3b). La ayuda por parte del marido sigue las mismas pautas que las observadas en otros grupos, salvo en el caso del miembro del ejército, que cuando se siente con ganas regresa de la base y trapea el piso de la cocina, lava el refrigerador o encera o arregla cosas. Pero en todos esos casos la ayuda del marido es optativa y depende de su humor y de su buena voluntad.

Una interesante pregunta es la de por qué esas esposas de los grupos A, B y C, que cuentan con la enorme ayuda de sus hijas adolescentes o adultas, no dedican más tiempo al trabajo pagado. En otras palabras, observamos una estrategia de esfuerzo inferior al máximo en trabajo pagado, sobre todo en los hogares más necesitados del grupo A. Esto indica que las mujeres prefieren reducir lentamente el ritmo del trabajo y descansar más, por lo menos el domingo después de comer, y tal vez ocasionalmente durante la semana. Las mujeres de edad avanzada, con salud y energía menguantes, sienten que ya han trabajado y contribuido bastante al sostén de su hogar. Ahora quieren aprovecharse de un periodo de relativa estabilidad económica (cuando el marido no falla en el cumplimiento de sus obligaciones económicas como en el pasado y/o cuando unos cuantos hijos adultos hacen una aportación al fondo mancomunado).[14]

De esta manera confían en recuperar fuerzas para otros periodos de esfuerzo intensificado que puedan esperarles más adelante. Éste es el caso de doña Soledad, cuyo historial de trabajo hemos presentado en el apéndice al capítulo V. Pero los promedios ocultan las variaciones aisladas. Un ejemplo es doña Goya, del grupo A, presentada también en el capítulo V. Madre de 10 hijos (de edades entre 3 y 17 años), tiene trabajo estable lavando ajeno varios días a la semana, y está casada con un marido proletario que gana el salario mínimo legal. Quiere que todos sus hijos terminen por lo menos la secundaria o la preparatoria. Goya trabaja un total de 111 horas a la semana (231% de la semana laborable legal) y completa por sí sola 59 horas de labores domésticas a pesar de la gran ayuda que obtiene de sus cuatro hijas mayores y de que todos sus retoños en edad de trabajar colaboran en el trabajo industrial a domicilio (armado de juguetes). Durante la visita a doña Goya pudimos apreciar el auténtico "ejército de trabajo" que esta esposa había organizado, cuando todo el mundo arrimaba el hombro una vez que los niños habían terminado su tarea escolar. Con este esfuerzo extraordinario por parte de todos los miembros útiles del hogar (excepto su marido), Goya estiraba el fondo común para sostener a ocho niños y adolescentes: en el jardín de niños, la primaria, la secundaria y (la hija mayor) en la escuela de enfermeras.

CONCLUSIONES

La "descomposición" de los hogares de las trabajadoras a domicilio según pautas de asignación y control de ingresos, y los vínculos entre estos últimos y los intercambios de trabajo doméstico no pagado ponen al descubierto

[14] Sólo una hija y un hijo tenían puestos de planta. Respecto a la asignación del ingreso por parte de los hijos adultos, la situación era heterogénea. La hija que era secretaria era una de las principales aportadoras al fondo común en uno de los hogares en que el ingreso del ganador del sustento era inferior al mínimo legal; las demás hijas dedicaban sus ingresos a gastos personales y escolares. El hijo que tiene trabajo de planta es el principal aportador al fondo común en su hogar; los hijos varones pertenecientes a la familia que está pagando su casa también aportan con regularidad la mitad de su ingreso; los hijos varones de otro hogar lo hacen a veces; un adolescente que carga y descarga en el mercado también contribuye (cuando consigue trabajo); y un último hijo, obrero de la construcción, no contribuye y, según la mujer, se guarda el dinero para "sus vicios" (fuma mariguana).

La aportación hecha por los hijos adultos no sigue, pues, un modelo único; depende más bien del volumen de las necesidades económicas en el hogar de que se trata y de la habilidad de la mujer para convencer a los hijos "renuentes" de la necesidad de esta ayuda. En el caso de hijos varones comprometidos, posiblemente interesados en ahorrar para su propio hogar futuro, la lealtad al hogar en que vive y la obligación para con su madre compiten con las exigencias de su futura esposa.

las penalidades en la puesta en práctica de las estrategias de trabajo de la mujer. Simultáneamente nos enteramos de que el control de la mujer sobre sus ingresos se traduce sólo en forma ínfima a un mecanismo de regateo relativo a la contribución de la mujer en labores domésticas no pagadas.

Para un observador de fuera, los intercambios descritos de ingreso y trabajo parecen obviamente asimétricos porque entrañan una cantidad desproporcionada del total de horas trabajadas por las esposas. Pero este hallazgo tiene que "descomponerse" además en sus componentes de paga y sin paga para vincularlo mejor a las estrategias de la mujer. Al elevar el número de horas dedicadas al trabajo remunerado, la mujer articula su definición de las necesidades familiares y objetivos de bienestar colectivo que afectan, en particular, a sus hijos. En un número no determinado de casos, especialmente entre mujeres de edad avanzada, la prosperidad colectiva también puede abarcar la evaluación de la mujer sobre sus intereses materiales y seguridad a largo plazo. Además, al agrandar el fondo común por medio de sus estrategias de trabajo y su ingreso, la mujer conseguía atenuar el control del marido sobre la vida de ella y también aumentar la propia estimación de sí misma.

Por el lado contrario, el tiempo gastado en labores domésticas no remuneradas representa el cumplimiento por la mujer de sus deberes de madre y esposa, establecidos por el contrato matrimonial de la clase obrera, si bien ciertas faenas incluidas en la vivencia de su maternidad y en su imperio administrativo no fueron sentidas solamente como deberes sino también como derechos y parte de su legítima esfera de género. Este incómodo equilibrio entre metas, deberes y derechos no es estático; la mujer los redefine según la historia pretérita y la vivencia actual de la dinámica conyugal.

Lo que cabe recalcar es que en los diferentes contextos de grupos de mancomunamiento y asignación de manejo de casa, es muy limitada la capacidad de la mujer para manipular el deber como componente de su carga total de trabajo. De hecho, la capacidad de regateo de la mujer se reduce a decidir si se centra en el trabajo remunerado o en el no remunerado (en los hogares nucleares jóvenes) o si disminuye su propia parte de las labores domésticas haciéndose sustituir por las hijas mayores (en el hogar nuclear adulto) o por otras parientas (en el hogar joven extendido). Pueden reclutar el trabajo de otras mujeres. Sin embargo, en ningún caso ha sido capaz la mujer de disminuir en forma apreciable su propia aportación logrando que el marido (u otro pariente masculino) se encargue de una parte de las labores domésticas.

¿Qué relación guardan las estrategias laborales de la mujer con los procesos sociales de formación y reproducción de clases? En primer lugar, esas estrategias facilitan la proletarización del propio marido. Al mismo tiempo, el ingreso derivado de la subproletarización de la mujer en el trabajo industrial a domicilio y en otras actividades remuneradas, al igual que su aportación fundamental en labores domésticas y la socialización de sus hijos, son elementos esenciales en la reproducción de una clase obrera fragmentada siguiendo líneas de género. Tal como lo han sostenido muchos autores, el sueldo del marido proletario es insuficiente para cubrir el mantenimiento y la reproducción de la familia, que no están garantizados por el capital sino que dependen de la carga total de trabajo de la mujer.

Del mismo modo, el estudio de los circuitos de distribución y la definición de las necesidades y prioridades hogareñas arrojan nueva luz sobre los mecanismos de reproducción de la clase obrera que las estrategias laborales y los sacrificios de la mujer hacen posibles.

Como el hombre que tiene dinero para gastos puede contribuir de diversas maneras a su propio consumo personal y también al sostenimiento de otras unidades domésticas o casas chicas (habitación o casa que se comparte parcialmente con una concubina), no es posible identificar una estrategia de unidad doméstica única para la reproducción de la clase obrera. Cada unidad doméstica constituye el lugar geométrico de las estrategias de los cónyuges, que convergen en un mismo ruedo y entrañan un compromiso distinto para su continuación. Las estrategias del hombre constaban de componentes colectivos e individuales; las de la mujer, estrechamente ligadas a la situación presente y futura de los hijos, tendían a un carácter global, colectivo. De hecho, el marido proletario, en virtud de la inserción en su propia clase —que garantiza salarios protegidos y la cobertura del seguro social— puede permitirse ser más individualista que la mujer, en especial la de edad más avanzada y de menor educación, la cual, debido a su propio historial laboral y a su actual inserción en el trabajo, sabe con certeza casi absoluta que no ingresará en las filas del proletariado. Por lo tanto se halla más obligada a generar estrategias colectivas, porque está atenida a la buena voluntad presente y futura del marido y también al apoyo posterior de los hijos. De este modo, la calidad y viabilidad de la reproducción de clase en el ámbito de la unidad doméstica parece ir íntimamente unida a las estrategias de la mujer y a sus formas de subordinación como género.

VII. EL CONTRATO MATRIMONIAL: RENEGOCIACIÓN Y TOMA DE CONCIENCIA

ESTE capítulo desarrollará más extensamente los lazos entre el limitado control de las esposas sobre las pautas intraunidad doméstica de flujo y asignación de dinero y la renegociación de las relaciones de género dentro del hogar. Aquí nos mueve el propósito de comprender las esferas, alcances y límites de las luchas de las esposas en este terreno. ¿Por qué consienten las mujeres en intercambios aparentemente asimétricos de ingreso y labores domésticas sin paga? ¿Qué relación guardan estos intercambios materiales con zonas más íntimas de la dinámica conyugal (sexualidad, control de la fecundidad de la esposa, compañerismo, crianza, sentimientos de afecto y de rechazo) y con la conciencia de la mujer sobre la opresión y subordinación del género? ¿Y cómo se ligan esos episodios familiares "privados" a los procesos de construcción de clase y género que trascienden la inmediatez del hogar de hoy?

Para contestar estas preguntas, afirmaremos que es necesario examinar las expectativas normativas que regulan la interacción legítima o "correcta" y los intercambios entre marido y mujer: el contrato matrimonial de la clase obrera; su inserción en el amplio marco de la conciencia de la esposa como "interpretación del mundo"; así como los mecanismos de control empleados por los dos miembros de la pareja cuando la ideología falla y el consentimiento debe conseguirse al costo que sea.

EL CONTRATO MATRIMONIAL DE LA CLASE OBRERA

No existe un contrato matrimonial de clase obrera aislado y estático;[1] por el contrario, el matrimonio entraña una continua renegociación de los términos de interacción e intercambio entre los esposos. En nuestra muestra estos procesos van unidos a diversas características: el nivel de la aportación del marido al fondo mancomunado; la calidad de su comportamiento frente a la esposa; la importancia de la aportación de la esposa al fondo común y su evaluación de la situación marital y posibles alternativas; y la expe-

[1] No nos estamos refiriendo a la obligación legal inserta en el contrato matrimonial formal, sino a las explicaciones dadas por las mujeres cuando se les pregunta por los aspectos normativos y de conducta de su respectiva unión.

riencia general de la vida en la esposa (si es joven, recién casada, o de mayor edad y más escéptica).

Al inicio de su unión, la mayoría de las parejas tenían expectativas divergentes sobre lo que debía ser la vida de casados. De aquí provienen los conflictos y la violencia que caracterizan las rutinas diarias de la mayoría de las familias entrevistadas. Cuando las restricciones ideológicas ya no surten efecto, se suele recurrir a mecanismos económicos y coercitivos en un esfuerzo por rechazar o por imponer una definición remodelada de la interacción familiar. Avances, retiradas, realineamiento de fuerzas —por lo general con la colaboración de hijas o hijos— eran rasgos comunes de la lucha marital.

Las expectativas de los papeles conyugales sustentadas comúnmente por las mujeres comprendían varias dimensiones. En primer lugar, el marido debía proporcionar una asignación para el manejo de casa lo bastante grande para sostener la familia. Puesto que los ingresos son generalmente bajos, la asignación para el manejo de casa debía cubrir por lo menos la mayoría de los gastos básicos sin atacar el derecho del varón a cierto dinero personal para gastar. La mitad de las mujeres declararon que el hombre debía ayudar en ciertas faenas domésticas, si bien confesaron que raras veces se cumplió esa expectativa. Se le dio gran importancia a la calidad o naturaleza del comportamiento del marido. Las esposas esperan un poco de "respeto", con lo cual quieren decir el no ser maltratadas físicamente ni de palabra y el no ser humilladas por una infidelidad patente. También esperan cierta delicadeza de trato o sensibilidad para con sus sentimientos, sobre todo respecto a la sexualidad, y un reconocimiento de su aportación como esposas y madres al bienestar del hogar. También esperaban tener algún dominio sobre su fecundidad (el número de hijos deseados) y el uso de anticonceptivos ya fuese por sí mismas (en el caso de esposas de mayor edad) o en consulta con el esposo (las esposas más jóvenes). Algunas mujeres, sobre todo las jóvenes y recién casadas, mencionaron también que esperaban camaradería, afecto y amor. A cambio, las esposas debían facilitar servicio doméstico no pagado, atención a los hijos y exclusividad sexual. Por lo que se refiere al trabajo remunerado, la mayoría de las mujeres del grupo de fondo mancomunado dijeron que, para ellas, la vida siempre ha significado trabajo y probablemente siempre significará trabajar para ganarse la vida. *Tenían* que trabajar si querían asegurar un nivel básico de vida o educación para sus hijos. Además *querían* trabajar para asegurar un grado mínimo de autonomía y control sobre su vida. Las mujeres del grupo no mancomunado también defendieron su *derecho a trabajar* por muchas de las mismas razones, incluyendo la necesidad de autonomía y propia estimación. Sólo tres mujeres dijeron que su legítimo imperio era exclusivamente doméstico y que les ofendía tener que encargarse de un empleo remunerado.

Es importante recalcar que todas las esposas pensaban que su conducta —en las esferas doméstica y pública— no debía transgredir los límites impuestos por el "respeto" debido a sus "señores", respeto que definían como obediencia y deferencia, si bien la definición exacta y los límites del respeto variaban según la experiencia marital de cada persona.

Se mencionaban como elementos constitutivos de los deberes de la esposa según el contrato matrimonial: labores domésticas sin pago; alumbramiento y crianza de los hijos; y la sexualidad y, en especial, su articulación puede definirse y ponerse en práctica de manera distinta según el concepto que cada mujer tiene de la "decente" calidad de esposa y madre y de los mundos y valores relacionados con el género. Éstos definen además sus derechos conforme al contrato y forman parte de la propia conciencia de las esposas que abarca "visiones" o "interpretaciones del mundo". Llegado este punto, parece necesaria una digresión sobre nuestra fijación del concepto de la propia conciencia con vistas al análisis que se desarrollará en el resto de este capítulo.

Sobre la propia conciencia

Las discusiones sobre la propia conciencia de la mujer —concepto raras veces definido, si llega a serlo— suelen reunir dos de las posibles connotaciones del término.[2] La primera, que llamaremos conciencia en tanto comprende "interpretaciones" o "visiones" del mundo, se refiere a un conjunto de símbolos en función de los cuales el actor humano, hombre o mujer, se aproxima y da sentido a la realidad no social y social, así como a su propio yo. Esas interpretaciones del mundo pueden abarcar una mezcla de trocitos de explicaciones basadas en la tradición popular, el sentido común, el conocimiento científico, la religión, las observaciones empíricas y la propia experiencia presente y pasada del sujeto; se expresan en su definición de normas, valores y expectativas de su papel, todo lo cual compone los códigos que dan significado a sus mundos interno y externo.

Todavía siguen sin desarrollarse la teorización de la conciencia como "interpretación del mundo" y el estudio empírico de los procesos de interpretación de los significados de clase, género, etnia y raza, sus relaciones recíprocas, fuentes y variaciones. Más aún si uno rechaza la noción de que la

[2] Nuestra fijación del concepto de conciencia no pretende agotar la diversidad de puntos de vista sobre este controvertido tema. Compárese, por ejemplo, a Giddens (1964) con Etzioni (1968) y, desde una perspectiva femenina, Rowbotham (1979).

conciencia de mujeres y hombres de la clase obrera es una simple mistificación de una ideología de clase dominante o, por lo contrario, el desenlace aislado y homogéneo de la propia experiencia de los trabajadores, impermeable a la influencia de otras capas sociales. Sin embargo, sigue siendo asunto de investigación y debate la naturaleza exacta de los vínculos que el sistema de valores y la ideología dominantes de una sociedad —empezando por una sencilla pregunta: ¿existe una ideología dominante?— tienen con la conciencia como "modo de ver el mundo" por las clases subordinadas (y dentro de éstas sus diferenciaciones internas según género, raza, etnicidad).[3]

La segunda connotación de la conciencia es el conocimiento o el "prestar atención". Como tal, la conciencia es un concepto de relación que siempre hace referencia a algo —estar consciente de la explotación de clases, de la subordinación de género o de la opresión étnica o racial, contra uno mismo o contra otros— y hace un llamado a la capacidad de percibir un objeto dentro de un contexto, a "darse cuenta de su lugar en un marco de referencia más amplio" (Etzioni, 1968). Por medio de esta conciencia son perceptibles las interconexiones entre detalles de la sociedad, como por ejemplo la relación entre golpear a la esposa y el dominio masculino generalizado en el seno de una sociedad sexista, ya sea capitalista o socialista.

Aunque la conciencia como visión y la conciencia como conocimiento suelen estar relacionadas, es importante distinguir entre ambas. Ninguna persona se da cuenta explícitamente de todas las interconexiones longitudinales y laterales de las que está enterada, y el alcance y los temas de atención experimentan una gran variación en el transcurso de la vida entera. Por otro lado, dado el conocimiento de una interconexión especial, es posible profundizar la conciencia, y aquí adquiere importancia el papel de la información y la teoría (como nuevas fuentes de significado). Pero ¿en qué condiciones se desarrolla la conciencia de sí mismo, de la opresión racial, de la subordinación de género, de la explotación de clase? Cuando los sujetos humanos son simultáneamente miembros construidos de categorías de género, clase, raza y etnia, es lógico expresar la hipótesis de que debe existir una íntima relación en la conciencia según estas líneas. Por ejemplo, lo que se define comúnmente como conciencia de clase y sus diversos niveles (Lenin, 1973; Mann, 1973), ¿es posible que no sea en realidad sino la generalización de la experiencia del proletariado industrial adulto, masculino y de raza blanca del Primer Mundo, tomado como vara de medir para averiguar la presencia o ausencia de una conciencia universal de clase?[4]

[3] Este importante tema es desarrollado por Abercrombie y Turner (1980), aunque desde una perspectiva estrictamente marxista (masculina).

[4] Goldberg (1983) hace una afirmación parecida en su estudio de las mujeres que trabajan en oficinas.

Sigue siendo, pues, legítimo asunto de pesquisa el examen de los vínculos y mecanismos de retroalimentación entre esas regiones de la conciencia como "el estar enterado" y los factores que pueden influir en su profundidad y su alcance. Por ejemplo, si bien es un lugar común referirse a la existencia de una relación dialéctica entre la práctica y la conciencia, sólo tenemos un conocimiento superficial de la dinámica de la determinación. En el seno de la práctica feminista, los grupos despertadores de conciencia han demostrado su eficacia como medio de socializar las experiencias individuales de la opresión contra el género. Sin embargo, en consonancia con la teoría feminista radical de la que arranca, es frecuente llevar a cabo en términos universales la fijación del concepto de subordinación de género y conciencia, sin tomar en cuenta la clase, la raza ni la etnia en cuyo seno se construye diferencialmente y se vive el género. A nuestro ver, esta laguna teórica y empírica es otra manifestación de dualismo en el pensamiento feminista y uno de los retos más importantes que esta teoría habrá de vencer en última instancia.

En este acercamiento preliminar a la conciencia de la mujer sobre la subordinación del género, hemos seguido varias líneas de argumentación. En primer lugar hemos tratado de establecer en qué medida las trabajadoras del hogar, al advertir su situación de madres y esposas laborantes, se dan cuenta de la subordinación del género y de los intereses de género a largo plazo definidos en el capítulo I. Esos intereses se toman como punto de referencia con los cuales se comparan y explican las percepciones de la mujer. En segundo lugar, y en consonancia con la fijación del concepto, no le dimos a la conciencia el trato de fenómeno unitario que una persona tiene o no tiene, sino el de proceso multifacético que puede afectar una, algunas, diversas o todas las dimensiones en que el dominio del género es ejercido comúnmente (categoría de esposa, maternidad, papeles en el trabajo, reproducción, etc.). En tercer lugar, supusimos que para cada una de esas dimensiones es posible averiguar los niveles de conocimiento. ¿Se da cuenta la mujer de que está individualmente oprimida, y por qué motivos? De ser así, ¿en qué medida advierte que no está sola, sino que otras mujeres comparten sus apuros? ¿Y en qué medida, si es que existe, es entendida en términos estructurales esta expresión socializada de la opresión individual, como expresión de subordinación de género, definida institucionalmente y en contradicción con los intereses de género a largo plazo?

Finalmente, puesto que hemos examinado la proletarización de la mujer como proceso de una simultánea creación, recreación y posible cuestionamiento de las relaciones de clase y género, esperábamos que la conciencia en ambas líneas podría estar estrechamente entrelazada. La naturaleza y el alcance de nuestros datos no nos permiten examinar niveles de conciencia de clase y sus dimensiones específicas de género. En cambio hemos dedicado especial atención a los elementos de clase en nuestra exploración de la "interpretación del mundo" por parte de las esposas y sus niveles de conocimiento.

Como en ellos pueden influir muchos y diversos factores sociales e individuales, aparte de la clase, su estudio se convierte en un ejercicio muy complicado.[5]

Regresemos a los elementos constitutivos del contrato matrimonial de la clase obrera y exploremos las concepciones de las esposas sobre la "adecuada" calidad de esposa y madre en lo que se refieren a la legitimidad de acometer un trabajo remunerado. Como veremos, su razonamiento es congruente con su visión de sí mismas como esposas y madres *laborantes* y con otros aspectos de su conciencia como "interpretaciones del mundo" que afectan las relaciones entre los géneros, dentro y fuera del imperio familiar.

En términos generales, las mujeres concebían su papel en la sociedad como el de esposa y madre esencialmente. Esto no debe interpretarse como simple expresión de una ideología dominante. Por una serie de razones las mujeres rescataban los elementos personalmente remuneradores de su representación de la maternidad, y justificaban la continuación de su vida de casada, desdichada en su conjunto. Así las mujeres han negociado su interpretación de la calidad de esposa y madre a la luz de su experiencia de mujeres de la clase obrera, de su trayectoria individual de trabajo y de su historial familiar.[6] Esta reconciliación, que rechaza la definición de esposa y madre como trabajo de tiempo completo y vuelve a valorar un papel de trabajo remunerado dentro de la definición de "adecuada" calidad de madre y esposa, no está exenta de tensiones. Entre las mujeres con un historial de trabajo posterior al matrimonio antes del trabajo industrial a domicilio (como se ha visto en el capítulo V, estaban comprendidas las mujeres que trabajaban fuera del hogar en fábricas, hospitales, etc.), el trabajo pagado de la esposa/madre, ya fuese dentro o fuera del hogar, se vindicaba como necesario y legítimo: sencillamente lo que cabría esperar de una mujer de la clase obrera preocupada por el bienestar de sus hijos y de su hogar.

[5] Nuestros datos se refieren principalmente a la conciencia "discursiva" (Giddens, 1984), pero no nos permiten explorar en detalle lo que él llama conciencia "práctica"; es decir, "lo que los actores saben (creen) sobre las condiciones sociales, incluyendo en especial las condiciones de su propia acción, pero que no pueden expresarlas en forma discursiva" (p. 375). Coincidimos con Giddens, sin embargo, en que "a menudo es en la manera de desarrollar las actividades, por ejemplo, como los actores en circunstancias de marcada inferioridad social ponen de manifiesto la conciencia que tienen de su opresión". Hemos tratado de llenar esta laguna en la medida en que la observación participante de la vida de las trabajadoras a domicilio fue posible mediante trabajo antropológico de campo.

[6] Nuestros hallazgos concuerdan con los de Eisenstein (1983) respecto a la conciencia de las mujeres trabajadoras en los Estados Unidos desde 1890 hasta la primera Guerra Mundial.

Para muchas de esas mujeres, sobre todo las que en uno u otro momento habían encabezado el hogar, el trabajo pagado era un signo positivo que las distinguía de las mujeres débiles temerosas del mundo exterior. Doña Gudelia se expresó como sigue sobre el tema:

> Creo que si una esposa trabaja fuera del hogar es porque la necesidad es grande o porque no tiene marido, o está enfermo, o bien porque ella tiene que luchar por el bienestar de sus hijos. Si una mujer trabaja es porque quiere salir adelante y comprar cosas para sus hijos y ayudar a su marido. Y así no hablarán los vecinos ni los parientes. Por eso creo que está bien, porque esas mujeres no se rinden tan fácilmente, no como otras mujeres que no tienen un centavo y no se deciden a salir y trabajar por pura flojera, en mi opinión.

Entre las mujeres sin historial de ocupación posmatrimonial antes de un trabajo industrial a domicilio, también se vindica el trabajo remunerado por parte de las esposas-madres. Pero en este caso los límites son mucho más estrechos, porque se trata de la legitimidad del trabajo dentro del hogar en el caso de trabajo industrial a domicilio o alguna tarea equivalente, para reducir al mínimo la tensión entre los papeles de esposa trabajadora y madre. Esto lo llamamos definición restringida de una maternidad adecuada. La realidad de estas mujeres (que eran la mayoría del grupo no mancomunado) respecto a su propio historial de clase, posición actual de clase y nivel de ingresos de sus respectivos esposos, tiene una evidente influencia sobre la interpretación de su trabajo pagado como madres y los límites de su legitimidad. En contraste directo respecto a su relación con el marido, las mujeres defendían su derecho a trabajar como medio de forjar un espacio que pudieran controlar.

Esta estrecha relación a nivel ideológico entre los modelos de inserción femenina en el trabajo y construcción de género está también presente en la conceptualización y conocimiento de las esposas en la esfera del trabajo pagado.

Hemos visto en el capítulo V que la subproletarización femenina posterior al matrimonio en los sectores de trabajo a domicilio, autónomo y de servicios personales reflejó la influencia del género. También permitió la realización de la definición restringida de maternidad "adecuada" sustentada por las mujeres del conjunto de asignación para el manejo de casa. Simultáneamente, puesto que la conciencia de la mujer no disocia su papel de trabajo del papel de esposa y madre, sino al contrario, hace lo posible por conciliarlos todos de alguna manera, el grado de descontento en el trabajo y de conciencia del mismo (que puede considerarse nivel de conciencia de clase) es atenuado por esa conciliación. Esta retroalimentación ideológica influye a su vez en las actitudes de la mujer en cuanto a acabar insertándose en otros procesos de proletarización fuera del hogar y a sopesar la búsqueda de posibles rumbos en un intento de mejorar su situación colectiva como trabajadoras del hogar. En realidad todas las mujeres tienen conciencia del trabajo, es decir, muestran un conocimiento de los problemas que comparten todas las trabajadoras del hogar en virtud del escenario específico del empleo (bajos salarios, abasto intermitente de trabajo, carencia de prestaciones sociales, etc.). Además, 81% de ellas consideraban injustos sus salarios, y 72% opinaban que es mejor trabajar en una fábrica antes que ser trabajadora a domicilio porque son más altos los sueldos, es mayor la seguridad del trabajo y son mayores las prestaciones. A pesar de entenderlo así, las mujeres señalan de inmediato los elementos positivos del trabajo a domicilio, derivados de su actual definición de la maternidad adecuada. En primer lugar, esta valoración se refleja en su actitud cuando se hallan ante la posibilidad de un ofrecimiento concreto de trabajo en una fábrica: 60% de ellas dijeron que no lo aceptarían si se les ofreciera. En segundo lugar, respecto a los canales de acción para afirmar sus derechos de trabajadoras, 23% del grupo de mujeres que creían injustos los salarios recibidos pensaban que podía intentarse una acción individual (tratar de convencer a la proveedora de que subiera la tarifa), mientras sólo 5% estaban a favor de una acción colectiva (unir a las mujeres de la zona para pedir mejoras). La abrumadora mayoría contestaron que no podía hacerse nada o que no sabían qué hacer. De igual manera, la mayoría del 53% de las trabajadoras industriales a domicilio que hablaban a favor de los sindicatos, opinaron que éstos no servirían en su campo particular.

Al evaluar las posibilidades de acción colectiva, las mujeres reconocían el objetivo, las dificultades encontradas para la organización (dispersión, clandestinidad, fácil sustitución por otras madres con hijos pequeños en caso de protesta). Además, la mayoría sentía que en caso de una probable movilización correrían peligro sus intereses de madres. Era preferible darse por bien servidas con los salarios actuales a arriesgarse mediante una acción que podía privarlas de sus raquíticos ingresos y dejarlas sin posibilidad de trabajar *en el hogar*. Es evidente que existe una compleja relación entre la conciencia del trabajo y otros posibles niveles de conciencia y lucha de clase, por una parte, y la conciencia como visión de adecuados papeles de género y experiencia de las mujeres sobre los mismos, por la otra. Esto requiere una exploración más a fondo.[7]

[7] Si bien no tenemos datos sistemáticos sobre la "visión mundial" de la mujer respecto a las diferencias sociales, por conversaciones a fondo con cierto número de ellas podemos distinguir: primero, una interpretación dicotómica (los pobres y los ricos) proporcionada en general por las más pobres de las mujeres entrevistadas; segundo, una visión tricotómica (los pobres, el sector medio y los ricos) o una visión más complicada de cinco peldaños (los muy ricos, los ricos del montón, el sector medio, los pobres, que incluían a las mujeres entrevistadas, y los

La percepción de las esposas sobre el "adecuado" estado de esposa y madre es congruente con otros aspectos de su "interpretación" relativos a las relaciones adecuadas entre los géneros. Por lo que se refería a derechos formales y legales, las mujeres opinaban que deberían tener los mismos derechos que los hombres a la educación, al trabajo, paga igual por trabajo igual. En cambio, en otras esferas del mundo público, la visión de las mujeres revelaba sólo una limitada renegociación de los sistemas predominantes de valores respecto a una feminidad "respetable". Por ejemplo, la gran mayoría aceptaba normas dobles de moralidad y vida sexual, entretenimiento, diversiones, salidas de casa, el derecho a tener amigos y amigas.[8] Como ilustración, al comentar sobre el derecho de la mujer a salir o a pasar un buen rato, encontraban correcto que la mujer disfrutara de manera puramente moral ("divertirse sanamente"); es decir, no de la misma manera que se divierten los hombres, porque los hombres tienen más derechos en esa esfera. Los límites de lo que constituye divertirse sanamente para las esposas están dados en la definición del "respeto" debido a los maridos: está bien hablar con otras mujeres pero no con hombres; ir al parque, no solas ni con otras mujeres, sino acompañadas por los hijos; visitar a los familiares y atender asuntos religiosos. Dos esposas citaron la ida al cine (con sus hijos). Aun dentro de esos límites tan estrechos, la mayoría de las mujeres veían imposible obtener el permiso del marido para divertirse.

muy pobres, que abarcaban trabajadores eventuales sin acceso a medios de subsistencia). Algunas de sus explicaciones sobre los orígenes de esas diferencias descansaban en una interpretación secular del mundo: "los ricos son ricos porque explotan a los pobres"; otras se basaban en la religión ("Dios los hizo ricos") o en el destino; también las hubo mezcladas. Lo que deseamos recalcar aquí es que las mujeres se daban cuenta de una diferencia de clase entre ellas y las patronas a las que servían como criadas, o las esposas de los dueños de fábricas o restaurantes donde trabajaban, sin importar el vocabulario utilizado para expresar esa diferencia. Sabían que no pertenecían a la misma categoría social que las mujeres del sector medio para quienes trabajaban. Esto debe recordarnos que si esperamos de la mujer trabajadora una conciencia de intereses de género comunes con mujeres que no son de su propia clase, puede significar que extrapolamos conceptos feministas de clase media, indebidamente hegemónicos, a la propia perspectiva y experiencia de la mujer trabajadora.

Existe abundante bibliografía sobre el tema de la conciencia de clase dentro de la tradición del marxismo (masculino). Mann (1973) y Reich (1972) ofrecen una buena, aunque androcéntrica, introducción al asunto. Para una crítica de las principales tendencias dentro del marxismo ortodoxo y del marxismo de la Nueva Izquierda, véase Roldán (1978).

8 Unas cuantas no justificaban la doble norma de conducta, pero no imitaban el comportamiento del hombre —tener amantes, tener amigos del sexo opuesto, beber— por considerar que lo bueno o lo malo debe ser aceptado por los dos miembros de la pareja, y la transgresión de esos límites por parte del hombre no autoriza a la mujer a portarse mal. Por último, tres mujeres dijeron que no veían nada de malo en que el hombre y la mujer tengan el mismo derecho a divertirse, pero en lo personal no se dedicarían a semejantes actividades porque su reputación padecería ("se desprestigiarían"). Esas mujeres muestran una dislocación entre conciencia y acción, lo que cabe atribuir a su interpretación muy realista de las probables consecuencias negativas de practicar una "indecorosa" conducta de esposa, desenlace al que no estaban dispuestas a llegar.

Esta descripción de la actual definición de las esposas sobre su contrato matrimonial puede resumirse diciendo que consagra un número de reciprocidades "legítimas" que no borran la división por géneros del trabajo, ni dentro ni fuera de la unidad doméstica. Por el contrario, las esposas distinguen entre esferas complementarias en las que se supone que habitan las mujeres y los hombres. Su concepto de intercambios justos o simétricos entre los cónyuges, por lo tanto, no preveía la eliminación de esas esferas o el compartir por igual dentro de las dimensiones de la interacción marital (por ejemplo, en faenas de progenitores y domésticas), sino que giraban en torno a que los maridos no rebasaran los límites del "respeto" debido a las esposas.

Aunque la investigación no abarcó las expectativas de los maridos sobre los papeles maritales, parece que la principal diferencia frente a las esperanzas de las mujeres residiría en la región de la interacción emocional y el "respeto". Los hombres esperan y suelen obtener respeto en forma de obediencia y deferencia, pero en general no se sienten obligados a ofrecerlo a cambio atendiendo a las demandas emocionales y psicológicas de las esposas, ya sea reconociendo y agradeciendo el papel de la mujer como ama de casa y madre, ofreciendo compañía y afecto; o absteniéndose de ejercer la violencia verbal o una conducta despreciativa. Los hombres esperan la doble norma y se benefician de ella. Creen que el lugar de la mujer está en el hogar, pero suelen justificar la ocupación remunerada de su esposa (después de una oposición inicial) fundada en la necesidad económica. Puesto que las definiciones del "respeto" debido a maridos y a esposas son por lo menos parcialmente contradictorias, ésta es una zona de dudosa moralidad en la que pueden centrarse fácilmente y hallar sus límites las luchas por la equidad (justo trato del esposo).

La renegociación de los términos de la interacción conyugal

Hemos visto con anterioridad que el contrato matrimonial se encuentra sujeto a una continua renegociación entre maridos y esposas. Lo que necesita explorarse más a fondo es hasta qué grado el acceso de la mujer a un ingreso independiente la faculta en el proceso de regateo y cuáles son sus límites. Así pues, consideraremos los patrones de distribución y otros intercambios como un "momento" en el desenvolvimiento de la interacción conyugal.

Grupo de mancomunamiento

Antes de iniciar el análisis de los subgrupos dentro del grupo de mancomunamiento, procede una advertencia precautoria sobre la actitud de los maridos frente al trabajo remunerado de su esposa. Cuarenta por ciento de los maridos de la muestra —principalmente obreros de ingresos superiores del grupo C— se oponían a la decisión de su esposa de buscar trabajo, sobre todo fuera del hogar, porque sentían que la esposa no podría encargarse de atender correctamente la casa, a los hijos y al marido. Los maridos temían además que las mujeres, una vez autorizadas a trabajar —especialmente fuera del hogar—, "perdieran el respeto al marido", y el propio marido se desprestigiara o sufriera las críticas de familiares y amigos (del género masculino) por romper el contrato matrimonial. Sólo el marido debe sostener el hogar; la mujer debe concentrarse en el trabajo de la casa.

Convertirse en trabajadora industrial a domicilio resolvía la mayoría de esos problemas: la trabajadora es invisible, los ingresos son bajos, de modo que muy raras veces pierde el marido su papel de principal ganador del sustento. Además, la esposa está siempre en casa, dispuesta a atender los deseos del marido. Sin embargo, tres mujeres relataron que habían empezado el trabajo de fuera sin permiso del marido. Como los hombres habían roto los juguetes o las cajas que sus respectivas esposas estaban armando, esas mujeres no estaban seguras de poder seguir trabajando frente a tanta oposición. Por lo tanto, al tratar de entender la percepción de la mujer sobre su situación hay que tener presente la oposición inicial o actual del marido.

Iniciaremos nuestro análisis con el grupo A, y luego señalaremos las principales diferencias en los grupos B, C y D (conjunto de la asignación para el manejo de casa).

Grupo A: Esposas que aportan una parte sustancial del mancomunamiento semanal (más de 40%) y cuyo respectivo esposo es firme abastecedor económico (20.8%). Las esposas de esta categoría son decisivos abastecedores económicos, que aportan más de 40% del fondo común. Al igual que las mujeres de otros grupos, tenían que mancomunar sus ingresos porque la sola aportación del marido era insuficiente. A pesar de la importante aportación de la esposa, no era capaz de obligar al marido a decirle el monto de sus ingresos, ni de influir en la cantidad de dinero que el hombre retiene para sus gastos, ni de modificar considerablemente los estrechos confines de sus propias actividades presupuestarias. El control de sus ingresos (como se vio en el capítulo VI) no podía traducirse en un control más significativo del flujo total de dinero, ya que las esposas no podían regatear sobre los principales puntos de control. También recordamos, del capítulo VI, los larguísimos horarios de trabajo doméstico remunerado y no remunerado que cumplían las esposas de este conjunto. A pesar de ello, la decisiva aportación de la mujer al fondo común no era un eficaz mecanismo de regateo en lo referente a su carga de trabajo doméstico no remunerado.

En otras zonas potenciales de autonomía, es más probable que las decisiones sean adoptadas por esposas de mayor edad o en forma conjunta, cuando se trata de trabajar fuera de casa y de salir a visitar a familiares o amistades (las esposas decidían en 33% de los casos). Las decisiones sobre la crianza de los hijos son casi exclusivamente de incumbencia de la esposa, pero disciplinar a los niños y adolescentes (sobre todo a estos últimos) recae principalmente en la esfera del marido (45% de los casos; decisión conjunta en 30%). La toma de decisiones sobre el trabajo futuro de los hijos o sobre su escolaridad suele ser compartida o cae en el terreno de la esposa. En el campo de la reproducción biológica, la mitad de las mujeres decidían sobre el número de hijos y el uso de anticonceptivos (decisión conjunta en 40%). Por último, la zona de las relaciones sexuales muestra el poder de regateo de la esposa en su punto más bajo. Si bien una sola mujer, de edad mayor, dijo que la esposa tiene la obligación de tener trato sexual con su esposo en cualquier circunstancia, y las demás mujeres opinaron que los dos miembros de la pareja deben convenir si van a practicar las relaciones sexuales y cuándo van a hacerlo, cuando se les preguntó sobre su comportamiento real, 70% de las esposas —sin importar la edad— dijeron que el marido decide. Las razones dadas para obedecer contra su voluntad comprenden: la coerción física del marido o la amenaza de violencia; la evitación de disputas; librarse de que el marido acuse a la esposa de tener relaciones sexuales fuera del matrimonio, y no dar pretexto al marido para acostarse con otra mujer.

El cuadro que surge es de una renegociación limitada y lenta en la forma de toma conjunta de decisiones en zonas que solían ser exclusivamente masculinas. La presión de la necesidad económica, unida a la pérdida del control real sobre el paradero de la esposa —cuando sale de casa para lavar, planchar, hacer labores domésticas remuneradas—, contribuye a este efecto. El comportamiento de las esposas, sin embargo, sigue encajando en gran medida en el ámbito del "respeto" que se le debe, y que según confiesan de hecho se le tiene, al marido, en quien se puede confiar en lo económico, ya sea en la esfera privada o en la pública, y más allá del simple cumplimiento de las faenas hogareñas o femeninas que se daban por sentadas.

Las esposas definían el "respeto" como la obediencia a los deseos u órdenes del marido, y no hacer nada sin permiso, como salir de casa o visitar a parientes; y no comportarse en forma que él repruebe (como hablar con las vecinas). El respeto también significaba estar dispuesta a levantarse a media noche y darle de comer si acontecía que llegase con hambre; servirle a él y a sus amigos (que en general significaba gastar la asignación en comprar bebidas); esperarlo hasta que llegue a casa; hablarle con deferencia, sin recurrir jamás a malas palabras; no replicarle nunca a voces; estar dispuesta a responder a sus caprichos: "ve y paga las cuentas", "ve a pedirle prestado a la señora X..."

En todos los grupos, las esposas —en especial las de edad mayor— relataron ciertas violaciones a esos límites. Primero, las mujeres admitían que se quejaban a voces y mostraban en general una conducta pendenciera si el marido se metía en su legítima esfera: el cuidado de los niños y el manejo de la casa, comprendiendo el monto de la asignación para manejar el hogar. Segundo, si el marido bebía en exceso, jugaba o se enredaba con otras mujeres, despertaba parecidas reacciones. Tercero, respecto a las visitas a los progenitores (en especial a la madre), parientes, comadres y amiguitas, las prohibiciones del marido se consideraban inaceptables. En esos casos se le daba una nueva interpretación al respeto, haciéndolo consistir en no desobedecer al marido en público y no dedicarse en sus propias narices a conductas prohibidas.

En el caso de las mujeres del grupo A, y en contraste con otros grupos, ha habido un cambio en la definición de las esposas sobre los límites del "respeto". La mayoría de las mujeres relatan que ahora tienen derecho a responder, a no aceptar sumisamente sus instrucciones, y a dar a conocer sus opiniones, mientras no lo hagan públicamente. Un tercio de las mujeres de este grupo dijeron que ya no consultan al marido para visitar a los padres o a otros parientes. El sentir de doña Betty es típico de este grupo:

> Ahora que tengo mi propio dinero, me siento mejor, menos escasa de dinero, porque ahora sé cuánto dinero tengo para la semana. Antes le pedía a él para todo [él le daba un gasto diario]. Le obedezco y lo respeto, pero siento que también tengo ciertos derechos... antes solía gritarme si creía que yo gastaba demasiado en los niños o si yo no le daba la comida que él quería. Ahora le digo: "Con el pequeño sueldo que ganas, y vas y te lo gastas en beber con tus amigos. Mírame, yo también gano, y no me compro nada para mí, pero todo lo que recibo lo meto en la casa." No es justo. Una o dos veces me abofeteó, dijo que yo "le había alzado la voz". Sentí que yo tenía la razón. No vaya a creer que soy orgullosa o que creo ser mejor que él, pero siento que tengo derecho a decirle: "Mira, ¿por qué haces esto o lo otro, como tomar con tus cuates, jugar a las cartas?" Le estoy ayudando, de modo que en cierto modo tengo derecho a exigirle una conducta distinta.

¿Cuáles son los factores que explican el estiramiento de los límites del respeto y al mismo tiempo sólo permiten el más leve de los regateos en el conjunto del contrato matrimonial?

Exploremos la configuración de los mecanismos de control simbólico, económico y coactivo participantes en la promulgación del contrato, empezando por la percepción que la mujer tiene sobre su situación de madre y esposa trabajadora. Es punto de partida necesario un examen de su definición del trabajo remunerado y de sus parámetros. Las tareas mismas fueron consideradas en forma unánime como aburridas, repetitivas y cansadas, pero todas las mujeres entrevistadas subrayaron la importancia en su vida del trabajo remunerado, por una serie de razones. Primero estaba la exposición razonada: el modo de agrandar el fondo común y garantizar una mínima participación en la toma posible de decisiones sobre el modo de presupuestar ("sentirme más independiente con el gasto, menos nerviosa"). Con excepción de dos mujeres, las demás mencionaron además una segunda razón: un medio de reducir o al menos de frenar el control del marido en esta zona ("no tener que darle explicaciones de qué hago con el dinero, poder gastarlo sin que haga preguntas"). Tercero, el trabajo de paga era un modo de defender una medida del respeto a sí misma: no tener que mendigarle el dinero ni ser humillada por sus despectivas observaciones cuando se le recordaba que el gasto para el manejo de casa era demasiado pequeño. Por último, la mujer se sentía útil aportando dinero (y no sólo un trabajo casero, sin paga, devaluado) a la sobrevivencia de la familia.

En este contexto más amplio, consideremos con mayor detalle cómo se expresan sobre su experiencia de madre y compañera tanto las esposas satisfechas como las insatisfechas. Todas ellas comparten una definición común de maternidad "adecuada". Como hemos visto, las mujeres no mantienen una concepción de la maternidad correcta que excluya en principio la realización de trabajo remunerado fuera del hogar (especialmente entre las esposas del grupo con fondo mancomunado) o dentro del hogar (sobre todo entre las esposas del conjunto sin fondo común), aunque en esta etapa de su vida preferirían esto último.

El trabajo a domicilio ha facilitado una definición restringida de maternidad "adecuada" que concilia la función de la madre con el trabajo remunerado dentro del hogar, lo cual evita las críticas. No dejan a los hijos en manos de extraños, no los abandonan por "razones egoístas" como si salieran a trabajar. Sin embargo, las madres de este conjunto, que en la mayoría de los casos combinaban el trabajo a domicilio con una serie de actividades remuneradas fuera del hogar y cuyo horario total de trabajo era de los más pesados de la muestra, se sentían oprimidas en lo individual, aplastadas por una combinación de circunstancias económicas y familiares adversas que no les permitían prestar a sus hijos la atención y el cuidado que en su opinión merecían. No es sorprendente, pues, que no parecieran darse cuenta de los rasgos subordinantes vinculados a un "síndrome de maternidad exclusiva", sobre todo si consideramos los rasgos objetivos de su inserción en las filas del subproletariado urbano.

Para esas mujeres, de hecho para todas las mujeres de nuestra muestra, la maternidad, aunque frustrante en gran parte del tiempo, llena de la tensión de apremiantes urgencias económicas y falta de tiempo disponible que dedicar a los hijos, representaba también una experiencia emocionalmente realizadora, remuneradora, al contrario de sus alternativas de ocupación. Así la mujer podía sentirse individualmente oprimida por su experiencia de madre, sin tener conciencia de su subordinación debida a una definición de maternidad exclusiva que, salvo breves periodos, pocas de ellas tenían oportunidad de realizar. En consecuencia, no intentaría renegociar el contrato matrimonial a lo largo de esta dimensión.

Del lado conyugal, el cuadro es más complejo y heterogéneo. Dos de las mujeres mencionaron el afecto dado y recibido del esposo y opinaron que otros intercambios conyugales también eran simétricos. Como razones para trabajar citaron los problemas económicos y la necesidad de sentirse útiles ayudando a sostener el hogar. Hasta ahora su experiencia marital había coincidido con las esperanzas alimentadas antes de casarse; la conciencia anterior como "interpretaciones" del mundo y la definición de "respeto" eran congruentes con la vida real, lo cual explica que no estuvieran conscientes de ser oprimidas por las formas reinantes de la dinámica conyugal. Las restantes mujeres de este grupo, por lo contrario, han empezado a poner en duda ciertos aspectos de la interacción marital. Estas mujeres califican su matrimonio de bueno, más o menos, pasadero o muy malo, o dan una respuesta condicional; perfecto del lado económico ("mi gasto no me falta"). Pero encuentran insatisfactorio al marido en otros aspectos. Algunas se quejan de violencia física o verbal (marido violento, grosero y discutidor), o de un fuerte bebedor que exige servicios sexuales que la mujer se ve forzada a prestar a disgusto, o de un marido que exige una elevada norma de atención doméstica, sin que importe la carga total de trabajo de la esposa.

Esas mujeres están conscientes de su opresión en lo individual en dimensiones distintas, pero *las fronteras de la conciencia y las aspiraciones a renegociar el contrato están restringidas a las esperanzas normativas que abrigan.* En contraste con otros grupos, sin embargo, en el grupo A el reconocimiento de la aportación fundamental de la esposa al fondo común ha motivado cierta redefinición de los antiguos límites del "respeto", y las mujeres han logrado imponer cierta reestructuración de la interacción para hacerla coincidir más estrechamente con esos límites, pero su visión fundamental del mundo sigue sin estar en tela de juicio.

En vista de que las mujeres de este grupo se sienten individualmente oprimidas por sus respectivos maridos, ¿se dan cuenta de que otras mujeres están oprimidas en parecida forma? La conciencia de un predicamento común en tanto que esposas, ¿va acompañada de la toma de conciencia de un interés común de género? ¿Y qué intereses de género son compartidos? Las mujeres saben que otras mujeres de su clase, sus propias madres, comadres, parientas y amiguitas también están oprimidas según las mismas dimensiones. También ven a los hombres, en general, como un hatajo despreciable. En palabras de doña Goya:

> Sí, son machistas en el sentido de que creen tener derecho a mandar y que las mujeres no valemos nada. En su mayoría son muy dominantes, quieren que las mujeres nos sometamos a sus caprichos, a cualquier cosa que ellos quieran. Además son celosos y no nos dejan trabajar en paz. Y si acontece que él se vuelve un desobligado, tendrás que mantenerlo en vez de que él te mantenga a ti.

La conciencia de un interés común de género parece existir solamente en la medida en que otras mujeres que ellas conocen padecen también el incumplimiento del contrato matrimonial por parte de sus respectivos maridos. Este conocimiento va acompañado casi siempre de explicaciones de la desdicha de otras mujeres como sufrimiento causado por un solo hombre malo: esa comadre o esa amiga ha tenido mala suerte. Toda mujer entrevistada se compara con otras mujeres que han experimentado un destino parecido o peor que el de ella y saca la conclusión de que le podría haber ido todavía peor y que su situación no es tan mala. Después de todo, en este grupo no falta ciertamente el apoyo básico del marido y, según observaron muchas de ellas, ¡no se habían casado con el de peor ralea!

Para resumir el análisis hasta este punto, hemos visto que una combinación de factores sustenta la limitada renegociación de la interacción y las nuevas fronteras de la exhibición patente de "respeto". Un elemento fundamental es la satisfacción, por lo menos parcial, de las esperanzas de la mujer respecto a las obligaciones del marido según el contrato matrimonial. Además, las mujeres han sabido que sus ingresos eran insuficientes y demasiado inestables para sostener un hogar, y han preferido aguantar un matrimonio infeliz o insatisfactorio antes que arriesgarse a una separación definitiva. La mayoría de ellas se han sentido dolidas y oprimidas por el carácter de los intercambios conyugales, pero han permanecido en el hogar porque juzgaron que era la mejor opción de la vida. Las amenazas de retirar el apoyo económico, los temores ("¿cómo voy a arreglarme con los niños?"), las amenazas de violencia física y verbal o su puesta en práctica en ciertos casos también se han tornado eficaces mecanismos para asegurar la obediencia y la nueva dinámica de los intercambios maritales. Esta combinación de factores inmediatos y del propio historial de las esposas ayuda a explicar —en todos los grupos de nuestra muestra— por qué son sólo parciales el reconocimiento de los intereses de género a largo plazo por parte de las mujeres que trabajan y su conciencia de la subordinación. Hemos visto mujeres que reclamaban igualdad formal ante la ley, derecho al trabajo, educación y por lo menos un control compartido sobre su fecundidad. Un puñado de ellas objetaban la dualidad de normas de moralidad, sexualidad, diversión, pero ninguna ponía en tela de juicio la división del trabajo por géneros reinante tanto en el hogar como en la sociedad. Por eso no podía despertarles simpatía que se pidiera sin salvedades la igualdad con los hombres, entendida en estos momentos como abolición de la división en géneros. Sentían que para mujeres de su clase, de su educación y de sus aptitudes, la eliminación de la división en géneros se traduciría en una situación de trabajo intrínsecamente explotadora y enajenante (como lo era para los hombres de su clase), a la vez que correrían el riesgo de verse despojadas de su actual tajada de maternidad y administración del hogar. Aquí cabe recordar que el trabajo remunerado no se acometió como fuente de satisfacción profesional (salvo, tal vez, en el caso de la cultora de belleza en la muestra), sino como paso necesario para llevar a cabo estrategias de renegociación. En cambio, la maternidad y, en menor grado, ciertas faenas hogareñas, se juzgaron remuneradoras en lo personal, sobre todo si la mujer podía rea- lizarlas a su propio ritmo.

En forma análoga, a estas mujeres les parecía que el objetivo de alcanzar una completa autonomía de los hombres en lo financiero y en lo personal estaba fuera de la realidad y en conflicto con el acceso a los recursos socioeconómicos, acceso que para ellas era concebido a través de un hombre. Su experiencia les decía que la vida era más tolerable si podían contar con la protección masculina en lo económico y en lo social para ellas y sus hijos, y la figura de un padre para disciplinar a sus retoños varones. Como se vio en el capítulo V, la mayoría de las mujeres iniciaron la vida de casada buscando protección económica y social y una medida de afecto. Cuando este último elemento resultó inalcanzable, se avinieron a una orientación predominantemente instrumental hacia su situación. En este contexto, puede considerarse que el dominio completo y patente sobre la reproducción biológica pone en peligro la aptitud de la mujer para aprovechar su capacidad procreadora como mecanismo de regateo. Quieren controlar, pero no abiertamente. Así, aunque a un observador de otra clase le pueda parecer que su definición del contrato matrimonial es el epítome de la subordinación de género, la mayoría de las mujeres de la clase obrera pensaron que era preferible casarse a valerse por sí mismas.

En resumen, y para todas las mujeres entrevistadas, la clase y el género actúan recíprocamente en la realidad concreta de la vida cotidiana de una manera que a la larga hace perder algo de su importancia a algunos de los intereses universales de género. Esos intereses, o bien no son reconocidos o no son admitidos, ni en sí mismos, y no se actúa sobre ellos, si a los ojos de la mujer parece que van a ser motivo de peligro o de conflicto para sus escasas experiencias agradables de la vida o sus precarias estrategias actuales para sobrevivir, entre las que figura la vida en pareja como componente básico.

Grupo B: Esposas que aportan más de 40% del fondo mancomunado semanal, pero cuyos respectivos maridos casi han dejado de contribuir, lo hacen en forma esporádica o, por motivos de enfermedad, no proporcionan una asignación para el manejo de casa (5.4%). Si bien este grupo es sumamente pequeño, vale la pena analizarlo, porque las tres esposas han "perdido respeto" al marido abiertamente en palabras, en hechos y en pensamiento. Dicen que salen a la calle sin permiso; no lavan, planchan ni cocinan para el marido como solían hacerlo; administran el fondo común en vez de presupuestarlo; obtienen empleos en contra de la voluntad del marido; recurren a malas palabras cuando les da la gana; e incluso devuelven el golpe cuando el marido trata de pegarles.

Doña Dontila, por ejemplo, es una mujer que durante 25 años soportó un matrimonio muy desdichado; ahora su marido está enfermo y demasiado débil para seguirla maltratando en lo físico. La libertad que acaba de conseguir abarca el placer de fumar en presencia de él (antes tenía que esconderse en otra pieza); comprar todo lo que desee (dentro de su limitado presupuesto) sin permitirle que intervenga; y negarse a darle dinero para gastos (que, dicho sea de pasada, el marido recibe de su hija de un matrimonio anterior). Si se tiene en cuenta que la vida de casada de doña Dontila es una larga historia de violencia emocional y física, que sus ingresos de costurera solían ser "confiscados" por su marido, y que nunca recibió una asignación para presupuestar sino que había de pedir para cada uno de los gastos de la casa y devolver el cambio, es comprensible que su reacción actual tome la forma de una "venganza" de las humillaciones y penas pretéritas.

El más importante factor individual que explica estos cambios en el estilo conyugal es la "desobligación" del marido, o sea, el hecho de que deja de proporcionar la asignación para el manejo de casa, a veces durante semanas enteras, a veces reduciendo el importe a una suma insignificante. Una combinación de factores ha dado origen a un nuevo patrón de interacción marital: la decisiva aportación de la esposa al fondo común y su convencimiento de este hecho; la pérdida del papel del marido como ganador del sustento, y la falta de respeto del marido por los sentimientos de la esposa, manifestada por medio de la violencia, el lenguaje ofensivo y la descarada infidelidad.

Estas parejas representan el pináculo de un estilo de vida igualitario en nuestra muestra, y deben observarse las limitaciones. Las esposas han asumido lo que puede considerarse posición dominante en el manejo de la casa y en asuntos financieros, y según propia confesión ya no realizan el acto sexual contra su propia voluntad. Se dan cuenta de que con cierta ayuda de sus consanguíneos pueden sostener el hogar por sí mismas. Sin embargo, siguen viviendo en un matrimonio que definen como malo, muy desdichado o desastroso, y lo justifican en términos de una explicación racional común: la necesidad de un hombre que discipline a los hijos varones, la protección social, la esperanza de que el marido acabe por regresar a hábitos más ordenados, las convicciones religiosas. Doña Dontila había sufrido el rigor de su marido y definía esa aflicción como una prueba del Cielo y no como opresión; las otras dos mujeres habían estirado hasta el límite sus tradicionales papeles conyugales, pero no se habían salido de ellos. Su concepto de la maternidad de la mujer trabajadora es parecido al del grupo A. Su definición de lo que es un buen marido o una buena esposa no ha sido puesta en tela de juicio. El paso a un patrón más nivelado de intercambios se ha logrado principalmente por la falla del marido en la esfera económica. En consecuencia, las mujeres del grupo B no rechazan los papeles del género en sí mismos, sino sólo su incumplimiento.

Grupo C: Esposas que aportan menos de 40% del fondo mancomunado semanal, y cuyo esposo sigue siendo el principal abastecedor económico (35.8%). La necesidad económica indujo a las esposas de esta categoría a contribuir al fondo común, y estaban muy conscientes de que sus bajos ingresos y la inestabilidad de su empleo les impedían asumir un papel económico doméstico dominante o siquiera importante. Como ocurre en otros grupos, parece que la aportación de la esposa no ha afectado mayormente la lucha acerca del monto del dinero reservado por el marido para sus gastos ni la forma de entrega del gasto. El poder de toma de decisiones del marido también era elevado en la esfera de la movilidad de la esposa. El hombre decidía si la esposa debía trabajar fuera de la casa (decisión del marido en 50% de los casos, decisión conjunta en 22%); si la esposa podía visitar a sus parientes y amistades (decisión del marido en 50%, decisión conjunta en 34%). También tenía el marido la responsabilidad de disciplinar a los niños y a los adolescentes (decisión del marido en 75%, decisión conjunta en 20%). Las decisiones conjuntas eran más comunes en lo referente a la capacidad de reproducción biológica de la esposa: si tener más hijos (conjunta 67%, decisión de la esposa 20%) y si la esposa debía usar anticonceptivos (53% conjunta, 40% de la esposa), y sobre el futuro de los hijos: si debían seguir en la escuela o empezar a trabajar (82% conjunta, 18% de la esposa). Las decisiones sobre la crianza de los hijos correspondían a la esposa en 80% de los casos; en 20% eran decisiones conjuntas. Respecto a las relaciones sexuales, si bien 87% de las esposas opinaban que los dos cónyuges debían convenir si realizaban el acto sexual y en qué momento, el marido seguía decidiendo en 80% de los casos.

Este cuadro de la relativa impotencia de la mujer coincide a la perfección con su definición del estricto "respeto" que se le debe a un marido definido anteriormente como confiable ganador del sustento. Entre las mujeres sin trayectoria laboral posterior al matrimonio antes del trabajo a domicilio, no parece que su iniciación como trabajadoras industriales a domicilio haya introducido un cambio significativo en los patrones patentes de interacción conyugal y de viejos límites del respeto, como ellas mismas confesaron al pedírseles que compararan su situación antes y después de empezar a trabajar en casa. Los comentarios de doña Chepa son típicos del grupo: "Sí, ya ve, todo está exactamente igual, no me he desentendido de nada, me apuro. Cuando él llega del trabajo, todo está listo, hay comida, la casa está limpia, todo está como antes."

En cambio, entre las mujeres de cierta edad con trayectoria laboral posterior al matrimonio antes del trabajo a domicilio, el "respeto" puede significar que ahora, cuando su aportación al fondo es baja, acatan al marido en mayor medida de lo que solían cuando eran la virtual cabeza de familia. Doña Soledad es un ejemplo a la mano. Cuando tuvieron lugar las entrevistas, el poder de regateo de Soledad parecía hallarse en su punto más bajo. En ese momento tenía que utilizar a los hijos para hacer que el marido entregara su aportación al fondo común (él le tenía especial cariño a la hija más pequeña, encargada de echar a andar la estrategia de Soledad para hacerle que "entregara la mercancía"). Ahora que ella gana poco dinero, Soledad sabe que tiene que mandar y gritar menos, ser paciente, si bien esta estrategia no parece atenuar su anterior conciencia de la opresión del género.

La continuación de la dinámica matrimonial de hoy está garantizada por la misma combinación de factores detallados para el grupo A. Las mujeres hablaban extensamente del tema de la maternidad, subrayando la importancia que tenía en la vida de cada una y la tensión económica que la tornaba opresiva a veces, pero no tenían conciencia de estar subordinadas en esa esfera. En consecuencia, esta dimensión no estaba abierta a una posterior renegociación conyugal.

Respecto a la calidad de esposa, un tercio de las mujeres del grupo (todas ellas, salvo una, jóvenes esposas en las frases tempranas del ciclo familiar) aceptan los límites de la esperanza normativa respecto al papel del esposo bueno y obligado, y ofrecen el debido respeto al firme abastecedor económico que las trata bien, que no es un mujeriego descarado ni un bebedor empedernido, que no las ofende ni las maltrata físicamente. Esas mujeres calificaron de "bueno" su matrimonio, y tres de ellas llegaron a decir que amaban a su marido y eran correspondidas. Del mismo modo que las esposas satisfechas del grupo A (p. 179), lo que se espera del matrimonio coincide con la experiencia, y la mujer no está consciente de la opresión del género en este campo. No es de sorprender que las razones de esas mujeres para acometer un trabajo remunerado resaltaran la importancia de contribuir al fondo común y al bienestar de la familia.

Las demás mujeres de este grupo ya se habían dado cuenta de ciertas dimensiones de opresión conyugal antes de buscar trabajo de paga, de modo muy parecido al de las mujeres del grupo A y por razones análogas (violencia, dipsomanía intensa, relación sexual impuesta a la fuerza). Si bien la mujer espera tener un apoyo por lo menos parcial, le molesta que se lo recuerden continuamente ("me trata como si fuera una basura"), ser denigrada por un marido que sigue siendo el principal abastecedor, o ver que sus faenas hogareñas y sus atenciones de mujer casada no son reconocidas o son devaluadas. Esas esposas califican su matrimonio de regular o de bastante malo, si bien hacen notar que en el lado económico es aceptable, aunque limitado.

Este alto nivel de conocimiento individual de la opresión conyugal (que creían estar compartiendo con otras esposas en apuros) no va acompañado de una conciencia de todos los intereses de género a largo plazo.

Las mismas afirmaciones hechas para el grupo A son aplicables aquí. La pequeña aportación de la mujer al fondo común le ha dado cierta confianza (en el caso de esposas jóvenes) o ha aumentado su sentido del propio valer (en el caso de mujeres mayores que en ocasiones habían sido temporalmente cabezas de hogar), pero la dependencia económica del apoyo del marido es el factor crucial en la sobrevivencia del matrimonio. Además, el empleo potencial o verdadero de la coacción física y emocional era un mecanismo efectivo para mantener en su lugar a las esposas "alzadas" y darles, si hiciera falta, una lección de "respeto" al marido.

Esta acción recíproca de los mecanismos de control simbólico, económico y coercitivo en la vida diaria se ilustra en los siguientes extractos de nuestra entrevista con doña Adelina, mujer de edad, que en muchas ocasiones ha sostenido su hogar actual y otro anterior.

> Bueno, como decía mi madre, es mejor tener que decir "qué va a hacer él [el marido]" y no "qué voy a hacer yo", puesto que, en mi opinión, es preferible estar casada, o vivir en unión libre si no puedes casarte, antes que estar sola.

PREGUNTA: ¿Por qué cree usted que a las mujeres les va mejor con un marido?

RESPUESTA: En primer lugar, por el respeto que se consigue, sí, porque recuerde lo que dicen del árbol caído, del que todos hacen leña. La gente cree que ya te estás dando a la mala vida si estás sola, aunque sepan que haces un trabajo honrado. Pero la gente no dice eso, dicen: "Sólo Dios sabe de dónde viene y a dónde va, quién sabe quién la está esperando", porque como la lengua no tiene huesos, la gente puede decir todo lo que quiera. Por mi parte, el ser respetada es lo más importante para mí; por encima de todo lo demás, es importante el respeto. Otra cosa es que un marido responsable es una gran ayuda; digamos que en determinado momento no me da dinero porque no lo tiene o por cualquier motivo, pero por lo menos una puede decir: "Voy a pedir prestado algún dinero porque sé que en tal y tal día le pagan a mi marido, y ese día voy a pagar la deuda." Claro que una también puede trabajar y resolver sus problemas, pero hay días en que una está enferma y no le pagan, y luego te preguntas de dónde va a salir el dinero para dar de comer a tus hijos. Si vives con alguien, con un marido, él se preocupará por ti y te llevará al médico o te dará dinero para que vayas si él no puede ir contigo. Así es que una puede decir: "Tengo alguien que me ayuda..."

PREGUNTA: Y el amor, el afecto que un marido puede dar, ¿eso no es importante para usted?

RESPUESTA: Bueno, en cuanto a necesitar un marido para *eso*... [se refiere a las relaciones sexuales], puedo decirle que entre menos de eso tenga yo de este marido, tanto mejor. La verdad es que no me gusta mucho. ¿Cómo le diré? Por suerte nunca ha sido fastidioso ni me ha obligado, y no anda sobándome todo el tiempo, ni hace cosas cuando están los niños de por medio. Tengo que decir que ha sido bueno en todo. Pero por lo que a mí me toca, me encantaría que dijera: "Vamos a hacerlo cada dos semanas, aquí tienes el dinero para manejar la casa, y me voy al cuartel..."

PREGUNTA : ¿Y no lo echaría usted de menos?

RESPUESTA: No, porque me traería lo que más necesito: dinero para mis hijos.

Grupo D: El grupo de asignación para el manejo de casa (38%). Las mujeres de este grupo buscaban un trabajo remunerado para comprar cosas que ellas y sus respectivos maridos definían como extras; para tener un control autónomo sobre sus propios ingresos; para evitar tener que limosnear al marido para todas y cada una de las cosas que consideraban necesarias para el hogar, y para impedir una nueva humillación y la pérdida de su propia estima. Los maridos de este grupo expresaban una fuerte oposición al deseo de la esposa de trabajar. Obtener permiso era un dilatado proceso, porque esos devengadores de ingresos superiores no aceptaban de buena gana el derecho de la esposa a trabajar, por temor al desprestigio a los ojos de familiares o amigos o a perder el control de las actividades de su esposa y la propia orgullosa imagen de sí mismos como únicos ganadores del sustento. Había que tranquilizar al marido asegurándole que no se descuidarían las acostumbradas normas del manejo de la casa, que la esposa seguiría sirviéndole con la devoción y el respeto de antaño. Para esos maridos era el trabajo industrial a domicilio, y no el trabajo de fábrica fuera de casa, lo que ofrecía menos riesgos.

No es de sorprender que las jóvenes esposas de este grupo se enfrenten a problemas especiales al tratar de establecer un nuevo estilo de interacción familiar. Este patrón distributivo actúa como potente mecanismo material e ideológico para reproducir las asimetrías de género dentro del hogar. Como el papel del ganador del sustento no se ha visto afectado, sino antes bien robustecido, por el patrón de la distribución del dinero, la esposa no se justifica a los ojos del hombre ni a los de ella misma si se entrega a una conducta irrespetuosa. La esposa sigue siendo mantenida: por lo tanto debe abstenerse de alardear de sus ingresos, porque esa ostentación podría humillar o degradar la posición social del marido. Cuando las presiones ideológicas resultan insuficientes, la obediencia de la esposa queda garantizada por medios más directos: el retiro del sostenimiento o la violencia.

En lo que respecta a la toma de decisiones, estos hogares eran parecidos a los del tercer grupo de mancomunamiento (grupo C) en patrones de distribución de dinero y otras esferas de toma de decisión potencialmente autónomas. Una excepción atañe al importe de la asignación para el manejo de casa. Las esposas del grupo carente de mancomunamiento atestiguan en esta región un mayor porcentaje de toma de decisiones por parte de ellas mismas o en forma conjunta, lo cual podría atribuirse a que el esposo tiene un ingreso mucho más alto (58% de decisión del marido, 26% de decisión conjunta). La señora Rosa ofrece un ejemplo de esto:

> Yo le obedezco como de costumbre. Mi marido ha sido siempre el jefe de esta casa. Creo que esto es bueno. Pero yo podría mandar más, y no quiero; es una forma de mostrarle respeto. Mi ingreso no es importante; es dinero suplementario que administrar; él me da lo que se necesita para la casa. Mi dinero luciría más si los salarios fueran más altos... pero de todos modos me siento contenta de tenerlo. Compro las cosas que quiero. No tengo que rogarle. No me siento preocupada si sé que no necesito echar mano de su asignación. Si trabajo, puedo comprar cosas en abonos y puedo pagarlas. Si no trabajo, no puedo comprar esas cosas sin su permiso, porque no sabría cómo pagarlas. Me siento menos preocupada, más segura, pero no me siento superior a él, porque le debo respeto.

Aunque la interacción conyugal también se asemeja aquí a la del grupo C, la percepción de las esposas sobre su situación es algo distinta, y parece que el esquema distributivo ha ejercido considerable influencia sobre ciertas dimensiones de la conciencia conyugal entre las esposas más jóvenes. La mujer ha ganado en autonomía y en el respeto de sí misma, pero el mejoramiento de la propia estimación no ha conducido a una confianza en sí misma que sea comparable (si se excluye un tercio de las mujeres que, en diversos momentos, habían sido verdadera cabeza del hogar). ¿Qué relación guarda este proceso con la conciencia individual de la opresión conyugal? A primera vista éste es el grupo más satisfecho de la muestra, y la mitad de las mujeres califican de bueno su matrimonio. Las palabras de doña Ramona son típicas de lo que escuchamos en este subconjunto:

> Mi matrimonio está bien, sobre todo porque él ha sido siempre bueno conmigo. No he tenido problemas, él no me pega ni me da mala vida. Sí, es el marido que quise tener, porque no toma, es "obligado" y nunca, nunca me deja sin gasto.

Sin embargo, de estas 10 mujeres, sólo 3 dieron un cuadro de su situación matrimonial que coincidiera con la definición anterior de esperanzas normativas. Las otras 7, al parecer, atenuaban los elementos del respeto que se debe a la esposa y recalcaban el papel del marido como abastecedor. Esas mujeres, junto a otras 6 que calificaron su matrimonio como más o menos, o no pudieron dar una respuesta clara, al parecer rehuían confesar, no sólo a la investigadora sino a sí mismas, la evidente falta de correlación entre las expectativas y el comportamiento real del marido. Esas mujeres —las mejor abastecidas de toda nuestra muestra— han sido adoctrinadas en la idea de que un abastecedor confiable y bueno es, por definición, un buen marido, si bien ellas han integrado en su concepción general otras actitudes y rasgos de conducta. Como los respectivos maridos hacían honor a tan importante aspecto de las normas maritales prescritas, el matrimonio tenía que ser bueno, sin importar las pruebas en contrario. En el curso de nuestra conversación ese frágil ajuste se quebró más de una vez. Las mujeres hacían referencia a su carencia de opciones y temían que al separarse del marido privarían a los hijos de posibilidades de educación, aunque ellas mismas pudieran sobrevivir en un ambiente hostil. En todos estos casos los patrones de distribución siguen y copian la definición dada por la sociedad (y por las propias mujeres, si bien a veces en forma vacilante) a la situación de la mujer, y actúan como poderoso obstáculo a un mayor conocimiento. El temor a ser abandonadas por el marido era especialmente intenso entre las mujeres de edad menos madura que después de casarse sólo habían trabajado en el hogar y cuyo marido pertenece al proletariado no manual (ingeniero, tenedor de libros, supervisor de un taller y una fábrica). Esas mujeres con educación secundaria o técnica (dos de las cuales habían trabajado de solteras en empleos no manuales o calificados: secretaria, cultora de belleza) ahora lamentaban la pérdida de pretéritas calificaciones y su dependencia; tomaban o habían tomado sedantes para calmar su "nerviosismo". Trataban de compensar la disparidad entre ellas mismas y el marido en cuanto a posición de clase e ingresos sobresaliendo en el papel de "perfecta ama de casa".

Por último, las cuatro mujeres restantes de esta categoría, que calificaron de malo su matrimonio salvo en lo económico, se daban perfecta cuenta de ser oprimidas en lo individual. Los defectos del marido eran tan patentes y rutinarios que no era posible esconderlos ni razonarlos bajo el manto de la ideología. Es más, a esas mujeres les molestaba la presencia del marido por la casa (una admitió abiertamente que lo odiaba y deseaba que se fuera y no regresara jamás). Pero no pensaban en la separación, por lo menos en un futuro previsible, porque no veían ninguna alternativa económica a su actual predicamento. El conocimiento individual de la opresión en este grupo, como en todos los demás, no ha conducido a la conciencia de todos los intereses, metas ni acción de género a largo plazo. Análogamente, la configuración de los actuales mecanismos ideológicos, económicos y coercitivos ejerce su acción recíproca para reforzar la dinámica de los intercambios maritales reinantes.

Conclusiones

El análisis precedente ha servido para señalar que no existe un sencillo vínculo entre el control de un ingreso independiente por parte de la mujer, la renegociación de las relaciones de género y el conocimiento que ella tiene sobre la subordinación de género dentro del hogar. En los patrones de interacción marital y las dimensiones de la conciencia parecen intervenir dialécticamente los procesos de asignación descritos.

En lo que respecta a la renegociación de la dinámica conyugal hemos visto que dentro del fondo común, cuando la aportación de la esposa es pequeña y el marido es firme proveedor, no se afecta significativamente la forma reinante de interacción; el poder de toma de decisiones de la esposa es bajo, y el respeto debido al esposo está definido y es observado estrictamente (grupo C). Cuando la aportación de la mujer es crucial para la sobrevivencia del hogar y el marido es proveedor en forma regular, la esposa ha logrado renegociar algunos términos de los intercambios maritales al redefinir el campo y los límites del "respeto" que se sienten obligadas a rendir al marido y al pedir a cambio nuevos derechos del "respeto" que se les debe (grupo A). Las esposas que están obligadas a sostener el hogar por la desobligación del marido son las que tienen el más alto grado de poder de toma de decisiones en toda la muestra, y hasta se puede considerar que mantienen una posición dominante en asuntos financieros y hogareños (grupo B). La interacción conyugal en el grupo de asignación para el manejo de casa (D) se parece a la del primer grupo de mancomunamiento (C) con un patrón similar de estricto respeto externo rendido al marido y un bajo poder de toma de decisiones para la esposa.

Cabe destacar que aun las más pequeñas zonas de control conquistadas por la mujer son manifestaciones de poder, no de autoridad entendida como poder legítimo y aceptada como tal por el marido. Además, estas zonas de control no fueron sustanciales si consideramos la actual definición de la esposa sobre el contrato matrimonial. Este hecho nos lleva una vez más a los procesos históricos de construcción de clase y género que limitan a la mujer un acceso a recursos y un control de los mismos que le permitirían una renegociación más amplia de los intercambios reinantes. Según se ha detallado, las mujeres no se daban cuenta de que era de su interés abolir la división sexual del trabajo que esos intercambios entrañan, y sólo pretendían modificar las dimensiones que juzgaban opresivas o asimétricas según su actual definición del "respeto" conyugal. En este marco descubrimos que de hecho no son medios eficaces de otorgar facultades en el imperio doméstico ni los recursos económicos provenientes de la subproletarización, ni los demás recursos con que cuenta la mujer, como son los relativos al afecto y a la expresión de los sentimientos —compañía, sexualidad, apoyo emocional— ni los servicios que la mujer puede proporcionar, como son el trabajo doméstico, la procreación y el cuidado de los hijos. Parece ser factor clave el grado de necesidad que se siente respecto a esos recursos o servicios y las vías alternas con que cuentan hombres y mujeres. Mientras el marido mantenga su predominio económico, él tendrá una más amplia posibilidad de acceso a otras mujeres de las cuales pueda recibir la clase de atención que ahora pide a la esposa. El factor insustituible e individual —afecto, compañía o la comprensión de determinada mujer— sólo es apreciado, al parecer, por una minoría de maridos. La compañía, la comprensión y la intimidad emocional es algo que el marido busca en sus "cuates". Aunque el amor o el afecto que una esposa puede dar es un recurso válido para ella cuando es correspondida, fueron muy pocas las mujeres que se consideraban amadas por el marido. No sólo el amor, sino también la procreación, el atractivo físico y la sexualidad son recursos perecederos cuya eficacia disminuye con el tiempo y cuyas limitaciones reconocieron plenamente las mujeres de nuestra muestra.

Dada la necesidad de recursos económicos que sienten las mujeres y sus hijos, la dificultad de obtenerlos mediante un ingreso independiente, el carácter vital de la asignación para el manejo de casa que el marido proporciona, y la necesidad sentida por las mujeres de la protección social del marido, la existencia y la reproducción de los patrones reinantes de intercambio conyugal adquieren lógica propia. Pero por pequeños que puedan parecer al observador los cambios en interacción y en los límites de "respeto" logrados por la mujer, esos cambios no se les antojan insignificantes a las propias mujeres. En todos los casos, el trabajo remunerado parece haber apuntalado en la mujer la autoestima, y esto puede ser conducente o necesario, o ambas cosas, para toda pretensión de cambiarle la situación en el futuro. Además, los cambios de definición del respeto debido mutuamente entre marido y mujer o las expectativas y dimensiones del conocimiento no pueden llevar automáticamente a un nuevo estilo de vida. El marido se opone a todo asalto a sus antiguas prerrogativas. A este respecto, una sociedad capitalista y sexista le pone a la disposición todo un despliegue de mecanismos de control individual y social —económico, coercitivo, ideológico—, incluyendo la manipulación de los temores e inseguridades de la esposa, derivados de la realidad de su posición dependiente y a menudo de la internalización de una imagen de sí misma como subordinada. La mujer responde entonces con las armas del oprimido: con intentos de seducir y adular, con lágrimas, con la necesidad de crear un sentimiento de culpa mediante la abnegada devoción al hogar y al marido, con la manipulación de otros puntos significativos, con un fingimiento de frigidez o con una expresión de abierto desprecio.

Así la interacción familiar está cuajada de fricciones. Un 75% de las mujeres relataron frecuentes discusiones y pleitos sobre escasez de dinero, administración del presupuesto, disciplina de los hijos, irresponsabilidad del marido: borrachera, infidelidad y celos. Esos conflictos llevan fácilmente a la violencia. No es de sorprender que la mayoría de las mujeres consideraran un fracaso su matrimonio y que la mitad de ellas se hubieran separado en algún momento de su vida de casadas. Se vieron obligadas a regresar por su necesidad de protección económica y social, o en unos pocos casos por la necesidad de compañía y afecto, raras veces satisfecho, si llegó a estarlo.

Los hallazgos empíricos de este capítulo, en particular respecto a la conciencia de la mujer como "interpretaciones" del mundo, plantean algunas importantes preguntas para la teoría y práctica feminista sobre con qué propiedad cabe fijar los conceptos de subordinación de género e intereses de género desde la perspectiva de la mujer de la clase obrera en el Tercer Mundo, preguntas que no es posible contestar en el marco de esta investigación. La identificación de intereses de género a la larga emprendida en el capítulo I y deducida de la postura teórica adoptada en este estudio, no puede incluir la consideración simultánea de las restantes relaciones de dominio en que la mujer puede estar realmente envuelta. En consecuencia encontramos discrepancias entre algunos de estos intereses de género a largo plazo (por ejemplo, la abolición de la división del trabajo por géneros, la autonomía personal respecto al hombre, etc.) y el reconocimiento de la mujer cuando juzga que esos intereses ponen en peligro sus experiencias remuneradoras de la vida y sus rutas actuales hacia la sobrevivencia económica y social. Esta falta de congruencia entre la realidad concreta de género y de clase en las mujeres de la clase obrera y la fijación del concepto de intereses de género formulada en un nivel más abstracto del análisis plantea un reto fundamental a la teoría feminista y a la toma de decisiones, asunto que recogeremos en nuestro capítulo final.

VIII. DESARROLLO COMO SI LAS MUJERES IMPORTARAN

A LA LUZ de los hallazgos y conclusiones de nuestro estudio, es hora de volver sobre algunas de las preguntas planteadas en el capítulo I. En un nivel general, nuestra investigación pone al descubierto las relaciones entre los procesos, aparentemente inconexos, de la acumulación de capital, la dinámica de una división del trabajo nacional e incluso internacional y los patrones de interacción en la unidad doméstica basada en una subordinación de género en la vida diaria. Nos parece que las aportaciones de nuestro análisis pueden resumirse en varias dimensiones:

1) Nuestro estudio de casos de trabajo a domicilio y subcontratación de producción maquilada presenta un cuadro vertical de la estructura productiva industrial de la ciudad de México hoy. El cuadro es paralelo a parecidos procesos que tienen lugar en otros países como parte de la reestructuración en curso de la economía nacional e internacional. Es un proceso que responde a una estrategia de mano de obra barata con el fin de bajar los costos de producción. Pero en este caso la producción está específicamente orientada hacia el mercado nacional, y por lo tanto es muy diferente del sistema de maquiladoras de producción orientada a la exportación que es típica de regiones como la frontera entre los Estados Unidos y México. Este cuadro nos permite mostrar, por un lado, el continuo formado por esas empresas, y por el otro la segmentación de mercado vinculada a diversos niveles de subcontratación. Además nos permite mostrar la articulación entre los sectores reglamentado y subterráneo de la economía y señalar las omisiones e insuficiencias de la bibliografía que postula una nítida separación entre los sectores formal e informal.

El trabajo a domicilio está situado en el extremo inferior de esta estructura jerárquica y está en pleno corazón de la economía ilegal. Hemos encontrado que es una forma de producción sumamente explotadora, realizada en su mayor parte por mujeres, y que se aprovecha de la diferenciación relativa al género dentro del hogar. Es una forma de producción capitalista en el ámbito hogareño que representa una forma disfrazada de subproletarización. Además es parte de las estrategias de trabajo de las mujeres, que les permiten (principalmente a esposas y madres) contribuir al presupuesto familiar y renegociar las relaciones de género dentro de la unidad doméstica.

2) Nuestro estudio examina además ciertos temas clave en la formación de clase y género. Asimismo contribuye a comprender la formación y nueva creación de la clase obrera urbana en un país del Tercer Mundo como México. Así, hemos mostrado cómo esos procesos están vinculados a patrones de diferenciación de género conforme a las fases del ciclo de vida de la familia, y cómo la inserción masculina y femenina en la fuerza laboral no es autónoma, sino que intervienen en ella las reciprocidades de hogar y familia que permiten al varón consolidar su posición en términos tanto de clase como de género. Hemos explorado también la especificidad de la proletarización femenina. Al enfocar los hitos de la vida de la mujer como parte de la historia de su familia, clase y género, hubimos de encontrar elementos condicionantes cuya acción recíproca configura gradualmente los patrones de empleo de la mujer a largo plazo.

En forma complementaria, esos hitos históricos, al limitar el acceso de la mujer a recursos socioeconómicos y "simbólicos", afectan también la capacidad actual de las trabajadoras del hogar para forjarse espacios de control sobre su vida. De hecho no encontramos que el control de la mujer sobre sus ingresos le otorgara facultades de importancia para el regateo de las relaciones de género en el seno del hogar. Al descomponer la unidad hogareña, mostramos el carácter asimétrico de los intercambios en la unidad doméstica (ingreso, trabajo doméstico sin paga, atención personalizada, sexualidad) que se hallan en la raíz de las estrategias de trabajo de la mujer. Al mismo tiempo, este análisis señaló la complejidad de los vínculos entre el control de la mujer sobre sus ingresos y el refuerzo o la socavación del dominio masculino en el seno de la unidad doméstica.

Por último, el análisis de la definición e implantación del contrato matrimonial de la clase obrera y de las formas de la conciencia femenina nos permitió descubrir dos mecanismos fundamentales del control de los maridos sobre sus respectivas esposas. Se encontró, sin embargo, que el predominio del marido no se basaba sólo en mecanismos ideológicos, sino bastante en el acceso privilegiado al ingreso y en los medios coercitivos de control. La acción recíproca de las relaciones de clase y género que afectan las relaciones de esposa y marido en el seno del hogar fija así efectivamente límites a las luchas de la mujer.

3) A lo largo del libro hemos recalcado que los procesos de creación y nueva creación de las relaciones de clase y género ocurren simultáneamente y afectan dimensiones materiales e ideológicas. Nuestro esfuerzo ha tendido a distinguirlas analíticamente, señalando a la vez su articulación concreta y los mecanismos por los cuales ocurre esta articulación. Nuestro objetivo fue rehuir el dualismo analítico que surge de la fijación del concepto de las relaciones de clase y género como parte de dos sistemas semiautónomos.

Ilustremos esto con tres ejemplos de distintos capítulos. Primero hemos probado que existe una estrecha relación entre las estructuras de la producción y del mercado laboral, en constante cambio, y la dinámica de la esfera, aparentemente privada, del hogar. En particular hemos visto cómo un proceso de descentralización de la producción, a través de diversos niveles de subcontratación que desplazan la producción al dominio doméstico —como en el caso del trabajo a domicilio—, se entrecruza con las articulaciones existentes de relaciones de clase, género y generación en el seno del hogar. En otras palabras, lo que parecen ser fenómenos aislados dentro del hogar (las estrategias de trabajo de la mujer) está conectado con procesos globales cuyo centro de gravedad está en los niveles superiores de la pirámide de subcontratación.

En segundo lugar hemos probado cómo una estructura productiva jerárquica se aprovecha de rasgos de género construidos socialmente para colocar a la mujer en tareas específicas y en grupos de labores. Es decir, el género adopta una expresión material, mientras que el género y la clase se forman simultáneamente en el lugar de trabajo. En este proceso los aspectos ideológico y material convergen en la creación y nueva creación de las desigualdades de clase y género. Por ejemplo, el salario inferior para la mujer podría relacionarse con una división específica del trabajo pero también con una "justificación" ideológica basada en la opinión de que la mujer es una trabajadora secundaria o una ganadora de ingresos suplementarios.

En tercer lugar la concentración de la mujer en el trabajo a domicilio es en parte resultado de factores condicionantes que abarcan elementos ideológicos —definiciones sociales de lo que es una esposa y madre "decente" y sus propias estrategias de renegociación— y elementos materiales como la división de trabajo en la unidad doméstica y la propia inserción de clase del marido y su aportación primordial al hogar. Al mismo tiempo esta concentración es además el desenlace de un proceso histórico que abarca los diversos hitos en la vida de la mujer. Cada uno de esos hitos afecta además dimensiones ideológicas y materiales, y se vio que tuvo una duradera influencia en el subsecuente historial de ocupación de la mujer.

Esto demuestra la necesidad de destacar, como se manifestó en el capítulo I, el papel desempeñado por la ideología al analizar la realidad económica al mismo tiempo que se señala la base material de los procesos ideológicos. Con demasiada frecuencia ocurre, tanto en la teoría como en la práctica del desarrollo, que se deja en el olvido la dialéctica entre ambos, con la tendencia a reducir la complejidad del cambio a sus solas dimensiones económicas o ideológicas.

4) ¿Por qué recalcamos la necesidad de superar los dualismos analíticos y cuáles son las derivaciones políticas de esta posición? Si las dimensiones de clase y género son vistas como parte integrante e integrada de la realidad, resulta difícil —si no es que imposible— tratar una sin la otra. La deducción es que todo esquema o norma de desarrollo, programa de gobierno, plan o cambio revolucionario que ataque (por ejemplo) la pobreza, las políticas de empleo o las desigualdades en general, no puede crear una disociación entre el tema de la desigualdad de géneros y otras preocupaciones ni relegar ese tema a segundo término. También se deduce que si se aborda sólo la desigualdad de géneros (por ejemplo, al promover intereses de género a largo plazo sin reserva, sin tomar en consideración las conexiones con las diferencias de clase) se obtendrán por necesidad resultados limitados. Como se hizo notar en el capítulo III, toda política que pretenda eliminar la brecha salarial entre el hombre y la mujer corre el riesgo de obtener resultados limitados si una continua reestructuración del proceso laboral crea nuevas jerarquías de trabajo y coloca a la mujer en el extremo inferior. Análogamente, un programa que pretenda erradicar la pobreza entre los hogares dirigidos por la mujer en una zona urbana requiere, por una parte, medidas que robustezcan a la mujer como grupo (por ejemplo, estableciendo una organización que les permita socializar sus problemas aparentemente individuales y elevar su conciencia respecto a su estado de subordinación en la sociedad). Ese programa también ha de abordar las raíces de clase de esa pobreza con medidas como la redistribución de recursos e ingresos y otros tipos de normas como programas de capacitación y enseñanza.

En este sentido es necesario escudriñar temas como el de "igualdad feminista" planteados por ciertas feministas que han tratado de la mujer y del desarrollo (Black y Cottrell, 1981). Esta cuestión de la equidad se ha planteado en respuesta a la falta de desarrollo (en la teoría y en la práctica) de un correcto tratamiento de la

> incesante subordinación de la mitad femenina de la humanidad... Un desarrollo con equidad feminista sería... algo más que la integración de la mujer en el desarrollo al reconocer su papel de recurso y de receptora y su pretensión de beneficios iguales. Ello entrañaría equidad, y es lo menos que puede pedirse. La *equidad feminista* entrañaría una nueva reflexión sobre los procesos y las prioridades del cambio. [pp. 268-269]

Aunque podemos coincidir con esa afirmación, parece que en este caso la equidad feminista abordaría sólo las desigualdades basadas en el género, a la vez que se desentendería de las desigualdades basadas en la clase. A nuestro ver una "nueva reflexión sobre los procesos y las prioridades del cambio" es incompleta si se desentiende de los problemas de la mujer (y del hombre) relativos a la clase, como la higiene, la salud, el suministro de agua, la vivienda, el transporte, la electricidad y otros servicios al vecindario, la escolaridad y la nutrición, e incluso el hambre, de manera que resulten evidentes las conexiones entre los temas de género y de clase. Estas necesidades de sobrevivencia tiñen comúnmente la percepción de la mujer sobre los temas, prioridades y programas relacionados con el género. Por ejemplo, la penuria del hambre y de la desnutrición puede poner condiciones a la respuesta de la mujer a una campaña contra la violencia masculina y el hostigamiento sexual, aunque supuestamente pudieran atacarse los dos problemas a la vez. Esta nueva reflexión equivale además a preguntar cuál es exactamente nuestra visión del desarrollo y qué deducciones ofrece para los temas concretos planteados en este estudio, asunto sobre el que volveremos.

5) ¿Qué tipo de recomendaciones de política o estrategias, si las hay, pueden derivarse de nuestro estudio? Ésta es una pregunta difícil, dadas las restricciones impuestas por la realidad económica, social y política planteada y la necesidad de distinguir entre lo que es posible a corto plazo y lo que podría lograrse si se supusieran cambios a largo plazo. Por ejemplo, ¿qué se puede recomendar para hacer frente a la situación altamente explotadora con la que nos topamos respecto al trabajo a domicilio?

Una posibilidad estaría en crear cierto tipo de organización colectiva para mejorar las condiciones laborales de las trabajadoras a domicilio y garantizar un salario mínimo legal y prestaciones adicionales así como encargarse de sus contactos con destajistas y empresas. Según se señaló en el capítulo IV, el principal problema de este planteamiento es que puede suprimir este tipo de empleo. En la medida en que se eliminaran las diferencias de costo entre el trabajo hogareño y el de fábrica, las empresas perderían el aliciente de desplazar producción fuera del taller o de la fábrica. Además (incluso si esto no fuera un problema), el aislamiento, la dispersión y la clandestinidad intrínsecas en el trabajo a domicilio, y el hecho de que la mujer sepa que existe una gran reserva de esposas y madres dispuestas a tomar su lugar, hacen sumamente difícil la organización colectiva.

Sin embargo, las mujeres con trabajo a domicilio que fueron entrevistadas y que tenían alguna opinión sobre los sindicatos (sólo 40%) no estaban en contra del principio de sindicalización. Tenían temor, sin embargo, a las consecuencias prácticas de toda tentativa de organizarse. Expresaron varios motivos de ese temor, en especial el de perder la posibilidad de una fuente de ingresos muy necesaria. Por ejemplo, en una de las zonas visitadas se había intentado organizar un grupo de trabajadoras a domicilio para exigir al destajista salarios más altos. En venganza, y para dar una lección a la vecindad "rebelde", parte del trabajo a domicilio fue trasladado a otra zona de la ciudad de México. Como resultado, el grupo de las organizadoras tuvo que sufrir la cólera de otras colaboradoras que las culpaban de haberlas privado de su trabajo.

Aunque hubiera intentos de organizar un sindicato, a las trabajadoras a domicilio les sería difícil cumplir los estrictos reglamentos fijados por las leyes de México, que entrañarían importantes gastos y exigirían aptitudes organizativas y jurídicas de difícil alcance para las mujeres que conocimos. Además, el éxito de este tipo de organización depende de la posibilidad de establecer un importante grado de control sobre la oferta de mano de obra. Esto sería del todo imposible en una situación como la de la ciudad de México, donde parece ilimitada la oferta de presuntas trabajadoras a domicilio. Por último, el carácter inestable del trabajo a domicilio, según se demostró en el capítulo IV, haría difícil que un sindicato sobreviviera o justificara su existencia.

Para las costureras que poseen las máquinas y herramientas utilizadas en la producción, puede existir la posibilidad de establecer cierta forma de organización cooperativa entre ellas. Esto, sin embargo, obligaría a sacar a la superficie su trabajo de la clandestinidad a la economía regulada. Entre otras cosas, ello entrañaría una elevación de costos de mano de obra por lo menos hasta el salario mínimo. Lo cual, además, le quitaría al destajista el aliciente para subcontratar. Por otra parte, como en el caso de los sindicatos, la organización formal de cooperativas requeriría costos y destrezas que difícilmente podrían satisfacer las propias mujeres. Ahora bien, una forma cooperativa de producción podría compensar la elevación de costos con un aumento de productividad o de la calidad del producto o ambas cosas. Es aquí donde podría ser útil la ayuda externa del gobierno o de otras instituciones, no sólo para proporcionar capacitación, aptitudes administrativas y ayuda económica, sino también para organizar servicios colectivos para satisfacer las necesidades domésticas de la mujer (cuidado de los niños y servicios de salud, por ejemplo).[1]

No obstante la naturaleza explotadora del trabajo a domicilio y las dificultades de mejorar la situación, no sacamos la conclusión de que, desde la perspectiva de las propias mujeres, su ocupación en el trabajo a domicilio sea totalmente negativa. Según las trabajadoras a domicilio, sus salarios, por bajos que sean, pueden servir de palanca para garantizar un espacio mínimo de control autónomo, como mecanismo para perseguir objetivos de bienestar hogareño y para mejorar la propia imagen, deteriorada por la de-

[1] La forma cooperativa de producción puede permitir un notable grado de flexibilidad en la organización del trabajo que podría ser muy útil para las mujeres de nuestro estudio. A manera de ilustración, digamos que una cooperativa manejada por mujeres en el complejo Mondragón de cooperativas de España tiene planes de trabajo totalmente flexibles que permiten a las mujeres escoger el número de horas de trabajo que van a laborar, así como determinar sus propios horarios.

pendencia económica respecto al marido. Sin embargo, desde la perspectiva de cambios a largo plazo y de objetivos de desarrollo, es difícil ser optimista sobre las posibilidades que ofrece este tipo de trabajo remunerado.

EN BUSCA DE UNA REDEFINICIÓN DEL DESARROLLO

Para concluir en una nota más general, queremos destacar que el análisis hecho en estos capítulos contiene un concepto implícito de desarrollo que ha sido externado gradualmente por la mujer en la última década. Este concepto se deriva de una visión holística con varias dimensiones. Una dimensión proviene de reconocer que el tradicional realce concedido al crecimiento económico por sí solo se desentiende de objetivos no económicos indispensables para el pleno desarrollo del ser humano y del potencial humano. Un planteamiento no economicista del desarrollo abarcaría las numerosas dimensiones del desarrollo humano (educativa, psicológica, sexual, que afectan además los lazos comunitarios y las relaciones humanas por encima de los factores económicos).[2] El crecimiento económico es una condición necesaria pero no suficiente para optimizar este potencial, según lo demuestran los desalentadores resultados de decenios enteros de crecimiento que sólo han beneficiado a una pequeña parte de la población mundial, han dejado de alcanzar en muchos países un fructífero desarrollo que se mantenga por sus propios recursos, o incluso han creado nuevas condiciones de empobrecimiento y hambre.

En segundo lugar, es un corolario que abordar estos aspectos del desarrollo exige enfocar la redistribución de recursos y la erradicación de las raíces de la opresión y discriminación en el seno de los países así como entre los países centrales y los periféricos.

En tercer lugar, un planteamiento holístico se deriva de la búsqueda de sociedades que sean más humanas y justas y denuncia los males tan fácilmente observables en el mundo de hoy: niveles sumamente altos e injustificables de gastos militares frente al hambre y otras formas de la miseria humana; violencia en todas sus formas; mal uso de los avances tecnológicos; degradación de los sistemas ecológicos; desperdicio de energía y otros problemas demasiado numerosos para mencionarlos. Todo esto es paralelo a niveles sin precedente de acumulación de riqueza y recursos a escala mundial y a crecientes desigualdades entre países ricos y pobres.

En cuarto lugar, para la mujer en particular, un planteamiento holístico

[2] Esto, por supuesto, lo han dicho antes numerosos autores. Por ejemplo, el enfoque del desarrollo por necesidades básicas abarcó también preocupaciones más allá de los tradicionales objetivos del desarrollo económico (OIT, 1977).

exige incluir la zona de la reproducción como componente fundamental de la actividad humana y parte del proceso de desarrollo. Esto conlleva la erradicación de la división asimétrica del trabajo en las labores domésticas y en la crianza de los hijos y la puesta en vigor de políticas que garanticen a la mujer el propio control de su sexualidad y capacidad reproductora.

Entre las mujeres, este planteamiento holístico ha sido subrayado paulatinamente por los interesados en temas de desarrollo durante la Década de las Naciones Unidas para la Mujer.[3] Pero ¿quién escucha a las mujeres y a quienes tienen una visión parecida? Si bien las conferencias de la Década atrajeron creciente atención en el seno de la comunidad internacional, a menudo fueron tratadas como "eventos de mujeres" y no tomadas suficientemente en serio.[4] Además, en muchos círculos del desarrollo y dependencias de los gobiernos, una visión holística del cambio sigue siendo considerada ingenua y utópica en el mejor de los casos, y radical y divisionista en el peor. Sin embargo, más que ninguna otra visión, representa probablemente las necesidades y aspiraciones de una gran mayoría de la población del mundo.

¿Cómo puede cuajar tal visión, adquiriendo legitimidad y fuerza? Para empezar, tal perspectiva sólo puede concretarse mediante un proceso democrático que expresa metas y objetivos originados desde abajo; es decir, una forma de toma de decisiones inherente al feminismo. Esta perspectiva exige además normas y acciones que, como parte del nuevo concepto de desarrollo, sean medios eficaces para canalizar aspiraciones y programas

[3] Para un excelente resumen de esas preocupaciones véase DAWN (Development Alternative with Women in a New Era, Alternativa de Desarrollo para la Mujer en una Nueva Época) (1985). El camino hacia esta visión más amplia del desarrollo se ha alargado por la disimilitud de problemas a que hace frente la mujer en los países industrializados y en los del Tercer Mundo. Dados los extremosos problemas de pobreza, hambre, crisis económica y desigual distribución de recursos que aquejan al Tercer Mundo, no debe sorprendernos que las mujeres de esos países tendieran al principio a poner en primer plano los problemas de clase y no los de género. Ejemplo de ello fue el enfrentamiento que tuvieron en la primera reunión de la Década en la ciudad de México en 1975 con las mujeres de los países occidentales más industrializados, en especial de los Estados Unidos, las cuales daban mayor realce a los problemas de género. Muchas mujeres del Tercer Mundo, no obstante, han integrado paulatinamente en su política la clase y el género, desplazamiento que fue visible en la segunda y en la tercera conferencias de la Década en Copenhague (1980) y en Nairobi (1985), y sobre todo en las reuniones de las Organizaciones No Gubernamentales (ONG). Una ruta semejante, aunque no simultánea, fue seguida por las feministas de casi todos los países de Europa occidental, que poco a poco incorporaron temas de género a su política de clase, sobre todo durante la década de 1970. Al mismo tiempo fue creciendo el número de mujeres de los Estados Unidos que adquirieron sensibilidad a los problemas de clase y del Tercer Mundo. A consecuencia de ello hemos sido testigos de una tendencia a la convergencia por parte de mujeres de diversos países y regiones, y si bien ello no representa todavía la mayoría, ofrece una prometedora vía hacia la colaboración internacional dentro de una visión holística.

[4] No fue infrecuente, por ejemplo, que los periódicos relegaran a las páginas de la mujer los artículos sobre las conferencias de la Década de las Naciones Unidas, junto a la moda, las recetas de cocina y otros temas "femeninos".

de origen popular. Una importante dimensión de esta nueva formulación, que resulta de interés directo para nuestro estudio, es la "subjetivación" de la mujer en lugar de su "objetivación", es decir, la necesidad de incluir en todo programa de cambio las necesidades de la mujer *expresadas por las mujeres mismas.*

Hay una brecha abrumadora entre esta visión con su estrategia y la realidad que observamos. En muchos países del Tercer Mundo, la dirección del cambio es hacia atrás en lugar de ser de progreso, como lo prueban el estancamiento de la economía, los problemas de deuda externa y de dependencia económica y el empobrecimiento de gran parte de la población.[5] En los países capitalistas, la desigualdad intrínseca en la distribución y el control de los recursos (derivadas de la concentración de los medios de producción en manos de un número relativamente pequeño de personas e instituciones) fija fuertes límites a la habilitación de grandes sectores de la sociedad. De aquí que la puesta en práctica de un enfoque holístico del desarrollo exigiría cambios fundamentales en los cimientos económicos de la sociedad. En particular, desde la perspectiva de la mujer, este paso necesario habría de abarcar además objetivos de género concretamente definidos, sin los cuales no está garantizado el logro de la igualdad entre hombres y mujeres.[6]

Para volver al caso de nuestro estudio, esta visión conduce a cambios y estrategias a largo plazo más allá de las recomendaciones a corto plazo mencionadas más arriba. Entre ellos figuraría una red de objetivos interdependientes, como cambios en la propiedad y el control de los medios de producción; mejora en la formación educativa de la mujer y perfeccionamiento de sus aptitudes; diseño de estrategias de empleo; cambios en los procesos de socialización que afectan la formación de rasgos de género; participación igual de hombres y mujeres en el cuidado de los hijos y labores

[5] Por ejemplo, de 1960 a 1982, las tasas promedio de crecimiento anual de ciertos países africanos como Chad, Uganda, Niger y Ghana fueron negativas (Banco Mundial, 1984). En países latinoamericanos como Argentina, Bolivia, Chile y Perú, la economía o bien ha retrocedido o se ha estancado. El ingreso per cápita en el Perú, por ejemplo, no era más alto en 1985 que en 1965. Para la mayoría de esos países, así como para otros del Tercer Mundo, la acumulación de la deuda externa ha alcanzado tales proporciones que es difícil prever la posibilidad de reembolsarla. Como lo expresó un economista latinoamericano, esto significa un nivel de dependencia respecto a los países industrializados más desarrollados "junto al cual el colonialismo fue un juego de niños". Para las capas pobres de la población, esta situación está agudizando además los problemas de hambre, desnutrición y reproducción social que afectarán el desarrollo humano de generaciones futuras.

[6] Como lo han hecho notar a menudo las feministas que escriben acerca de los países socialistas, el cambio en esas sociedades en cuanto a erradicar las desigualdades de género ha sido disparejo e insuficiente, pero positivo (Croll, 1979; Molyneux, 1981; Tadesse, 1982). Las razones de ello son múltiples y están fuera del alcance de nuestro trabajo; para un interesante análisis sobre el tema, véase Molyneux (1985).

domésticas o establecimiento de instalaciones más socializadas para la atención diurna y otros servicios domésticos; y mejoramiento de los servicios de control de la natalidad y planeación familiar. Ésta no es una lista completa sino una ilustración de metas concretas cuya realización dependerá del cambio político, económico y social que tenga lugar en la sociedad mexicana.

BIBLIOGRAFÍA

Abercrombie, Nicholas y Brian S. Turner, 1980, *The Dominant Ideology Thesis*, Londres, George Allen and Unwin.

Alonso, José A., 1979, "The Domestic Seamstresses of Netzahualcoyotl. A Case Study of Feminine Overexploitation in a Marginal Urban Area", tesis de doctorado, New York University.

———, 1981, "The Domestic Clothing Workers in the Mexican Metropolis and Their Relations to Dependent Capitalism", en Nash y Fernández-Kelly (comps.), pp. 161-172.

Allen, Sheila, 1981, "Invisible Threads", *IDS Bulletin*, pp. 41-47.

Anker, Richard, Mayra Buvinic y Nadia Youssef (comps.), 1983, *Women's Role and Population Trends in the Third World*, Ginebra, Oficina Internacional del Trabajo.

Arizpe, Lourdes, 1975, "Women in the Informal Sector: The Case of Mexico City", Wellesley Editorial Committee, pp. 25-37.

Avelar, Sonia María de, 1977, "Notas teóricas y metodológicas para el estudio del trabajo industrial a domicilio en México", *Revista Mexicana de Sociología*, 34, octubre-diciembre.

Banarjee, Nirmala, 1981, "The Weakest Link", *IDS Bulletin*, pp. 36-40.

Banco de México, 1979, *Información Económica. Sector externo.* Boletín mensual, agosto.

Bancomer, 1981, *Panorama Económico*, junio.

Banco Mundial, 1981, 1983 y 1984, *World Development Report*, Nueva York, Oxford University Press.

Barrett, Michele, 1980, *Women's Oppression Today*, Londres, Verso Editions.

Beck, Lois y Nikki Keddie (comps.), 1978, *Women in the Muslim World*, Cambridge, Harvard University Press.

Becker, Gary S., 1981, *A Treatise on the Family*, Cambridge, Harvard University Press.

Benenson, Harold (en prensa), "Wives Outside the Occupational System", en Helena Z. Lopata, *Research in the Interweave of Social Roles*, vol. 4, Westport, Conn., JAI Press.

Benería, Lourdes, 1983, "Rural Development, International Markets and Labor Appropriation by Sex. A Case Study of l'Oulja Region, Morocco", estudio preparado para el Programa sobre Mujeres Rurales, Oficina Internacional del Trabajo, Ginebra.

———, 1984, "Gender, Skill and the Dynamics of Women's Employment", trabajo preparado para la Conferencia sobre Gender in the Work Place, patrocinada conjuntamente por la Brookings Institution y el Comité sobre el Status de la Mujer en la Profesión Económica.

——— (comp.), 1982, *Women and Development; the Sexual Division of Labor in Rural Societies*, Nueva York, Praeger.

Benería, Lourdes y Gita Sen, 1981, "Accumulation, Reproduction and Women's Role in Economic Development: Boserup Revisited", *Signs* 7, núm. 2, invierno, pp. 279-298.

———, 1982, "Class and Gender Inequalities and Women's Role in Economic Development", *Feminist Studies* 8, núm. 1, primavera, pp. 157-176.

Bilac, Elisabete Doria, 1978, *Familias de Trabalhadores, Estrategias de Sobrevivencia. A Organização da Vida Familiar em uma Cidade Paulista*, São Paulo, Ediciones Símbolo.

Black, Naomi y Ann Baker Cottrell (comps.), 1981, *Women and World Change: Equity Issues in Development*, Beverly Hills, Sage Publications.

Blau, Francine D., 1975, "Sex Segregation of Workers by Enterprise in Clerical Occupations", en Edwards *et al.* (comps.), pp. 257-279.

Blau, Francine D. y Carol L. Jusenius, 1975, "Economists' Approaches to Sex Segregation in the Labor Market: An Appraisal", en M. Blaxall y B. Reagan (comps.), *Women and the Work Place*, Chicago, University of Chicago Press, pp. 181-200.

Boserup, Ester, 1970, *Woman's Role in Economic Development*, Londres, George Allen and Unwin.

Bowles, Samuel, David M. Gordon y Thomas E. Weisskopf, 1984, *Beyond the Waste Land*, Garden City, Anchor Press/Doubleday.

Braverman, Harry, 1974, *Labor and Monopoly Capital*, Nueva York, Monthly Review Press.

Brenner, Johanna y María Ramas, 1984, "Rethinking Women's Oppression", *New Left Review* 144, marzo-abril, pp. 33-71.

Brighton Labor Process Group, 1977, "The Capitalist Labor Process", *Capital and Class*, primavera, pp. 3-26.

Bromley, Ray y Chris Gerry (comps.), 1979, *Casual Work and Poverty*, Londres, John Wiley & Sons.

Bukh, Jette, 1979, *The Village Woman in Ghana*, Uppsala, Instituto Escandinavo de Estudios Africanos.

Bunster, Ximena y Elsa Chaney, 1985, *Sellers and Servants: Women Working in Lima*, Nueva York, Praeger.

Burch, Thomas, Luis F. Lira y Valdecir López (comps.), 1965, *La familia como unidad de estudio demográfico*, San José, Centro Latinoamericano de Demografía.

Bustamante, Jorge A., 1983, "*Maquiladoras*: A New Face of International Capitalism on Mexico's Northern Frontier", en Nash y Fernández-Kelly (comps.), pp. 224-256.

Buvinic, Mayra, 1984, "Projects for Women in the Third World: Explaining Their Misbehavior", International Center for Research on Women, Washington.

Buvinic, Mayra, Margaret Lycette y William Paul McGreevey (comps.), 1983, *Women and Poverty in the Third World*, Baltimore, Johns Hopkins University Press.

Buvinic, Mayra, Nadia Youssef y Barbara von Elm, 1978, "Women-headed Households: The Ignored Factor in Development", International Center for Research on Women, mimeografiado.

Castro, Mary García, 1982, "Mary and Eve's' Social Reproduction in the 'Big Apple': Colombian Voices", trabajo ocasional núm. 35, New York University, Center for Latin American and Caribbean Studies.

Cockburn, Cynthia, 1981, "The Material of Male Power", *Feminist Review* 9, otoño, pp. 41-58.

Cohen, Regina, 1983, "Socialización diferenciada. Un estudio de caso sobre educación informal impartida por mujeres trabajadoras populares del Distrito Federal y área metropolitana", tesis de licenciatura, Universidad Nacional Autónoma de México.

Connolly, Priscilla, 1982, "Crítica del 'sector informal' como concepto aplicado con referencia a la estructura ocupacional de la ciudad de México", trabajo preparado para el Simposio sobre Economías Informales y Periféricas en Teoría Sociológica, X Congreso Mundial de Sociología, México.

Cordera, Rolando y Carlos Tello, 1981, *México: la disputa por la nación. Perspectiva y opciones del desarrollo,* México, Siglo XXI Editores.

Croll, Elizabeth J., 1979, "Socialist Development Experience: Woman in Rural Production and Reproduction in the Soviet Union, China, Cuba, and Tanzania", cuaderno de trabajo, Institute of Development Studies, University of Sussex.

Chaney, Elsa M., 1985, "Women's Components in Integrated Rural Development Projects", trabajo preparado para el panel "Las intervenciones del Estado en el sector agrario y sus efectos sobre la mujer rural en perspectiva comparativa", XLV Congreso Internacional de Americanistas, Bogotá, julio.

Charlton, Sue Ellen M., 1984, *Women in Third World Development,* Boulder, Colo., Westview Press.

Chetwynd, Jane y Oonagh Hartnett (comps.), 1978, *The Sex Role System: Psychological and Sociological Perspectives,* Londres, Routledge & Kegan Paul.

Davies, Rob, 1979, "Informal Sector or Subordinate Mode of Production? A Model", en Bromley y Gerry, pp. 87-104.

DAWN (Development Alternative with Women in a New Era), 1985, *Development Crisis, and Alternative Visions: Third World Women's Perspectives* (escrito por Gita Sen, con Karen Grown), Nueva Delhi, Institute of Social Studies Trust.

Deere, Carmen Diana y Magdalena León de Leal, 1982, "Peasant Production, Proletarianization, and the Sexual Division of Labor in the Andes", en Benería (comp.), pp. 65-94.

Doeringer, Peter B., 1967, "Determinants of the Structure of the Industrial Type Labor Markets", *Industrial and Labor Relations Review* 20, núm. 2, enero, pp. 206-220.

———, 1984, "Comments", Conference on Gender in the Work Place, The Brookings Institution, Washington, noviembre.

Dwyer, Daisy H., 1983, "Women and Income in the Third World: Implications for Policy", The Population Council, cuaderno de trabajo, núm. 18, junio.

Edwards, Richard D., 1973, "Social Relations of Production at the Point of Production", *The Insurgent Sociologist* 8, núms. 2 y 3, otoño, pp. 109-125.

Edwards, Richard C., Michael Reich y David M. Gordon, 1973, *Labor Market Segmentation,* Lexington, Mass., D.C. Heath.

Ehrenreich, Barbara y John Ehrenreich, 1979, "The Professional-Managerial Class", en Walker (comp.).

Eisenstein, Sarah, 1983, *Give Us Bread But Give Us Roses: Working Women's Consciousness in the United States, 1890 to the First World War*, Boston, Routledge & Kegan Paul.

Eisenstein, Zillah (comp.), 1979, *Capitalist Patriarchy and the Case for Socialist Feminism*, Nueva York, Monthly Review Press.

Elger, Toni, 1979, "Valorization and 'Diskilling': A Critique of Braverman", *Capital and Class* 7, primavera, pp. 58-99.

Elson, Diane y Ruth Pearson, 1981, "The Subordination of Women and the Internationalization of Factory Production", en Kate Young, Carol Wolkowitz y Roslyn McCullagh (comps.), pp. 144-166.

Etzioni, Amitai, 1968, *The Active Society*, Nueva York, The Free Press.

Evans, Peter, 1979, *Dependent Development: The Alliance of Multinational, State, and Local Capital in Brazil*, Princeton, N.J., Princeton University Press.

Felton, Nadine, 1986, "The Socioconomic Origins of the Lowell, Mass., Mill Women, 1800-1986", Trabajo presentado en la Conferencia sobre Mujeres y Trabajo, Pasado, Presente y Futuro, Rutgers University, mayo.

Ferber, Marianne A. y Joe L. Spaeth, 1984, "Work Characteristics and the Male-Female Earnings Gap", *American Economic Review* 74, núm. 2, mayo, pp. 260-264.

Ferguson, Ann y Nancy Folbre, 1981, "The Unhappy Marriage of Patriarchy and Capitalism", en Sargent (comp.), pp. 313-338.

Fernández-Kelly, M. Patricia, 1983, "Mexican Border Industrialization, Female Labor-Force Participation, and Migration", en Nash y Fernández-Kelly (comps.), pp. 205-223.

——— (en prensa), "Advanced Technology, Regional Development, and Hispanic Women's Employment in Southern California", en Richard Gordon (comp.), *Micro-Electronics in Transition*, San Francisco, Westview Press.

Fröbel, F., J. Heinrichs y O. Kreye, 1980, *The New International Division of Labor*, Cambridge University Press.

Galbraith, John K., 1973, *Economics and the Public Purpose*, Boston, Houghton Mifflin.

García, Brígida, Humberto Muñoz y Orlandina de Oliveira, 1979, *Migración, familia y fuerza de trabajo en la ciudad de México*, Cuadernos del CES, núm. 26, México, Centro de Estudios Sociológicos, El Colegio de México.

———, 1982, *Hogares y trabajadores en la ciudad de México*, México, El Colegio de México.

Garnsey, Elizabeth, 1978, "Women's Work and Theories of Class Stratification", *Sociology* 12, pp. 223-243.

Garofoli, Gioacchino, 1978, *Ristrutturazione industriale e territorio*, Milán, Granco Angeli Editore.

———, 1983, "Sviluppo Regionale e Ristrutturazione Industriale: Il Modello Italiano Degli Anni '70", trabajo presentado en el simposio "Reflexiones en torno a la economía de los países mediterráneos desarrollados", Sitges, España, septiembre.

Garza, Gustavo, 1976, "Estructura y dinámica económica de la ciudad de México", tesis de maestría, El Colegio de México, Centro de Estudios Económicos y Demográficos.

Giddens, Anthony, 1981, *A Contemporary Critique of Historical Materialism*, Londres, Macmillan.

———, 1984, *The Constitution of Society*, Cambridge, Polity Press.

Gilligan, Carol, 1982, *In a Different Voice*, Cambridge, Harvard University Press.

Goddard, Victoria, 1981, "The Leather Trade in the Bassi of Naples", *IDS Bulletin*, p. 3035.

Goldani, Ana M., 1977, "Impacto de los inmigrantes sobre la estructura y el crecimiento del área metropolitana", en H. Muñoz, O. Oliveira y C. Stern (comps.), *Migraciones y desigualdad social en la ciudad de México*, Instituto de Investigaciones Sociales, Universidad Nacional Autónoma de México y El Colegio de México, pp. 129-137.

Goldberg, Roberta, 1983, *Organizing Women Office Workers: Dissatisfaction, Consciousness, and Action*, Nueva York, Praeger.

Gordon, David M., Richard C. Edwards y Michael Reich, 1982, *Segmented Work, Divided Workers*, Cambridge, Cambridge University Press.

Gutmann, Peter, 1977, "The Subterranean Economy", *Financial Analyst Journal*, noviembre-diciembre, pp. 24-34.

Hartmann, Heidi, 1976, "Capitalism, Patriarchy, and Job Segregation by Sex", en M. Blaxall y B. Reagan (comps.), *Women and the Work Place*, Chicago, University of Chicago Press, pp. 137-170.

———, 1981, "The Unhappy Marriage of Marxism and Feminism: Towards a More Progressive Union", en L. Sargent (comp.), pp. 1-41.

Heyzer, Noeleen, 1982, "From Rural Subsistence to an Industrial Peripheral Work Force: an Examination of Female Malaysian Migrants and Capital Accumulation in Singapore", en Benería (comp.), pp. 179-202.

———, 1985, *Missing Women: Development Planning in Asia and the Pacific*, Kuala Lumpur, Centro de Desarrollo de Asia y del Pacífico.

Himmelweit, Susan y Simon Mohun, 1977, "Domestic Labor and Capital", *Cambridge Journal of Economics* 1, marzo, pp. 15-31.

Hooks, Bell, 1984, *Feminist Theory: From Margin to Center*, Boston, South End Press.

Hunt, P., 1978, "Cash Transactions and Household Tasks", *Keel Sociological Review* 26, núm. 3.

IDS Bulletin, 1981, "Women and the Informal Sector", 12, núm. 3, julio.

Jaggar, Alison M., 1983, *Feminist Politics and Human Nature*, Totowa, N. J., Rowman and Littlefield.

Jenkins, Rhys, 1984, "Divisions over the International Division of Labor", *Capital and Class* 22, primavera, pp. 28-57.

Kerlinger, Fred N., 1973, *Foundations of Behavioral Research*, Nueva York, Holdt, Rinehart and Winston.

Killingsworth, Mark R., 1984, "The Economics of Comparable Worth: Analytical, Empirical and Policy Questions", en H. Hartmann (comp.), *New Directions for*

Comparable Worth, Washington, National Academic Press.

Klein, Renate Duelli, 1983, "How to Do What We Want to Do: Thoughts about Feminist Methodology", en G. Bowles y R. D. Klein (comps.), *Theories of Women's Studies*, Boston, Routledge & Kegan Paul, pp. 88-104.

Leff, Gloria, 1974, "Algunas características de las empleadas domésticas y su ubicación en el mercado de trabajo de la ciudad de México", tesis de licenciatura, Universidad Nacional Autónoma de México.

———, 1976, "Las migraciones femeninas a la ciudad de México", informe de investigación, Centro de Estudios Sociológicos, El Colegio de México.

Lenin, V., 1970, "What Is to Be Done?", en *Collected Works*, vol. 5, Moscú, Progreso.

León, Magdalena (comp.), 1982, *Debate sobre la mujer en América Latina y el Caribe*, vols. 1-3, Bogotá, ACEP.

Lester, Richard A., 1942, "Shortcomings of Marginal Analysis for Wage-Employment Problems", *American Economic Review* 36, marzo.

Lomnitz, Larissa, 1978, "Mechanisms of Articulation between Shantytown Settlers and the Urban System", *Urban Anthropology* 2, pp. 185-205.

Longhurst, Richard, 1982, "Resource Allocation and the Sexual Division of Labor: A Case Study of a Moslen Hausa Village in Northern Nigeria", en Benería (comp.), pp. 95-118.

López, Hugo, Marta Luz y Oliva Sierra, 1982, "El empleo en el sector informal: el caso de Colombia", manuscrito, Centro de Investigaciones Económicas, Universidad de Antioquia.

MacEwan, Arthur, 1985, "The Current Crisis in Latin America", *Monthly Review* 36, núm. 9, febrero, pp. 1-18.

Mann, Michael, 1973, *Consciousness and Action Among the Western Working Class*, Londres, Macmillan.

Marglin, Stephen A., 1974, "What Do Bosses Do? The Origins and Functions of Hierarchy in Capitalist Production", *Review of Radical Political Economics* 6, verano, pp. 60-112.

Margulis, Mario, 1980, "Reproducción social de la vida y reproducción del capital", *Nueva Antropología*, año IV, núms. 13-14, mayo, pp. 47-64.

———, 1982, "Reproducción de la unidad doméstica, fuerza de trabajo y relaciones de producción", ponencia presentada en el seminario "Grupos domésticos, familia y sociedad", El Colegio de México, julio.

Marx, Karl, 1967, *Capital*, vol. 1, Nueva York, International Publishers.

Meade, Teresa, 1978, "The Transition to Capitalism in Brazil: Notes on a Third Road", *Latin American Perspectives* 5, núm. 3, verano, pp. 7-26.

Medrano, Diana, 1981, "Desarrollo y explotación de la mujer: efectos de la proletarización femenina en la agroindustria de flores en la sabana de Bogotá", en M. León (comp.), pp. 43-55.

Meislin, Richard, 1984, "Mexican Border Plants Beginning to Hire Men", *The New York Times*, 19 de marzo.

Mercado, Alfonso, 1980, "La transferencia de tecnología dentro y fuera de empresas transnacionales en la industria de fibras poliéster: las experiencias internacional y mexicana", *Iztapalapa* 1, núm. 2, enero-junio, pp. 181-193.

Mies, Maria, 1982, *The Lace Makers of Narsapur: Indian Housewives Produce for the World Market*, Londres, Zed Press.

Minian, Isaac, 1981, *Progreso técnico e internacionalización del proceso productivo: el caso de la industria maquiladora de tipo eléctrico*, México, CIDE.

Mitchell, Juliet, 1971, *Woman's Estate*, Nueva York, Vintage Books.

Molyneux, Maxine, 1979, "Beyond the Domestic Labor Debate", *New Left Review* 116, julio-agosto.

———, 1981, "Women in Socialist Societies: Problems of Theory and Practice", en Young, Wolkowitz y McCullagh (comps.), pp. 167-202.

———, 1985, "Mobilization without Emancipation? Women's Interest, the State, and Revolution in Nicaragua", *Feminist Studies* 11, núm. 2, verano, pp. 227-254.

Moser, Caroline y Kate Young, 1981, "Women of the Working Poor", *IDS Bulletin*, pp. 54-62.

Muñoz, Humberto, Orlandina de Oliveira y Claudio Stern, 1971, "Categorías de emigrantes y nativos y algunas de sus características socioeconómicas: comparación entre las ciudades de Monterrey y México", en *Migración y desigualdad social en la ciudad de México*, Instituto de Investigaciones Sociales, Universidad Nacional Autónoma de México y El Colegio de México, pp. 61-73.

Murray, Fergus, 1983, "The Decentralization of Production – The Decline of the Mass-Collective Worker?", *Capital and Class* 19, primavera, pp. 74-99.

Naples, Michele (en prensa), "The Unravelling of the Post-War Truce between Unionized Workers and Capital and the Productivity Crisis in Mining and Manufacturing", *Review of Radical Political Economics*.

Nash, June y Patricia Fernández-Kelly (comps.), 1983, *Women, Men, and the International Division of Labor*, Albany, State University of New York Press.

Nelson, Nici (comp.), 1981, *African Women in the Development Process*, Londres, Frank Cass.

Netting, Robert McC., 1984, *Households*, Berkeley, University of California Press.

O'Connor, David C. (en prensa), "Women Workers and the Changing International Division of Labor in Microelectronics", en Lourdes Benería y Catherine Stimpson (comps.), *Women and Structural Transformation in the United States*, New Brunswick, Rutgers University Press.

Oficina Internacional del Trabajo, 1972, *Employment, Incomes, and Equality: Strategy for Increasing Productive Employment in Kenya*, Ginebra.

———, 1976, *Poverty and Landlessness in Rural Asia*, Ginebra.

———, 1977, *The Basic Needs Approach to Development*, Ginebra.

———, 1978, "Condiciones de trabajo, formación profesional y empleo de la mujer", informe preparado para la XI Conferencia de Estados Americanos Miembros de la OIT.

Ollman, Bertill, 1979, *Social and Sexual Revolution: Essays on Marx and Reich*, Boston, South End Press.

Oppong, Christine, 1978, "Household Economics, Demographic Decision-making: Introductory Statement", actas de la Conferencia del IUSBP, Helsinki, septiembre.

Palh, Jane, 1982, "The Allocation of Money and the Structuring of Inequality within Marriage", Canterbury, Health Services Research Unit, University of Kent.

Peek, Peter, 1978, "Family Composition and Married Female Employment", en G. Standing y G. Sheehan (comps.), *Labor Force Participation in Low-income Countries*, Ginebra, Oficina Internacional del Trabajo.

Pessar, Patricia, 1982, "Kinship Relations of Production in the Migration Process: The Case of Dominican Emigration to the United States", New York University Research Program in Inter-American Affairs, trabajo ocasional, núm. 32.

Petchesky, Rosalind P., 1983, "Reproduction and Class Divisions Among Women", en Amy Swerdlow y Hanna Lessinger (comps.), *Class, Race, and Sex. The Dynamics of Control*, Boston, G. K. Hall.

Phillips, Anne y Barbara Taylor, 1980, "Sex and Skill: Notes Towards a Feminist Economics", *Feminist Review* 6.

Phillips, Lynne, 1985, "Relaciones de género, desarrollo rural y el Estado ecuatoriano", trabajo preparado para el panel "Las intervenciones del Estado en el sector agrario y sus efectos sobre la mujer rural en perspectiva comparativa", Congreso Internacional de Americanistas, Bogotá.

Portes, Alejandro, 1983, "The Informal Sector: Definition, Controversy, and Relation to National Development", *Review* 7, núm. 1, verano, pp. 151-174.

———, 1984, "Latin American Class Structures: Their Composition and Change During the Last Decades", trabajo ocasional, núm. 3, School of Advanced International Studies, Baltimore, Johns Hopkins University.

Portes, Alejandro y Lauren Benton, 1984, "Industrial Development and Labor Absorption: A Re-interpretation", trabajo preparado para el seminario "Urban Informal Sector in the Center and Periphery", Baltimore, Johns Hopkins University, junio.

Poulantzas, Nicos, 1973, "On Social Classes", *New Left Review* 78.

———, 1975, *Classes in Contemporary Capitalism*, Londres, New Left Books.

Rapp, Rayna, 1982, "Family and Class in Contemporary America: Notes Towards an Understanding of Ideology", en Thorne y Yalom (comps.).

Reich, Wilhelm, 1972, *SEX-POL Essays, 1929-34*, comp. L. Baxandall, Nueva York, Random House-Vintage.

Reiter, Rayna (comp.), 1975, *Towards an Anthropology of Women*, Nueva York, Monthly Review Press.

Rogers, Barbara, 1979, *The Domestication of Women: Discrimination in Developing Societies*, Nueva York, St. Martin's Press.

Roldán, Martha, 1978, *Sindicatos y protesta social en la Argentina: 1969-1974. Un estudio de caso: el Sindicato de Luz y Fuerza de Córdoba*, Amsterdam, CEDLA.

———, 1982, "Subordinación genérica y proletarización rural: un estudio de caso en el noroeste mexicano", en M. León (comp.), 2, pp. 75-101.

———, 1984, "Industrial Homework, Reproduction of Working Class Families, and Gender Subordination", en N. Redclift y E. Mingione (comps.), *Beyond Employment: Household, Gender, and Subsistence*, Oxford, Basil Blackwell.

——— (en prensa), "Domestic Outwork, Patterns of Money Allocation, and Women's Consciousness", en C. Moser y K. Young (comps.), *Women, Work, and Consciousness.*

Rubbo, Anna, 1975, "The Spread of Capitalism in Rural Colombia: Effects on Poor

Women", en Reiter (comp.), pp. 333-354.
Rubin, Gayle, 1975, "The Traffic in Women. Notes on the Political Economy of Sex", en Reiter (comp.), pp. 157-210.
Safa, Helen I., 1981, "Runaway Shops and Female Employment: The Search for Cheap Labor", *Sings* 7, núm. 2, invierno, pp. 418-433.
Safa, Helen I. y June Nash (comps.), 1976, *Sex and Class in Latin America*, Nueva York, Praeger.
Sargent, Lydia (comp.), 1981, *Women and Revolution*, Boston, South End Press.
Sassen-Koob, Saskia, 1982, "Exporting Capital and Importing Labor: The Role of the Caribbean Migration to New York City", New York University, Center for Latin American and Caribbean Studies, trabajo ocasional, núm. 28.
Schmink, Marianne, 1982, "Women in the Urban Economy in Latin America", cuaderno de trabajo, núm. 1, The Population Council, junio.
Schultz, Theodore W., 1974, *The Economics of the Family: Marriage, Children, and Human Capital*, Chicago, University of Chicago Press.
Scott, Allison MacEwen, 1979, "Who Are the Self-employed?", en Bromley y Gerry (comps.), pp. 105-228.
Sen, Gita, 1980, "The Sexual Division of Labor and the Working Class Family: Towards a Conceptual Synthesis of Class Relations and the Subordination of Women", *Review of Radical Political Economics* 12, pp. 76-86.
Silva de Rojas, Alicia Eugenia, 1982, "De mujer campesina a obrera florista", en M. León (comp.).
Singer, Hans W., 1970, "Dualism Revisited: A New Approach to the Problems of the Dual Society in the Developing Countries", *Journal of Development Studies* 7, pp. 60-75.
Singer, Paulo, 1977, *Economia política do travalho*, São Paulo, Editora Hucitec.
———, 1981, *Dominação e desigualdade. Estrutura de classes e repartição da renda no Brasil*, Río de Janeiro, Paz e Terra.
Sokoloff, Natalie J., 1980, *Between Money and Love: The Dialectics of Women's Home and Market Work*, Nueva York, Praeger.
Soria, Víctor M., 1980, "Estructura y comportamiento de la industria farmacéutica en México. El papel de las empresas transnacionales", *Iztapalapa* 1, núm. 2, enero-junio, pp. 111-141.
Spindel, Cheywa R., 1982, "Capital, familia y mujer: la evolución de la producción rural de base familiar. Un caso en Brasil", en M. León (comp.).
Spindel, Cheywa, J. Jaquette y M. Cordini (comps.), 1984, *A Mulher rural e mudanças no processo de produção agrícola*, Estudos sobre a America Latina, Brasilia, IICA (Instituto Interamericano de Cooperação para a agricultura).
SPP (Secretaría de Programación y Presupuesto)/UCECA (Unidad Coordinadora del Empleo, Capacitación y Adiestramiento), 1976, *La ocupación informal en áreas urbanas*, México, diciembre.
Standing, Guy, 1978, *Labor Force Participation and Development*, Ginebra, Oficina Internacional del Trabajo.
Stevenson, Mary, 1973, "Women's Wages and Job Segregation", en Edwards *et al.* (comps.), pp. 254-256.

Stolcke, Verena, 1981, "The 'Unholy' Family: Labor Systems and Family Structure – the Case of Sao Paulo Coffee Plantations", ponencia presentada en la Conferencia sobre Aspectos Teóricos del Parentesco en América Latina, Ixtapan de la Sal, México.

———, 1983, trabajo de posición para el taller "Desigualdad social y jerarquía de género en América Latina", Consejo de Investigación de Ciencias Sociales, México, octubre.

Stone, Katherine, 1973, "The Origins of Job Structures in the Steel Industry", en Richard Edwards, Michael Reich y David Gordon (comps.), *Labor Market Segmentation*, D. C. Heath.

Tadesse, Zenebeworke, 1982, "The Impact of Land Reform on Women: The Case of Ethiopia", en Benería (comp.), pp. 203-222.

Tanzi, Vito (comp.), 1982, *The Underground Economy in the United States and Abroad*, Lexington, Mass., Lexington Books.

Thompson, Edward P., 1966, *The Making of the English Working Class*, Nueva York, Vintage Books.

Thorne, Barrie y M. Yalom (comps.), 1982, *Rethinking the Family: Some Feminist Questions*, Nueva York, Longman.

Thurow, Lester C., 1965, *Generating Inequality*, Nueva York, Basic Books.

Tilly, Louise A. y Joan W. Scott, 1978, *Women, Work, and Family*, Nueva York, Holt, Rinehart and Winston.

Tinker, Irene, 1985, "Street Foods as Income and Food for the Poor", ponencia presentada en la Society for International Development Conference, Washington, mayo.

Treimann, Donald J. y Heidi Hartmann, 1981, *Women, Work, and Wages*, Washington, National Academy of Sciences.

Vogel, Lise, 1983, *Marxism and the Oppression of Women: Toward a Unitary Theory*, New Brunswick, Rutgers University Press.

Wainerman, Catalina H. y Zulma Recchini de Lates, 1981, *El trabajo femenino en el banquillo de los acusados. La medición censal en América Latina*, México, Terranova.

Walker, Pat (comp.), 1979, *Between Labor and Capital*, Boston, South End Press.

Watanabe, Susumu (comp.), 1983, *Technology, Marketing, and Industrialization: Linkages between Large and Small Enterprises*, Delhi, Macmillan.

Wellesley Editorial Committee, 1977, *Women and National Development: The Complexities of Change*, Chicago, University of Chicago Press.

West, Jackie, 1978, "Women, Sex, and Class", en A. Kuhn y A. M. Wolpe (comps.), *Feminism and Materialism*, Londres, Routledge and Kegan Paul, pp. 223-239.

Whitehead, Anne, 1981, "'I'm hungry, mum': The Politics of Domestic Budgeting", en Young, Wolkowitz y MacCullagh (comps.), pp. 88-111.

Wilson, Fiona, 1985, "Gender and Class in an Andean Town", proyecto A.85.2, Centro para Investigación, Copenhage.

Wright, Eric Olin, 1978, *Class, Crisis, and the State*, Londres, New Left Review Editions.

Young, Iris, 1981, "Beyond the Unhappy Marriage: A Critique of the Dual Systems

Theory", en Sargent (comp.), pp. 43-69.

Young, Kate, 1982, "The Creation of Relative Surplus Population: A Case Study from Mexico", en Benería (comp.), pp. 149-178.

———, 1983, "Not the Church, not the State", en K. Young (comp.), *Serving Two Masters*, Londres, Routledge and Kegan Paul.

Young, Kate, Carol Wolkowitz y Rosalin McCullagh (comps.), 1981, *Of Marriage and the Market. Women's Subordination in International Perspective*, Londres, CSE Press.

Youssef, Nadia H., 1974, *Women and Work in Developing Societies*, Westport, Conn., Greenwood Press.

Zuluar, Alba, 1982, "As Mulheres e a Direção do Consumo Doméstico", en A. Almeida *et al.* (comps.), *Colcha de Retalhos; studos sobre a familias no Brasil*, São Paulo, Editora Brasiliense.

ÍNDICE ANALÍTICO

ÍNDICE

Este facsimilar de
Las encrucijadas de clase y género
es propiedad de El Colegio de México
y se terminó de imprimir en Librántida bajo el
modelo de distribución bajo demanda.
www.librantida.com

Made in United States
Troutdale, OR
11/03/2026

56847583R00132